ZHONGGUO NONGCUN JIAOYU PINGLUN
ZUIQIU PINGDENG DE ZHUOYUE JIHUI

2016-2017
中国农村教育评论

追求平等的卓越机会

邬志辉　主　编

北京师范大学出版集团
BEIJING NORMAL UNIVERSITY PUBLISHING GROUP
北京师范大学出版社

图书在版编目(CIP)数据

中国农村教育评论．2016—2017/ 邬志辉主编．—北京：北京师范大学出版社，2019.1

ISBN 978-7-303-24270-2

Ⅰ．①中… Ⅱ．①邬… Ⅲ．①乡村教育－研究－中国 Ⅳ．①G725

中国版本图书馆 CIP 数据核字(2018)第 254845 号

营 销 中 心 电 话 010-58805072 58807651
北师大出版社高等教育与学术著作分社 http://xueda.bnup.com

ZHONGGUO NONGCUN JIAOYU PINGLUN：ZHUIQIU PINGDENG DE ZHUOYUE JIHUI

出版发行：北京师范大学出版社 www.bnup.com
北京市海淀区新街口外大街 19 号
邮政编码：100875

印 刷：北京京师印务有限公司
经 销：全国新华书店
开 本：787 mm×1092 mm 1/16
印 张：17.75
字 数：350 千字
版 次：2019 年 1 月第 1 版
印 次：2019 年 1 月第 1 次印刷
定 价：68.00 元

策划编辑：陈红艳 责任编辑：戴 轶 肖 寒
美术编辑：袁 麟 装帧设计：袁 麟
责任校对：段立超 陈 民 责任印制：马 洁

《中国农村教育评论》

编辑委员会

China's Rural Education Review

THE EDITORIAL BOARD

总 序

《中国农村教育评论》系教育部人文社会科学重点研究基地东北师范大学农村教育研究所和中国教育学会农村教育分会联合主办的国际性学术辑刊，主编为邬志辉教授。

辑刊的宗旨是为了提高中国农村教育研究学术水准、促进与国际学术界对话交流而搭建的一个学术平台，每辑突出一个主题。本刊的宗旨是面向城镇化、工业化、信息化和农业现代化进程中的中国，研究社会转型过程中重大的农村教育理论与实践问题，推动运用社会学、经济学、政治学、文化学、人类学等多学科视角与方法观察和研究农村教育，推进规范的实证主义、解释主义、批判主义等研究范式在农村教育研究中的运用，促进以农村教育为主题的学术对话，提升中国学术话语的国际影响力，生产农村教育新知，服务国家重大决策，改善农村教育实践。辑刊有以下特点：

首先，是国际化视野与本土化行动交融。我们正处在社会转型的大时代，全面记录、深刻省思社会变迁进程中的农村教育，既具有中国价值也具有世界意义。中国农村教育问题既是中国本土特有的问题，也是世界发达国家和其他发展中国家共同面临的问题，国际经验和教训可资中国借鉴，中国经验和教训亦可供世界参考。我们期盼"中国农村教育发展道路"和"世界农村教育发展道路"比较与对话，并形成各自的民族教育自觉，坚定中国农村教育研究的理论自信和中国农村教育改革的实践自信，生成本土的教育理论思维与教育实践模式。

其次，是学理性探索与实证性研究兼顾。从事农村教育研究受到的最多批判是"没有理论"。农村教育问题并不是天然地没有理论的，20 世纪二三十年代我国出现的一大批农村教育家，如陶行知、晏阳初、梁漱溟等都有自己的理论，不仅如此，国际上著名的大学者诸如舒尔茨(Theodore W. Schultz)、刘易斯(William A. Lewis)、斯科特(James C. Scott)等也都有自己的农村教育思想，因此本刊重视农村教育理论的生成。同时，我们注重"用数据说话"和开展规范的实证研究，并倡导对数据的深度挖掘和可视化处理。

最后，是前沿性问题和最新性进展结合。在全面建成小康社会的进程中，中国农村教育还面临一系列重大的理论与实践问题。回应国家重大关切、反映理论最近进展、总结实践典型经验，实现理论、政策与实践的三重观照是我们办刊的宗旨，也是本刊的特色。因此，我们特别关注教育部哲学社会科学重大课题攻关项目、国家社科基金或全国教育科学规划重点项目、国际组织资助的重大项目的研究进展，并为之提供标志性研究成果的发表。同时，关注学界热点问题及其对热点问题的深度反思。

辑刊分设教育理论、教育政策、教育调查、学术书评、会议综述等栏目。教育理论栏目侧重于从社会学、经济学、政治学、文化学、人类学等跨学科视野关注农村教育问题，反映交叉学科理论与方法的新进展，与经典学术观点对话，推动农村教育学术思维的深化。教育政策栏目侧重于对国家已经颁布的重大农村教育政策的评价与评论、对国家拟出台农村教育新政策的建言与提案，关注农村教育政策变迁的历史梳理与分析，同时推动教育政策研究最近理论与方法的引介与运用。教育调查栏目侧重于反映农村教育真实面貌的调查报告、个案研究，既鼓励运用国家公布的统计数据作深入的时间序列化研究，也欢迎运用自主开发调研工具所做的截面数据调查报告，更倡导运用自主开发的时序化数据库数据进行的研究。学术书评栏目侧重于推介中国学术话语，更以开放的眼光关注具有重大理论意义的国内外、教育学科内外相关重要学术著作，推进农村教育学核心概念、支撑性理论的形成和学科理论体系建设。会议综述栏目侧重全景展示和立体反映学术会议的研究成果与思想交锋。学术会议是学者集中发表研究成果、展开学术对话与碰撞、提示未来学术发展方向的舞台，好的学术会议对学科建设和学术发展具有划时代的战略意义。

辑刊拟向下列读者群提供服务：一是从事农村教育研究的国内外学者与研究人员；二是各级教育行政部门的决策者与管理者；三是农村各级各类学校、农业院校及普通高校涉农专业的实务人员；四是从事农村教育研究的硕士生和博士生；五是关心和支持农村教育的各民主党派、非政府组织、社会公众、新闻媒体等。

本刊面向国内外公开发行，我们诚挚地欢迎各位专家学者赐稿。本刊接受中英文两种语言投稿。来稿原则上是未正式发表或未公开出版的原始稿件。除学术书评和会议综述外，论文长度要求在2万至5万字。作者若有好的选题，也可主动与本刊联系，共商研究与写作计划，以保证本刊学术风格。投稿时请寄纸质文稿1份，同时将电子文本(*.doc格式)发至电邮zgncjypl@163.com。纸质文稿寄至：130024，长春市人民大街5268号东北师范大学农村教育研究所《中国农村教育评论》编辑部。信封上请注明“投稿”字样。来稿收到，即复回札。来稿采用匿名评审，时间约2个月。如果评审专家评审通过，编辑部将与作者联系。如不拟采用，原稿不再退还，作者若需返还，可来电来函与编辑部联系。编辑部有权对来稿作必要的处理，并会与作者联系。

衷心地期盼《中国农村教育评论》能成为你学术研究路上的新朋友、农村教育改革上的新伙伴、农村教育政策制订中的新智囊！

教育部人文社会科学重点研究基地
东北师范大学中国农村教育发展研究院院长　邬志辉
二〇一七年十月二十五日于长春

卷首语

农村教育：追求平等的卓越机会①

过去几十年，我国农村地区的教育事业获得了长足的发展。这主要体现为：学前教育快速增长，乡村幼儿受教育机会大幅提高；义务教育逐步普及，国民受教育水平进一步提升；国家实施乡村教师支持计划，乡村教师队伍全面改善；县域义务教育基本均衡有序推进，农村学校办学条件达标率大幅提升；高中阶段教育也正逐步走向普及②。此外，随着我国高等教育规模的不断扩大，升入大学的农村学生也越来越多。③

在今后相当长一段历史时期内，保障农村地区学生的学习质量、学业机会和发展机遇，在实现“有学上”之后，再实现“上好学”将是农村教育重要的发展任务。《中国农村教育评论》辑刊一向关注农村教育研究领域的前沿问题和最新进展，本辑所选取的文章，回应的则是“上好学”的关切。

本辑的第一部分为“精英高校中的农村学生：本土视野”。这一部分的三篇文章所追问的都是精英高校中农村学生的成长经历和社会流动体验。作者们将眼光聚焦于高等教育阶段，想要系统地了解对于农村学生而言，上精英大学到底意味着什么，他们又能否借此机会积累各类资本，实现个人的发展——而此又是他们实现社会流动的基础。本辑的第二部分“精英高校中的弱势群体学生：国际比较”则为第一部分的本土研究提供了一个国际比较的视野。对于不同文化和社会背景下的弱势学生而言，上精英大学究竟意味着什么？又面临着哪些挑战？比较本土与国际同行的研究，既为理论对话创造了必要的条件，也有助于后来的研究人员继续寻找新的研究空白。本辑的第三部分为“教育与社会政策调查”。所选中的四篇文章分别关注的是农村地区教师“县管校用”管理体制改革、留守儿童的学业情况、农村教师的专业发展和异地中考政策问题。他们所围绕的核心在于，在一个

---

① 【基金项目】本辑受教育部人文社科基金(青年项目)“我国985高校在校本科生的社会背景与其学业成就和学业体验之间关系的实证研究”(项目编号：13YJC880085)和国家自然科学基金面上项目“过程视阈下的优质高等教育机会城乡差异及矫正措施的实证和政策研究”(项目编号：71774056)资助。

② 邬志辉、秦玉友：《中国农村教育发展报告》，北京师范大学出版社2014年版。

③ Xie, A. (2015). Inside the College Gate: Rural Students and Their Academic and Social Success. *Chinese Education & Society*, 48(2): 77—80.

政策和社会条件都急剧转型的历史时期，如何从政策、家庭环境以及学校师资方面为农村孩子“上更好的学”做支撑。

本辑的第一篇文章由来自香港大学教育学院的博士生郑雅君所撰写。2011年左右，在教育部门的有力推动下，我国重点高校开始设立专项名额，面向农村贫困地区招生。这一措施有力地推动了重点高校农村学生在数量上的增长。她指出，在持续的社会转型和市场化改革不断深化的背景下，针对高等教育机会和个人流动机遇的研究早已汗牛充栋。然而，对处于社会流动过程当中的农村大学生的研究，尤其是针对他们在精英高校环境之中适应过程的研究并不多见。通过系统梳理相关文献，作者指出，劣势家庭背景出身的学生在进入大学后，其在校表现与教育结果都与优势社会背景的学生存在一定的差距。她据此提出自己的核心问题，家庭背景的影响为何在高等教育阶段仍然存在？家庭背景到底通过何种机制在高等教育阶段继续发挥作用？

通过文化社会学的视角，她力图从个人在社会中的结构性位置为个人的发展寻得一个解释，特别重视“习性”（编著注：在郑的文章中，她将 habitus 译作“习性”，在本辑的其他文章中，译作“生存心态”）这个重要的解释机制。她所使用的数据来源于一项在京、沪两地精英高校开展的个案研究。样本为目的性抽样获得的 38 位大四毕业班学生，基本的研究方法为深度访谈法。作者按照“自下而上”和“自上而下”相结合的资料分析方法，将研究中的优秀学生分成“掌控型优秀”与“养成型优秀”两类。其中，“掌控型优秀”生，即那些能够“反思性地意识到自己行动和目标之间的关系，并且对大学这一场域拥有足够多的常识和信息，因而他们可以掌控自己的行动”，积累各种类型资本的学生。而“养成型优秀”生，则是那些“倾向于根据自己固有的文化图式去组织行动，很少在进入大学后形成有意将行动服务于工具性目的的意识，抑或直接将一些习以为常的行动视为上大学的目的本身，却较少反思‘学习’与‘实现向上流动’二者的联系的学生”。后者往往“难以在入学后的短期内树立起一个对自己有意义的成就目标”，作者将其概括为工具理性的“目的失焦”。

作者循着社会学研究的思路，力图从学生的“社会出身”上寻找这种上大学之后“初始习性”差异的解释性因素。“养成型优秀”生大多来自弱势背景。他们在初始习性上与“掌控型优秀”生的不同大体上可从他们早期的基础教育经历和家庭教养方式上寻得解释。作者还初步地探讨了初始习性上的差异给来自不同社会背景的学生带来的不同结果。她以在大一选专业为例，强调“养成型优秀”生“其决策行动并不是在某种中长期理性目标的驱动下做出的，而是强烈地受到了外在机会、道听途说和自我臆测的左右”。

本辑的第二篇文章由上海师范大学的青年教师廖青博士撰写。这篇论文的实地调研工作是她于香港中文大学攻读博士学位期间在上海的四所精英大学展开的。廖博士注意到从 20 世纪 90 年代末以来我国高等教育大规模的扩招以及近年来重点高校通过专项招生计划提高农村学生比例的现象。她关注的核心问题是在进入精英大学之后，农村学生有怎样的学习体验？对于这些体验，他们有着怎样的情感回应？这些又是如何影响到他们的身份认同？在抽象层面，廖博士借助布迪尔的场域、生存心态和资本概念来分析农村学生的学习体验。她指出，在考察弱势阶层大学生的身份认同时，既需要考虑到阶层位置的改变如何影响到个体重新定位自己的身份，又需要考虑个体在这一过程当中的主体性和主观感受。她在上海的四所精英大学以立意抽样的方式选取了 32 名来自农村较低阶层的大学生进行深度访谈，访谈参与者共 32 位，其中二年级 4 人、三年级 15 人、四年级 13 人。廖博士指出，在大都市中的精英大学占据主导地位的是城市中产阶级的价值观念，农村底层的价值观念较少受到推崇。大学场域有其自身的运行规则，熟悉规则的人如鱼得水，而陌生人则会感到处处碰壁。

来自农村的学生在进入精英场域以后，都体会到了现有环境与以往环境的不同，并感受着阶层的冲击，这种冲击要么体现在城市同学较高的消费上，要么体现在他们流利的英语和开阔的视野上。此外，廖博士观察到，在学业成绩上，研究参与者中的许多人都经历了一种先跌后升的“V”字型发展轨迹。他们并不认同学习本身的价值，但却深谙好成绩的重要性。在人际交往方面，研究参与者的交友方式较为“随性”，与那些没有读大学的旧友之间关系渐行渐远。在面对新的精英环境时，由于阶层的冲击以及生存心态的错配，农村大学生在内心也有着复杂的情绪反应，夹杂着“低人一等”的羞耻、“盛名难副”的压力、“出人头地”的荣耀、以及回望原来所属群体而产生的“幸存者内疚”等感受。这种复杂情感回应进一步地影响了他们对于自身身份的认同，使其充满矛盾。廖博士指出，研究参与者所构建的身份认同体现出两个鲜明特征，一为“大城市的‘乡下人’”，二为“来自农村的‘城里人’”。从前者出发时，来自农村的学生时常觉得自己在家庭拥有的资本、自己的见识和能力等方面皆逊色于来自城市的同学；而从后者出发时，他们则会认为自己相比起城市的同学更具向上流动的动力——这是他们建构自身“道德上的优势”的基础。

本辑的第三篇文章由上海交通大学的孙晓凤老师撰稿，研究对象依然为精英高校中的农村学生。她指出，近年来，进入大学的农村学生越来越多，但他们在处理自己与他人关系时，无法像优势家庭的学生那样从父母那里获得有效指导。在华东地区的一所“985”高校，孙晓凤跟踪调查了 13 名 2014 届农村籍大学生，关注了这些学生在大一初期和大二初期理解和看待人际关系的变化。孙晓凤的研究以巴克斯特·马格达的自我主导发展理论为基础。这一理论认为，个体实现自我主导经历的三个阶段由低到高依次为遵循外部程式、十字路口徘徊和实现自我主导，这三个阶段又可细化为十个区间。

孙晓凤发现，大一初期，农村大学生对人际关系的理解处于遵循外部程式阶段；大二时，他们大部分还停留在这一阶段，但更多个体开始意识到服从外部权威的不足，甚至有个体进入听从内心声音的区间。这一结果也吻合美国对低年级本科生的研究结果。在研究中，孙晓凤把人际关系进一步细化为师生关系、亲子关系、同学关系、恋爱关系和对多样性的理解5个层面。她发现，农村大学生在这些不同人际关系的理解上大体一致，也有一些差别。这表明，他们在人际间维度、个人内在维度和认知论维度上的发展并不完全一致。她指出，实现自我主导发展有赖于历经痛苦、重获视角和获得伙伴。高校工作者可以通过在模拟环境中创造挑战，使农村大学生经历痛苦，或积极充当他们的成长伙伴，促使他们进入自我主导发展更高阶段。

本辑所选取的第四、第五和第六篇文章来自英国、美国和加拿大的研究人员。他们研究探讨了工人阶层子弟在各自国家精英大学的学习和生活状况。选取这三篇文章的目的在于获得一个比较视野——当我们以类似的理论或者概念框架看待不同文化和背景下的社会现象时，会有不一样的发现吗？

本辑的第四篇文章来自剑桥大学的戴安·雷伊教授。她注意到，在英国，尽管高等教育体系在总体上有所扩张，但工人阶层子弟在其中的比例却在下降——在精英大学尤其如此。在英国的教育社会学研究文献当中，针对工人阶层子弟“学业弱势问题”的研究是个较为一致的主题。作者则另辟蹊径，将目光转向那些在精英大学获得成功的工人阶层子弟。作者的基本理论来自布迪厄有关文化资本、生存心态和场域的讨论。她认为，工人阶层子弟进入精英高校学习的过程可以看作是一个新的社会化过程。当他们来到精英高校的时候，早期的社会化经历——以生存心态的形式反映出来——自然对他们有着深深的影响。用作者的话来说就是，“当生存心态遭遇到一个不熟悉的场域时，由此产生的脱节不仅会导致变化和转型，同时也会带来不安、矛盾、不安全感和不确定性”。那在作者的研究当中，身处精英大学中的九位成功的工人阶层学生，是否也是如此呢？

作者的发现令人深思，首先，工人阶层的学生在谈及过去生活的社区时，往往提及“如鱼离水”的陌生感——工人阶层本身不重视学业成就，他们的父母甚至不主张他们上大学深造。这就意味着当进入精英高校时，他们的父母无法为他们提供必要的适应精英环境的文化资本。其次，早期社会化过程中产生的陌生感也意味着他们相对地脱离了原先的生存心态，并发展出了新的与精英环境相对匹配的“学习者的生存心态”(Learner Habitus)——极高的学术倾向。“中产阶级的学生都对高等教育这一场域比较熟悉，但对工人阶层的学生而言，他们要应对的则是一个非常陌生的场域”。但吊诡的是，这些工人阶级的学生更难适应的是那种工人阶层学生为主的中学教育场域，而非精英高等教育机构。

他们已经发展出极高的学术倾向是这一情形的解释性因素。戴安·雷伊指出，这些工人阶级的学生从较早时期起就要开始处理生存心态与学校教育场域之间的错位。借助于个人的反身性思考，他们个人的生存心态也借此过程得以不断地重塑，并发展出了良好的针对学业的倾向，这为他们在大学学业上的成功提供了基础。

本辑的第五篇文章由美国亚利桑那大学的助理教授纳森·马丁博士撰写，最初发表于2012年的《高等教育研究》(*Research in Higher Education*)上。在过去的几十年里，美国精英高校的学生直接花在学术活动上的时间不断减少。在美国精英大学眼中，一个理想的“大学人”不仅要有优异的学业成绩，更要积极参与校园社会活动。大量的研究也发现，学生在精英大学读书期间参与的校园活动越多，他们对校园生活的满意度越高。但是，马丁博士发现，很少有研究去探讨阶级出身对学生在精英大学的生活有什么样的影响，对他们的校园生活满意度有什么影响。在这篇文章当中，马丁博士集中研究了三个问题：精英大学学生的阶级结构、不同阶级学生的校园活动参与模式及他们不同的校园生活满意度。他巧妙运用了两项关于精英大学学生的跟踪调查数据：在杜克大学收集的《校园生活和学习》(CLL项目)数据及在全美几百所高校收集的《合作学院研究项目》(CIRP项目)数据。

通过对多个家庭背景特征做家庭聚类分析，马丁将精英大学学生的阶级出身划分为四个群体，即专业技术阶级、管理阶级、中产阶级和从属阶级。前两个群体同属支配阶级，但专业技术阶级拥有更多的文化资本，管理阶级拥有的经济资本更为丰富。后两个群体弱势，但他们通常拥有比蓝领阶级更丰厚的经济和文化资本。

马丁发现，不同阶级的学生用于学业活动的时间并无明显区别。但是，在学业成绩方面，专业技术阶级的学生最为突出，一方面因为他们入学成绩最优，另一方面因为其父母拥有最多的文化资本。管理阶级的学生成绩介于中产阶级和从属阶级的学生之间，他们对校园生活的满意度也及不上专业技术阶级的学生，因为他们拥有的文化资本比较少。受经济能力及时间限制，中产阶级和从属阶级的学生半工半读的情况更多，他们也无法像支配阶级那样积极加入校内运动队或社团、参加海外游学或与同学聚会。支配阶级两个群体的学生在毕业时满意度较高，与他们积极参与这些校园活动相关。中产阶级和从属阶级的学生半工半读多为生计所迫，这会导致两个群体的校园生活满意度较低。与此相比，支配阶级的学生做兼职多是出于自主选择，因此不会影响到他们的大学生活满意度。

马丁认为，布迪厄的社会结构模型综合考虑了经济资本和文化资本，注意到了支配阶级内部的分化与区别，具有其他阶级结构模型无法比拟的优势。正是通过运用这一模型，马丁博士不仅发现了专业技术阶级和管理阶级之间在校园生活满意度上的区别，还发现了阶级出身、校园生活参与模式对校园生活满意度的影响。

本辑的第六篇文章的作者是加拿大西安大略大学的沃尔夫冈·莱曼副教授，原文发表于2013年的《教育社会学》(*Sociology of Education*)期刊。在加拿大，不利的家庭环境把很多工人阶级子女挡在了高校的大门之外。在幸运升入大学以后，因为缺乏必要的经济资本、文化资本和社会资本，工人阶级子女也不能像其他学生那样轻易地融入校园生活，并学有所成。在本文中，莱曼关注的是一批特殊的工人阶级大学生：他们克服了种种不利条件，融入了精英大学的校园生活，还学有所成。在加拿大安大略省的一所精英大学，莱曼跟踪访谈了一批学有所成的工人阶级大学生。这些学生的父母基本从事蓝领工作，没有上过大学。布迪厄认为，工人阶级的生存心态与精英大学的场域格格不入，因此工人阶级大学生升入精英大学后难免感到困惑、矛盾和挣扎。莱曼从布迪厄的生存心态理论出发，研究了这些大学生在精英大学场域中如何远离工人阶级生存心态，培养中产阶级生存心态，并在这一过程中受到隐性的伤害。

莱曼发现，为了融入精英大学的社会生活，这些学生不仅要改变工人阶级的外在形象，而且要积累文化资本，培养中产阶级在食物、政治及职业规划等方面的品味。正是得益于这样的生存心态转变，他们才能学有所成。但是，他们越来越熟悉新生存心态后，就会觉得工人阶级生存心态狭隘、落后。他们庆幸自己能够逃离自己的工人阶级出身，实现了父母与自身的愿望，不同程度地跻身中产阶级的行列。可是，他们的家人和旧友还被困在那里，与这些人日益疏远的关系是他们不得不承受的代价。莱曼认为，跟他们的父母一样，这些特殊的工人阶级大学生也受到了阶级的隐性伤害。即便在成年以后，他们仍有可能感到，在传统的中产阶级专业技术场域中，自己被视为文化上的外来者。

本辑的第七篇文章来自东北师范大学的王海纳和邬志辉教授。这是一篇典型的教育政策研究。在本文中，两位作者探讨了教师的"县管校用"政策的实施情况。所谓的"县管校用"政策，是一套新的教师人事管理制度。其基本要义在于，将教师交由教育主管部门统一管理，由教育主管部门派出教师到学校任教。这一新政策的目标在于完善城乡教师交流机制，更有效地促进城乡教师的有序流动，推动农村地区基础教育质量的改进。两位作者指出，作为探索性的努力，地处S省的P县从2013年开始实施这一政策，针对该县的案例研究，应当有利于总结经验并发现问题，为将来的政策执行和完善提供借鉴。他们关注的基本问题是，

P 县“县管校用”政策的具体内容是什么？执行的环境又如何？相关执行群体和目标群体对该政策又有何看法？该政策执行过程中有哪些问题，要如何改进？在研究当中，他们借助了史密斯(Smith)政策执行过程模型。在方法论上，尽管作者们并未特别言明，其基本的取向应当是案例研究。在具体的方法上，他们综合采用了政策文本分析和深度访谈法。他们通过在教育局协助当地负责人处理日常事务的办法进入田野，具体的工作地点为 P 县四个乡(镇)。接受访谈的人当中，校长 10 人，教师 11 人，教育局工作人员 6 人。他们针对政策内容的研究此处不再赘述。关于政策执行效果，他们的核心发现是，这一政策有助于“教育质量均衡”“骨干教师对农村教师的引领和示范”和“优化师资配备”；但问题是，政策在执行过程中也存在一些问题，如“走校教师选派规则模糊”“教师考核结果难以量化”“政策执行乏力”，执行主体权力分散，政策内容执行过程中走样，利益群体掣肘政策执行，教师的身份认同冲突，“校长本位意识严重”“激励机制不相容”，关联政策缺位，政策宣传力度低，政府投入有限等。

这是一项严谨的基于本土的教育政策研究，其基本的指向当然是提供对策检验。基于上述发现，他们基本的建议是，在政策文本方面，制定主体要“完善政策文本，细化管理措施”“建立健全合理的教师考核方案”“明确教师走校的有效激励手段”；在政策执行主体方面，要“完善管理机制，补充执行人员”“坚持部门联动，共同推进改革”“消解利益冲突，强化政策执行”；对于相关的利益群体，如教师，要发展他们的职业观念，重视他们的诉求，推动“校长民主管理”；在政策执行环境方面，一要“健全配套制度，明确法律保障”，二要“实施省级统筹，保障教师待遇”。

本辑的第八篇文章来自武汉理工大学的贾勇宏博士，他对留守儿童问题研究多年。在本文中，他提出的基本问题是，留守儿童的父辈与他们的亲子互动状况到底呈现出什么样的规律，这又对他们的学业与发展有怎样的影响。他所分析的数据来自 2006 年的一项大规模调查，该项调查涉及湖北省的钟祥市、沙洋县、长阳县，河南省的罗山县、长葛市、襄城县、禹州市，安徽省的濉溪县和潜山县。样本来自这些县市的 62 所中小学，接受调查的学生超过 4500 人，教师超过 3300 人。贾博士的数据分析表明，总体上，留守儿童的亲子互动特征可概括为“遥控监护”，即亲子沟通以电话联系为主(超过 93%的留守儿童通过打电话与父母沟通，月均 3～4 次以上，每次通话 4～20 分钟)，沟通内容多涉及学习和安全。关于通话对留守儿童学业及心理健康等的影响，作者也进行了详细地分析。他指出，亲子互动越多，也就是父母与孩子电话联系的频次越多，留守儿童的成绩整体上就越好。主要表现为，对孩子的数学和英语成绩有显著影响。不过，作者又指出，联系的频次对语文成绩、道德品行、心理健康、学习兴趣、组织纪律和自理能力的影响，统计学意义上并不显著。

作者提醒读者注意，以上研究结论是在2006年的调研数据基础上得出的，时隔10余年，留守儿童父母的家庭经济条件和社会通信、交通条件已经发生了极大的变化，留守儿童的亲子沟通将会更加便利，亲子沟通的频次、形式和内容也都有较大的变化。在调研的基础上，作者也提出了有针对性的政策建议，如“增强留守儿童父母的监护主体责任意识”“加强亲职教育，对留守儿童进行必要的教育指导”，调动各种社会公益力量，拓展留守儿童亲子互动的渠道，转变务工方式，创造亲子互动的良好环境与条件。

本辑的第九篇文章由西北师范大学教育学院的张文斌博士和周晔教授撰写。这篇文章关注的同样是农村教师。作者们指出针对农村新教师成长的研究至关重要。这是因为，农村新教师的专业发展影响着农村学校以及农村教育的未来。他们以农村新教师的专业生活为题，采用的是质性研究设计思路，在总体设计上则为叙事研究取向。他们的研究对象是2015年进入西部某校的一位新教师Z，基本的数据收集方法是访谈法和观察。他们关心的问题是，作为该校2011年以来进校的唯一一位教师，他如何从一位“菜鸟”逐渐成长为乡级“优秀班主任”，他的专业生活内容有哪些变化。

结合Z教师的叙述，作者们将其专业生活分为“适应与摸索”“成长与胜任”“冲突与转变”三个阶段。他们充分地结合叙事研究的长处——深度描述，对Z教师经历的这三个阶段进行了细致的描述，发现填补了既往研究的不少空白。比如，他们指出，新教师的适应，不单单指其专业上的适应，如讲课与备课，还包括了在中观上对组织环境的适应——从学生变为下属、同事与管理人员。作者们还指出了农村教师在职初面临的一些独特挑战，如缺乏培训，没有集体备课机制。另外，对于新教师的发展而言，学校组织环境重要，更宏观的社会环境也重要。如Z教师在成长过程中，面临的问题包括学校不重视教师学习、教师群体也缺乏主动学习的氛围。

这是一篇有政策关切性的调查文章，作者们除了对Z教师的专业生活进行描述之外，还对其专业成长中存在的问题及其原因进行了分析。具体问题，他们归结为“教学生活穷于应付”“学习生活内容单一、低效”，缺乏教师教研。据此，作者们提出了一些针对性的政策建议：做好社会支持，提升教师专业情意，提高他们学习生活的质量，创造条件，更好地开展研究工作。

本辑的第十篇文章由来自德国维尔茨堡大学的王向和美国纽约大学的吴子劲所撰写。这也是一篇教育政策研究。长期以来，我国高校招生实行以省级行政单位为基础的配额制度。这一制度又与我国的户籍管理制度紧密结合在一起，户籍不在某省的考生没有在该省参加高考的资格。近年来，随着我国城镇化的不断推进，随同父母在外地上学的青少年人数越来越多。2012 年，国务院发文主张逐步放开异地高考，但具体实施办法仍由各省自行制定。各省的异地高考政策通常规定，外省学生在流入地参加高考的前提之一是要在该地就读高中。由此，各地市的异地中考政策事实上成为了限制跨省高考的一道屏障。

从教育公平的视角，王向和吴子劲审视了广州的异地中考政策。通过分析广州市有关异地中考的政策文本，他们指出，广州市不再简单粗暴地限制户籍在外地的学生在广州市参加中考。在某种程度上，这本应有助于外地学生获得与本地学生一样的进入广州公立高中的机会。然而，通过检验该政策的实施结果，他们发现，这一政策实施以后，外地学生进入广州市公办高中的整体机会在减少，他们进入广州市示范性高中的机会更少；在进入公办高中的入学机会上，他们与本地学生的差距也进一步拉大。一个重要原因在于，广州市对外地学生进入公立高中实行了限额，即在每年公办高中的招生名额当中，户籍不在本地的学生只能占到 8%。在异地中考政策实施以前，外地学生需要支付择校费才能进入公办高中，但他们事实上能够获得比这一比例更高的进入公立高中的机会。王向和吴子劲指出，在政策制定过程当中，广州市政府所“提出的教育公平内涵存在局限以及隐蔽的负面影响”，因为其“不重视增加或维持”外地学生“实际获得的教育机会”，或者没有着力于消除外地学生与本地学生在进入公立高中方面的机会差异。

近些年，针对高等教育系统扩张和个体受教育机会的研究早已汗牛充栋。对处于社会流动过程当中弱势群体学生体验的研究，尤其是针对他们在精英环境中适应过程的研究并不多见。高等教育机构的学习机会是来自较为弱势的社会群体的学生实现转变的重要机遇。教育社会学研究需要新的视角，深入微观过程，探讨来自弱势社会群体学生的社会流动体验，并进而探讨宏观的社会结构与他们个人生命历程之间的互动关系①。本辑的第一部分和第二部分研究探讨的都是精英环境中弱势群体学生的社会流动体验，可算前沿性质的研究。它们大都基于较为扎实的质性研究设计，也都有着坚实的学科文献基础，有着重要的理论和政策价值。这六篇文章的选取，可算为后来者的研究提供了一个入门基础和前沿梳理，也在方法论方面为后来者提供了一些借鉴。

本辑第三部分的 4 篇调查关注都是当前农村教育研究中的热点问题，在方法论上也体现出了一些共同的特色。例如，它们都基于扎实的社会调查，有着较为系统的研究设计，既有案例研究取向的研究，也有定量的调查和质性的叙事研究。当前，农村教育的发展正处于一个新的历史时期。对于推动农村学生上好

① 谢爱磊：《精英高校中的农村籍学生——社会流动与生存心态的转变》，《教育研究》2016 年第 11 期，第 74～81 页。

学，获得更好的教育机会而言，卓越的机会本身和卓越的针对机会的研究同样重要。展现农村教育研究的多元方法论取向，推动农村教育研究在质量上进一步提升，也正是本辑《中国农村教育评论》的重要使命。

广州大学教育学院：谢爱磊

西北师范大学教育学院：李晓亮

二〇一七年十月十二日

目　录

精英高校中的农村学生：本土视野

精英高校中的弱势群体学生：国际比较

教育与社会政策调查

书　评

Table of Contents

精英高校中的
农村学生：本土视野

"目的失焦"：精英大学农村学生的劣势形成机制

Primary Habitus and Defocused Goals: An Explanation of the Rural/Urban College Students' Performance Gap

郑雅君(Zheng Yajun)

香港大学教育学院

Faculty of Education, The University of Hong Kong

摘要： 家庭背景的影响为何在高等教育阶段仍顽固留存？已有的社会学研究对家庭背景究竟是如何在高等教育阶段发挥作用的机制探究仍然很不充分。与大学生发展领域主要诉诸于个人能力/投入的解释不同，本研究基于两所国内精英大学中48名毕业生的跟踪式访谈，提出一个文化社会学视角的解释机制——因为根植于农村学生入学前环境的"初始习性"与精英大学的主导文化不相兼容，使得他们在进入大学后缺乏一定的条件去制定清晰的价值目标与行动策略，以至于其工具理性未能有效地服务于成就的达成。本文将此机制称为"目的失焦"。在目的失焦的情况下，学生在大学中各项教育实践上的投入并不理性地服务于某一个清晰的工具性目的，因而短期内其投入不会显示出明确的方向性和积累性，所以从某一成就维度进行评估时往往发现他们表现不佳。精英大学诚然为所有新生提供了向上流动的机会，然而因为他们的初始习性与大学环境的匹配程度不同，并非所有新生在入校后都明白该如何利用这一机会，而这种不明白或许不是一种个人能力的缺陷，而是一种阶层文化特征与精英大学环境不相适应的结构性后果。

关键词： 家庭背景；教育结果；精英大学；初始习性；行动目标

Abstract: Why even highest-quality higher education fails to diminish the reproductive impact of social class? We know more empirical evidence than concrete explanatory mechanism on this fact from sociological literature. Studies on college student development emphasize psychological dynamics such as individual abilities and efforts in driving differentiated outcomes, whereas in this paper I draw on the work of Pierre Bourdieu to present an alternative explanation from cultural sociological perspective. Concentrating on university environments and social structural impacts, I argue that due to the mismatch of *habitus* and dominant culture of the elite university as a *field*, rural students lack necessary cultural—tools in activating their instrumental rationality efficiently, i. e. , setting goals rationally and organizing efforts strategically, which leads to a college life that without explicit ends. Under this condition of "defocused goals", rural students' engagement in various effective educational practices has less clarified ends, so that their efforts do not contribute deliberately to specific achievements. This research shows that although higher education seems offer equal upward—moving opportunity to all the admitted, not all of them know how to make use of this opportunity, and this perplexity could not be an inferiority as for individual abilities but rather a systematic consequence resulted from a mismatch of class—specific cultural repertoires and environmental norms of elite universities.

Key words: family backgrounds; educational outcomes; elite university; primary habitus; ends of action

一、导言

"大一刚入学的时候，辅导员让每个同学写下自己在大学里的目标，我写了'成绩居于30%～40%'，后来结果也就是这样"。在T大的咖啡馆里，大四的王禹海若有所思地回忆起当初的片段，"现在想想目标定得太低了，因为刚进去没什么自信"。王禹海的家在山西农村，跟随父母从小在城郊的矿区长大，直到初中毕业考上市里的重点高中，后以全省前20名的高考成绩被国内顶尖高校T大录取。说起目标就反射性地想到成绩，这在他从小到大的思维图式里并没有什么问题，但他后来才惊觉，其他同学的目标好像不仅限于成绩——"就是忽然发现这件事情别人已经做完了，才会认识到这件事情应该去做。比如，当你知道你的同学要出国了，其实你已经只是知道一个结果，但是他们可能已经(为这个目标)

准备了很久，这个时候你知道了就会非常惊讶于这种事情”。现在大学四年将要结束了。回望来路，从考上T大，到选择专业，到安排课外活动，再到考虑出路，每一步在他现在看来都感觉自己“没有想清楚理由是什么”以及“成绩好的好像还是那些目标明确的同学”。

王禹海的身上有许多农村学生的影子。他现在意识到，自己其实有能力获得更高的成绩，只是因为当初的谨慎和迷茫，最后只拿到了一个差强人意的结果。王禹海的处境也并非个案——虽然有乐观的理论家认为家庭背景的影响会随孩子的教育历程上升而渐次消减、到高等教育阶段会逐渐式微，①② 然而更多的实证研究却表明基础教育阶段的不平等仍然在高等教育阶段顽固持续。③④⑤ 这意味着，即使像王禹海这样凭借卓绝的勤奋和天赋，冲破层层壁垒被顶尖大学录取，其入学后的表现、学业成就和毕业时的升学与就业质量、起薪都仍然体现出家庭背景的显著差异。⑥⑦⑧⑨⑩ 如何解释这种差异？

已有研究主要从两种学科进路进行了解释。以心理学和高等教育学为基石的大学生发展研究，在解释学生教育结果的差异时主要诉诸如动机、自我效能、元

---

① Dimaggio, P., & Mohr, J. (1985). Cultural Capital, Educational Attainment, and Marital Selection. *American Journal of Sociology*, 90(6): 1231-1261.

② De Graaf, N. D., De Graaf, P. M., & Kraaykamp, G. (2000). Parental Cultural Capital and Educational Attainment in the Netherlands: A Refinement of the Cultural Capital Perspective. *Sociology of Education*.

③ 文东茅：《家庭背景对我国高等教育机会及毕业生就业的影响》，《北京大学教育评论》2005年第3期，第58～63页。

④ 刘精明：《教育与社会分层结构的变迁——关于中高级白领职业阶层的分析》，《中国人民大学学报》2001年第2期，第21～25页。

⑤ 卢晓东、于晓磊、陈虎、黄晓婷：《基础教育中的城乡差异是否在大学延续——高校城乡学生学业表现差异的实证研究》，《高校教育管理》2016年第1期，第56～60页。

⑥ 李春玲：《80后大学毕业生就业状况及影响因素分析——基于6所985高校毕业生的调查》，《江苏社会科学》2012年第3期，第45～53页。

⑦ 郑育琛、武毅英：《我国高等教育社会分层功能的再审视——基于对某省两所高校毕业生的调查》，《现代教育管理》2014年第6期，第1～6页。

⑧ 田丰：《高等教育体系与精英阶层再生产——基于12所高校调查数据》，《社会发展研究》2015年第1期，第14～16页。

⑨ 熊静、余秀兰：《研究型大学贫困生与非贫困生的学习经历差异分析》，《高等教育研究》2015年第2期，第46～55页。

⑩ 岳昌君、周丽萍：《经济新常态与高校毕业生就业特点——基于2015年全国高校毕业生抽样调查数据的实证分析》，《北京大学教育评论》2016年第2期，第63～80页。

认知能力等个体差异性特征，①②③ 以及学生主动投入有效教育活动的范围和程度。④⑤ 这一进路倾向于将学生的就学过程看作是一个由学生自身特质决定的、不牵涉到阶层、种族等社会因素的中立过程，有将弱势阶层大学生的失败归咎于其自身的嫌疑。⑥ 第二条进路即是偏重于社会结构解释的教育社会学研究，其核心脉络致力于通过量化模型评估学生的社会背景和教育结果之间的关联性。⑦⑧ 至于这些联系究竟是如何透过教育过程产生的，对此的探究则仍然不够充分。⑨⑩

本研究是一个试图在教育社会学的研究脉络中补充解释机制的尝试，但与大学生发展研究提供的个体能力/投入解释不同，本研究立足于布迪厄(Bourdieu)的习性(Habitus)与场域(Field)理论，将主要的解释力诉诸于学生的大学前成长环境所孕育的一套性情倾向系统与大学环境的不相适应，以至于其工具理性(Instrumental Rationality)未能有效地被用于在新的大学场域快速选择设立行动目标、服务于成就的达成——如同一个相机镜头，因为环境的骤然变化导致一时间对焦困难。基于对中国两所顶尖研究型大学 38 位毕业生的跟踪个案研究，本研究试图：(1)揭示学生的家庭背景和基础教育经历如何造就了新生不同的初始习

---

① Stage, F. K. (1989). Motivation, Academic and Social Integration, and the Early Dropout. *American Educational Research Journal*, 26(3): 385—402.

② Bean, J. P., & Eaton, S. B. (2000). A Psychological Model of College Student Retention. *Reworking the Student Departure Puzzle*.

③ Zimmerman, B. J. (2001). Theories of Self-regulated Learning and Academic Achievement: An Overview and Analysis. In B. J. Zimmerman & D. H. Schunk (Eds.), *Self-regulated Learning and Academic Achievement: Theoretical Perspectives* (2nd ed.). Mahwah, NJ: Lawrence Erlbaum.

④ Astin, A. W. (1984). Student Involvement: A Developmental Theory for Higher Education. *Journal of College Student Personnel*, 25(4): 297—308.

⑤ Terenzini, P. T., & Pascarella, E. T. (1991). Twenty Years of Research on College Students: Lessons for Future Research. *Research in Higher Education*, 32(1): 83—92.

⑥ Tierney, W. G. (1992). An Anthropological Analysis of Student Participation in College. *The Journal of Higher Education*, 63(6): 603—618.

⑦ Featherman, D. L., & Hauser, R. M. (1978). Opportunity and Change. *In Studies in Population*. New York: Academic Press.

⑧ Shavit, Y., & Muller, W. (1998). *From School to Work. A Comparative Study of Educational Qualifications and Occupational Destinations*. Oxford: Oxford University Press.

⑨ Stevens, M. L. (2008). Culture and Education. *The ANNALS of the American Academy of Political and Social Science*, 619(1): 97—113.

⑩ Stuber, J. M. (2011). *Inside the College Gates: How Class and Culture Matter in Higher Education*. Lanham, MD: Lexington Books.

性；(2)透过低年级的专业选择这一具体实例，来阐明初始习性是如何深切地影响到了学生在大学中的目标设定的清晰度与行动策略的有效性，从而对日后不平等的教育结果埋下伏笔。

二、理论脉络与文献述评

(一)对垒的学科视角：个体特征 vs 结构性因素

如何理解高等教育的差异性结果？高等教育学的大学生发展研究、心理学研究与社会学研究从各自的学科视角出发，分别建构出了倚重学生对于有效教育活动的投入、学生个体心理特征和社会结构性因素的解释脉络。大体上说，前两种解释重于学生的个体特征，而后一种解释则偏重于揭示个体所嵌入其中的社会环境和结构性位置的影响。

首先，高等教育学领域的大学生发展研究已经在这一问题上形成了悠久的研究传统。他们的研究立足于培育全人发展的教育目的，往往带着大学管理者浓厚的政策兴趣。[①②③] 这一领域的代表性人物丁度(Tinto)提出的学习/社交融入理论(Academic and Social Integration Theory)在学生发展研究中享有范式性的地位。[④] 丁度假设即将步入大学的学生必须先与其之前的社会关系(比如家人和高中的朋友)相分离(Separate)，进入一个"开始尝试融入新群体互动"的转折性阶段，并习得(Incorporate)新群体或大学内部的规范性价值观与行为模式。这一融入大学的过程体现在两个互相促进的独立方面——学业融入与社会性融入，学业融入是指学生顺利地与学校学术方面的正式规范达成一致；社会性融入则指学生发现大学社交环境与自己的偏好或期待相协调的程度。丁度认为，如果学生未能顺利通过这一分离—习得的过程，就难以融入大学环境，从而可能对学生发展产生负面影响；而融入程度高的学生则会增加对学校的投入感和归属感，会有更好的表现。虽然学者们对如何贴切地操作丁度的理论模型至今仍有许多争论和质

① Astin, A. W. (1993). What Matters in College? Four Critical Years Revisited. Jossey-bass Higher and Adult Education Series. *Journal of Higher Education*, 22(8): 482.

② Tinto, V. (1993). *Leaving college: Rethinking the Causes and Cures of Student Attrition* (2nd ed.). Chicago: University of Chicago Press.

③ Kuh, G. (1991). *Involving Colleges: Successful Approaches to Fostering Student Learning and Development Outside the Classroom*. San Francisco, CA: Jossey-Bass Publishers.

④ Pascarella, E. T., & Terenzini, P. T. (2005). *How College Affects Students* (Vol. 2). San Francisco, CA: Jossey-Bass.

疑，① 但该领域的多数学者都会同意：学生必须主动投入，积极参与进学校组织的各项活动中，主动与老师和其他同学交往，才更可能取得成功。②③ 这一理论与乔治·库(George D. Kuh)提出的学生投入(Student Engagement)理论和阿斯丁(Astin)的学生涉入理论(Student Involvement)异曲同工。研究者还注意到，来自弱势背景的学生对学校的投入和融入程度都是偏低的，在师生互动和同学互动上的表现往往不尽人意，在教育结果上也偏低。④⑤⑥ 国内的实证研究者同样有此发现。⑦⑧⑨⑩⑪

其次，关于大学生发展的心理学研究者也已经在此领域积累了丰硕成果，这些研究致力于从教育者与评估者的立场出发，去探索学生在学习过程中凸显出的个体特质的多元性(Diversity)，以及如何促进这种多元性与更理想的教育结果之

---

① Braxton, J. M., & Lien, L. A. (2000). The Viability of Academic Integration as a Central Construct in Tinto's Interactionalist Theory of College Student Departure. *Reworking the Student Departure Puzzle*.

② Astin, A. W. (1993). What Matters in College? Four Critical Years Revisited. Jossey-bass Higher and Adult Education Series. *Journal of Higher Education*, 22(8): 482.

③ Kuh, G. (1991). *Involving Colleges: Successful Approaches to Fostering Student Learning and Development Outside the Classroom*. San Francisco, CA: Jossey—Bass Publishers.

④ Terenzini, P. T., Springer, L., Yaeger, P. M., Pascarella, E. T., & Nora, A. (1996). First-generation College Students: Characteristics, Experiences, and Cognitive Development. *Research in Higher Education*, 37(1): 1—22.

⑤ Attinasi Jr, L. C. (1989). Getting in: Mexican Americans' Perceptions of University Attendance and the Implications for Freshman Year Persistence. *The Journal of Higher Education*, 60(3): 247—277.

⑥ Pike, G. R., & Kuh, G. D. (2005). First and Second—Generation College Students: A Comparison of Their Engagement and Intellectual Development. *The Journal of Higher Education*, 76(3): 276—300.

⑦ 鲍威：《未完成的转型——普及化阶段首都高等教育的人才培养与学生发展》，《北京大学教育评论》2010 年第 1 期，第 27～44 页。

⑧ 熊静、余秀兰：《研究型大学贫困生与非贫困生的学习经历差异分析》，《高等教育研究》2015 年第 2 期，第 46～55 页。

⑨ 卢晓东、于晓磊、陈虎、黄晓婷：《基础教育中的城乡差异是否在大学延续——高校城乡学生学业表现差异的实证研究》，《高校教育管理》2016 年第 1 期，第 56～60 页。

⑩ Niu, S., & Wan, G. (2016). Academic Performance of Disadvantaged Students Under Special Admission Policies—The Case of China. *Aera Conference* 2016.

⑪ 郑雅君、牛新春：《家境越好对大学越满意？——双因素激励理论视域下学生满意度与家庭背景之间的非线性关系》，《教育发展研究》2016 年第 17 期，第 43～51 页。

间的结合。[①] 例如，心理学家对于学生的智力(Intelligence)、学习风格(Learning Styles)、学习方法(Learning Approaches)、思维风格(Thinking Styles)等差异性特征进行了类别化和评估，[②③④⑤] 建构起了纷繁的核心概念。在运用解释大学生是否提前退学时，比恩(Bean)和伊顿(Eaton)认为，学生的经历、信念会塑造学生对于大学环境的感知，而不同的感知会通过影响自我效能感(Self-efficacy)、压力水平(Stress)、内部控制力(Internal Locus of Control)来影响学生的就学动机(Motivation)，进而影响学生对学校的态度和是否继续就读的决策。[⑥] 许多研究表明，内在动机、自我管理、内部控制力和自我效能感等心理特质，与更理想的教育结果相联系，如优良的学业成绩、坚持完成学业等。[⑦⑧]

因为都专注于对学生个体层面的特征，上述两个脉络的学科边界并不明显，共同致力于揭示影响教育结果的微观机制。不过，这些研究也受到社会学家和人类学家的批评，主要的缘由是认为诸如投入、动机这类概念似乎被看作是一个由学生自己自由选择、而不牵涉到阶层、种族等社会结构性因素的中立过程。[⑨] 这在理论立场上导致了一种始料未及的后果(Unintended Consequence)：弱势学生在大学里表现不佳，似乎全怪自己没有充分地投入或不具备相应的特质与能

---

① Willingham, W. W. (1985). *Success in College: The Role of Personal Qualities and Academic Ability*. New York: College Board Publications.

② Binet, A., & Simon, T. (1916). *The Development of Intelligence in Children: The Binet-Simon Scale* (No. 11). Charleston, SC: Llterarg Licensing.

③ Keefe, J. W., (1979). "Learning style: An overview," in Keefe, J. W., ed., *Student learning styles: Diagnosing and prescribing programs*. Reston, VA: National Association of Secondary School Principals.

④ Schmeck, R. R. (1988). Learning Strategies and Learning Styles. *Perspectives on Individual Differences*.

⑤ Sternberg, R. J., & Zhang, L. F. (Eds.) (2014). *Perspectives on Thinking, Learning, and Cognitive Styles*. Routledge.

⑥ Bean, J. P., & Eaton, S. B. (2000). A Psychological Model of College Student Retention. *Reworking the Student Departure Puzzle*.

⑦ Pintrich, P. R., & Schrauben, B. (1992). Students' Motivational Beliefs and Their Cognitive Engagement in Classroom Academic Tasks. *Student Perceptions in the Classroom*, 149—183.

⑧ Corno, L. (1993). The Best-laid Plans: Modern Conceptions of Volition and Educational Research. *Educational Researcher*, 22(2): 14—22.

⑨ Stuber, J. M. (2011). *Inside the College Gates: How Class and Culture Matter in Higher Education*. Lanham, MD: Lexington Books.

力。① 虽然目前更多的前沿研究开始有意识地探索学生的阶层差异的影响②，高等教育学者和心理学家仍大体上倾向于将大学视为“一个公平公正的竞技场”。

社会学家则恰好相反——教育社会学的研究倾向于采用一个偏向于社会结构性力量的视角，认为个人在社会结构中所处的位置会对他们在学校的处境和表现产生持久深刻的影响——批判理论家甚至认为学校本来就暗含着再生产社会阶层秩序的使命。③ 目前已在北美乃至全球教育社会学研究中占据着范式性的地位的社会分层与地位获得研究，④ 其主要研究思路正是使用统计模型去估计诸如家庭社会经济地位、种族和性别等结构性因素对教育获得的影响，以及评估教育对职业地位获得和收入的回报性贡献。⑤⑥⑦⑧ 虽然这一传统中的成果数量巨大，其结论中有两点得到了经验证据的一致支持：(1)正式学校教育的确对于个人生活机会有着独立的影响；(2)父母倾向于利用正式教育作为他们向孩子传递特权的主要方式。在这一视角下，学校教育被视为一种个人拥有的某种带有资源性质的“获得物”(Possession)，类似于人力资本(Human Capital)概念中的“资本”之意味。教育的过程性面向被压缩成一个“黑箱”，使得社会学在揭示社会结构与教育结果的具体关系机制变得困难。不过，布迪厄的“文化再生产”(Cultural Reproduction)理论提供了一

① Tierney, W. G. (1992). An Anthropological Analysis of Student Participation in College. *The Journal of Higher Education*, 63(6): 603—618.

② Yee, A. (2016). The Unwritten Rules of Engagement: Social Class Differences in Undergraduates' Academic Strategies. *The Journal of Higher Education*, 87(6): 831—858.

③ Bowles, S., & Gintis, H. (1976). *Schooling in Capitalist America* (Vol. 57). New York: Basic Books.

④ Stevens, M. L. (2008). Culture and Education. *The ANNALS of the American Academy of Political and Social Science*, 619(1): 97—113.

⑤ Blau, P., & Duncan, O. D. (1967). The American Occupational Structure. *American Journal of Sociology*, 33(2): 296.

⑥ Jencks, C. (1972). *Inequality: A Reassessment of the Effect of Family and Schooling in America*. New York: Basic Books.

⑦ Featherman, D. L., & Hauser, R. M. (1978). Opportunity and Change. *In Studies in Population*. New York: Academic Press.

⑧ Hout, M. (2012). Social and Economic Returns to College Education in the United States. *Annual Review of Sociology*.

个文化视角的解释机制。①②③ 该理论认为继承自家庭的文化资本(Cultural Capital，如语言能力、审美偏好、文化意识、知识)或习性(Habitus)可以解释学生在学校的成功。不同阶层持有的文化资本是不均衡的，而教育系统则不仅不如它看上去的那般中立，而且以隐蔽的方式合法化了再生产的秩序。④ 布迪厄力图通过一个整体性的视角来看待社会结构对人生活际遇所产生的方方面面的影响，并通过"习性"这一概念整合起那些具有阶级特征的观看、消费、行动和感受的方式。然而，也正因为这种弥散性的特征，使得量化研究者们通常在操作化过程中难以抓住布氏理论的整体化思路。⑤ 如果社会结构确实通过具体化在学生身上的"习性"对他们在大学的成功发挥着作用，这种作用究竟是如何体现的呢？

(二)成功之钥：目标的设定与策略性行动

本研究将学生在大学的成功(College Success)定义为学生在大学各领域的竞争中所取得的优势地位或成就⑥，如学业成绩、大学后的职业地位、所获得的荣誉等。对于获得成就而言，尽早设立目标、并有意为目标的达成理性地组织行动策略殊为关键。这首先是本研究在访谈过程中运用扎根理论方法所浮现出的结果——被访者不约而同地强调这一点的重要性，其次也已经被许多理论和经验研究所支持。⑦⑧⑨

目标(Goals)，即一种认知层面对于我们想要取得或完成之对象的表象建构，

---

① Bourdieu, P. (1977). Cultural Reproduction and Social Reproduction. *In Power and Ideology in Education*, edited by J. Karabel, A. H. Halsey. New York: Oxford University press.

② Bourdieu, P. (1986). The Forms of Capital. *Handbook of Theory and Research for the Sociology of Education*, edited by John G. Richardson. New York: Oxford University press.

③ Bourdieu, P., & Passeron, J. C. (1990). *Reproduction in Education, Society and Culture* (Vol. 4). London: Sage.

④ P. 布尔迪约、J.-C. 帕斯隆著，邢克超译：《再生产：一种教育系统理论的要点》，商务印书馆，2002 年版。

⑤ Stevens, M. L. (2008). Culture and Education. *The ANNALS of the American Academy of Political and Social Science*, 619(1): 97—113.

⑥ Kuh, G. D., Kinzie, J., Schuh, J. H., & Whitt, E. J. (2011). *Student Success in College: Creating Conditions that Matter*. Hoboken, NJ: John Wiley & Sons.

⑦ Printrich, P. R., & Schunk, D. H. (2002). *Motivation in Education: Theory, Research, and Application*. Columbus, OH: Merrill Prentice Hall.

⑧ Corno, L. (1993). The Best-laid Plans: Modern Conceptions of Volition and Educational Research. *Educational Researcher*, 22(2): 14—22.

⑨ Hidi, S., & Harackiewicz, J. M. (2000). Motivating the Academically Unmotivated: A Critical Issue for the 21st Century. *Review of Educational Research*, 70(2): 151—179.

既为行动提供了方向，又为行动提供了动力来源。① 特别对于大学生而言，为自己树立目标反映出他们下一步希望作出努力的方向，也将影响到他们在组织具体行动时的心态和策略。② 在心理学家对于大学生目标的理论建构中，一对堪称理论共识的概念分类揭示了目标对人行动的影响：成就型目标(Performance Goals)与成长型目标(Mastery Goals)，前者看重外部规范所树立的评价标准、致力于表现出比其他竞争者更优良的能力，而后者则看重自我参照、致力于使自己在能力发展上取得进步。两种目标都可以指向各类成就的获得，但研究者发现它们会导致在成就获得中的不同心态和行为：成就型目标的学生通常会仔细分析自己相对于别人的优劣势、仔细考虑如何才能表现地比别人更出色，因而他们可能走一些避免挑战和失败的“捷径”，甚至牺牲一些进步的机会而让自己看起来更成功；而成长型目标的学生则专注于从经历中学到更多，因而更可能去在学习过程中投入、也更愿意从挑战和失败中获得进步。成长型目标固然是教育者更推崇的，但经验研究也发现成就型目标也会有助于取得成就。③ 譬如在生涯选择中，理性的决策风格，即围绕职业目标进行有逻辑的选择和系统性的准备，被认为是最理想的决策方式。④ 总而言之，选择树立合宜的目标并能够有效的自我管理、并恰当地组织行动策略实现这一目标，在心理学家们看来是一种相当重要的并且能够被后天培育的智能或非认知能力。齐默尔曼(Zimmerman)将它称之为元认知策略(Metacognitive Strategies)，包括树立目标、分析优劣势、计划、解决问题、自我督促，知道在恰当地时候采取恰当的策略；⑤ 斯坦伯格(Sternberg)将它称为“成功智能”(Successful Intelligence)，即一种有目的地适应、甚至改变环境以实现自身目标的能力。⑥

然而，社会学理论或许同样承认出于目的理性的行动(Purposive-rational

① Dweck, C. S., & Leggett, E. L. (1988). A Social-cognitive Approach to Motivation and Personality. *Psychological Review*, 95(2): 256.

② Spence, J. T. (Ed.) (1983). *Achievement and Achievement Motives: Psychological and Sociological Approaches*. WH Freeman.

③ Archer, J. (1994). Achievement Goals as a Measure of Motivation in University Students. *Contemporary Educational Psychology*, 19(4): 430－446.

④ Mau, W. C. (1995). Decision-making Style as a Predictor of Career Decision-making Status and Treatment Gains. *Journal of Career Assessment*, 3(1): 89－99.

⑤ Zimmerman, B. J. (2001). Theories of Self-regulated Learning and Academic Achievement: An Overview and Analysis. In B. J. Zimmerman & D. H. Schunk (Eds.), *Self-regulated Learning and Academic Achievement: Theoretical Perspectives* (2nd ed.). Mahwah, NJ: Lawrence Erlbaum.

⑥ Sternberg, R. J. (1996). *Successful Intelligence: How Practical and Creative Intelligence Determine Success in Life*. New York: Simon & Schuster.

Actions)有助于成就的获得，却并非乐观地认为理性地树立目标是一种独立于外在环境的、完全依靠个体的自由选择。罗伯茨(Roberts)在对职业选择的社会学研究里，提出决策并不是由个体决定的，而是由个体在劳动力市场上所面临的"机会结构"(Opportunity Structure)决定的，而机会结构是由工业组织、政策和社会阶层等因素共同塑造的。① 在使用理性选择视角理解学生的目标和选择行为时，社会学家将人们不同的选择看作是不同人在理性地衡量自身能力、成本和收益之后的差异化结果。② 由此而来的一个共识是，学生的阶层背景对他们对风险和收益的衡量产生着重要影响。其中最有影响力者为布林(Breen)和戈德索普(Goldthorpe)在1997年提出的理性行动理论(Rational Action Theory，RAT)③，透过对升学决策的理性计算框架，对家庭背景在教育选择中显示出的次属效应(Second Effects)④提供了极富洞见的揭示。然而，如何既避免将理性目标的树立理解为原子化个人的自由选择，又避免落入结构决定论的窠臼呢？霍德金森(Hodkinson)和斯帕克斯(Sparkes)结合布迪厄"习性"(Habitus)与"场域"(Field)理论的启发，他们提出了对个体目标选择的心理学模型的修正，即(a)承认理性选择是一种实用主义式的个体选择，但这种选择深受决策者的习性影响；(b)场域中不平等的资源分配会影响决策者与场域中其他人的互动；(c)决策受到人生历程中一些难以预料的转折点和路径的影响。⑤ 他们对大学生职业选择的研究发现，学生的决策基于他们自身已经所了解的信息，这些信息自然是有偏颇的，因而决策与学生的家庭背景、文化背景和生活史密不可分。这与本研究基于访谈得出的结论是一致的。不过，社会学研究在回答宏观社会结构究竟是如何影响个体行动这一问题上还远远不够。⑥⑦ 因而本研究同样以布迪厄的理论为基础，试图在中国大学的语境下探索一个机制性的解释，揭示家庭社会文化背景具体是如何

① Roberts，K. (1975). The Developmental Theory of Occupational Choice：a Critique and an Alternative，Salaman & Speakman (eds) *People and Work*. Edinburgh：Holmes-MacDougall.

② Gambetta，D. (1987). *Were They Pushed or Did They Jump?：Individual Decision Mechanisms in Education*. Cambridge：Cambridge University Press.

③ Hodkinson，P.，& Sparkes，A. C. (1997). Careership：a Sociological Theory of Career Decision Making. *British Journal of Sociology of Education*，18(1)：29—44.

④ Boudon，R. (1974). *Education，Opportunity，and Social Inequality：Changing Prospects in Western Society*. John Wiley & Sons Inc.

⑤ Hodkinson，P.，& Sparkes，A. C. (1997). Careership：a sociological theory of career decision making. *British Journal of Sociology of Education*，18(1)：29—44.

⑥ Eliasoph，N.，and Lichterman，P. (2003). Culture in interaction. *American Journal of Sociology*，108(4)：735—94.

⑦ Argyle，M. (1994). *The psychology of social class*. Psychology Press.

影响学生自主树立理性目标和组织行动策略的。

(三) 社会出身、习性与场域

对于布迪厄来说，经济分层和文化分层总是难以区分的，因为个人的行为、信念和好恶总是与周遭的社会文化环境密不可分。换句话说，正是人们在社会结构中的位置孕育了人们感知和相信的倾向(Dispositions)。通过对结构性位置和人的主观意志之间关系的一种反思性的重构，他试图超越主观主义和客观主义的二元对立。习性(Habitus)正是他试图完成这一超越所构建的关键概念："在结构和实践中起调节作用的整套性情倾向"。① 作为一套深刻地具体化的、前反思的、持续的且可转换的倾向系统，习性是人们知觉、态度、行为的母体，更是一种"发挥结构能力"的心智结构——当人们不假思索地受生存心态的驱使而行动时，客观上再生产着社会结构的秩序。② 布迪厄还使用"场域"(Field)一词来说明带有各自习性的社会成员参与社会活动、组织个人策略的场所，场域有其自身的游戏规则，社会成员则在场域中展开对符号商品的角逐。布迪厄"文化资本"的概念意味着，文化也可以在场域中变成一种权力资源③，为处在特定地位的个人和组织在大学和毕业生的就业竞争中获取优势。布氏常常用一个比喻来阐明习性、资本和场域三大概念对教育不平等的解释：将学校教育比作一场游戏，资本就是学生可以拿来在游戏中得胜并通往下一关(升学或求职)的资源；习性则是在游戏中处于特定位置的学生获得的一套倾向，或说他"对游戏规则的感受"；而场域则代表了这场游戏发生所在的社会领域，即学校教育。④⑤

在布迪厄看来，要理解大学生发展状况的差异，必须关注家庭背景赋予他们的一整套爱好、知识和期待，"实际上，使他们分化的，不是不同统计属类因不同关系和不同原因形成的差异，而是他们在一定程度上与其出身阶级共有的一些文化特征系统，即便是他们不承认这一点"。⑥ 而这种符合某些阶级的文化特征系统的形成，离不开持续的教育工作——教育工作必须把特定集团的文化专断原

---

① Bourdieu, P. (1977). Cultural Reproduction and Social Reproduction. *In Power and Ideology in Education*, edited by J. Karabel, A. H. Halsey. Oxford.

② [美]戴维·斯沃茨著，陶东风译：《文化与权力：布尔迪厄的社会学》，上海译文出版社2006年版，第116～121页。

③ 同上。

④ Bourdieu, P. (1986). The Forms of Capital. *Handbook of theory and research for the sociology of education*, edited by John G. Richardson. New York.

⑤ Bourdieu, P., & Passeron, J. C. (1990). *Reproduction in Education, Society and Culture* (Vol. 4). Sage.

⑥ [法]P. 布尔迪约、J.-C. 帕斯隆著，邢克超译：《继承人：大学生与文化》，商务印书馆2002年版，第24页。

则内化为一种习性，即将外在的强力转化为内在的思维、认识、评价和行动的性情倾向。这正是布氏所谓的"初始教育工作"的主要任务，这一任务主要通过家庭教育和基础学校教育来完成。通过初始教育工作，那些受统治阶级承认的知识和文化完成了合法性的构建，原本不属于这一集团的孩子被动卷入学校教育的游戏场域，而属于这一集团的孩子则在此过程中被培养起了上层阶级所特有的"初始习性"(Primary Habitus)，它成为"以后形成其他习性的本源"。① 但初始教育工作所塑造的习性并非静态的，"第二步教育"——即在初始教育工作结束后实施的后期教育——正是有可能使人实现习性的转变，通过组织一种系统性的社会条件消灭"原来的人"、生成新的习性(Secondary Habitus)。② 从某种程度上来说，大学正是一种典型的"第二步教育"，它通过系统性地管理学生生活的各个方面，期望对学生的认知、价值观和行为施加全面的影响。然而，布迪厄也指出，第二步教育的效果，"随它所试图灌输的习性与学生过去在初始教育工作中所形成的初始习性之间距离的大小而变化"。① 身处大学这一属于优势阶层的文化专断环境，布氏认为弱势学生的初始习性将使他们难以摆脱社会出身对他们的影响——"因花费昂贵而无法进入某些职业的认识，在学业出路的信息方面的不平等，把某些职业、学业上的选择和某一阶层联系起来的文化模式"③，使得他们会因为难以适应学校中占主导地位的模式、规则和价值观而感到很不自在，从而在诸多方面逊色于优势阶层的子女，正如国内不少实证研究所确认的。④⑤ 即使他们努力改变自己融入大学的文化环境，圈子的断裂和人际冲突也容易使他们陷入焦虑。⑥

在中国高校扩招和市场化改革的社会背景下，从宏观社会分层和教育获得视角切入的实证研究已经非常丰富，然而宏观社会结构究竟是如何通过塑造个体的习性来对其教育结果的分化产生影响？对这一机制的解释尚未得到足够的探讨。谢爱磊对于精英大学农村学生的研究表明，家庭背景劣势的农村学生的确在学校里面临着一种习性与场域的"部分错位"，即在学业上匹配而在社会交往上不匹

---

① ［法］P. 布尔迪约、J.-C. 帕斯隆著，邢克超译：《再生产：一种教育系统理论的要点》，商务印书馆 2002 年版，第 53 页。

② ［法］P. 布尔迪约、J.-C. 帕斯隆著，邢克超译：《再生产：一种教育系统理论的要点》，商务印书馆 2002 年版，第 54～55 页。

③ ［法］P. 布尔迪约、J.-C. 帕斯隆著，邢克超译：《继承人：大学生与文化》，商务印书馆 2002 年版第 17 页。

④ 张晗：《家庭文化资本对大学生择业观的影响研究》，东北财经大学 2014 年版。

⑤ 王伟宜、刘秀娟：《家庭文化资本对大学生学习投入影响的实证研究》，《高等教育研究》2016 年第 4 期，第 71～79 页。

⑥ Lehmann, W. (2014). Habitus Transformation and Hidden Injuries: Successful Working-class University Students. *Sociology of Education*, 87(1): 1—15.

配，不过未系统性地展现农村学生的习性特征。① 本研究试图在这一基础上说明，不同背景学生在进入精英大学时的初始习性是如何在基础教育和父母影响的塑造下形成了不同的习性，并抽象出两类习性的理想类型——“养成型优等生”与“掌控型优等生”，并通过大一专业选择的案例说明这些学生的习性在制造游戏参与者之间的分化上的作用。

三、研究方法与个案

本研究采用以半结构式的深度访谈(Semi-structured In-depth Interview)为主体的质性研究方法，对京、沪两地的两所精英大学中38名处于学制最后一年的毕业班男生进行跟踪式个案研究。所谓“深度访谈”，即“深入事实内部”，要求访谈者首先“悬置”自己头脑中的知识体系和成见，在被访者的日常语境中完成对他自身行动意义的理解，再考虑自己的意义情境和解释需要。② 因而在访谈设计上，首先从个人生活史入手，细致地询问其家庭成员情况和基础教育经历，了解曾对其产生过重大影响的重要他人和历史事件；其次讨论其报考大学的过程、以及在大学四年过程中每一阶段的感受、投入各类活动的情况；最后讨论其毕业打算，及其回顾大学经历时的自我反思。跟踪式个案研究是指研究者与被访者的联系并非一次访谈结束后随即中断，而是以当面或线上的方式保持联系直至被访者最终确定其毕业去向后才告结束。这样做一是为保证观察到个案的实际行动，以检视被访者在访谈中所叙述内容的信度；二是为跟进理解他本人对最终选定这一去向的原因阐释，以确认其访谈中叙述的意向与该选择行为之间的关联。

在个案选取上，本研究采用目的抽样(Purpose Sampling)策略，从两所大学选取38名毕业班学生为研究对象，从2015年10月至2017年3月对他们进行跟踪式个案研究——首先对每个选取个案进行一次深度访谈，再通过社交网络或当面谈话的方式进行后期跟踪，直至该个案最终办完就业手续。通过滚雪球方式联系个案，在个案数达到35个以后，基本上达到了理论饱和。在关键特征上增加个案的差异性，着重选取能够带来最大理论潜力的个案。具体说来，在个案的学科背景、社会出身和毕业去向上力求差异性。

---

① 谢爱磊：《精英高校中的农村籍学生——社会流动与生存心态的转变》，《教育研究》2016年第11期，第74～81页。

② 杨善华、孙飞宇：《作为意义探究的深度访谈》，《社会学研究》2005年第5期，第53～68页。

表 1　个案分布情况

院校分布	T大	F大		
	18	20		
学科分布	人文学科	社会科学	技术科学	自然科学
	6	14	10	8
城乡分布	城市	农村		
	29	9		
地区分布	东部地区	中部地区	西部地区	属地
	19	7	4	8
家庭教育背景	第一代大学生	非第一代大学生		
	14	24		
父母职业地位	中下阶层	中间阶层	中上阶层	
	8	16	14	
劣势累积分类	劣势明显	部分劣势	轻微劣势	优势明显
	8	9	5	16

本研究的另一核心概念是社会背景弱势学生（Students from Disadvantaged Social Backgrounds），简称弱势学生，即来自处于不利地位的社会出身或家庭背景。根据既有研究所积累的共识，本研究所指的弱势背景学生主要指以下几类：(1)家庭社会经济地位(SES)属于低收入群体或较低阶层，比如工人、无业或体力劳动者；①② (2)农村学生；③④ (3)来自中、西部偏远地区的(少数民族)学生；⑤⑥ (4)第一代大学生，即父母双方均未受过高中以上教育的

① 文东茅：《家庭背景对我国高等教育机会及毕业生就业的影响》，《北京大学教育评论》2005 年第 3 期，第 58～63 页。

② 范皑皑、杨钋：《大学生的职业准备策略——基于北京高校学生发展调查数据的实证分析》，《中国高教研究》2015 年第 10 期，第 95～102 页。

③ 谢爱磊：《精英高校中的农村籍学生——社会流动与生存心态的转变》，《教育研究》2016 年第 11 期，第 74～81 页。

④ 孙文中：《教育流动与底层再生产——一种大学生"农民工化"现象的研究》，《广东社会科学》2016 年第 4 期，第 211～219 页。

⑤ 王颖、李慧清：《地域文化、制度环境与发展路径选择——高校学生毕业选择的区域比较》，《当代青年研究》2015 年第 1 期，第 101～106 页。

⑥ 牛新春：《迎头赶上：来自不同地域学生的大学学业表现的实证案例研究》，《清华大学教育研究》2017 年待刊出。

学生。①②

根据“累积优/劣势”(Cumulative Advantage/Disadvantage)理论③，逆境或弱势常在多个方面交叠存在，如马太效应一般，交叠的方面越多则处境越困难。因而本研究理解中的学生背景并非优劣二元分类，而是一个有强弱差异的连续统。农村学生同时也是第一代大学生，不过考虑到地区教育水平的差异，东部农村学生的弱势程度就被认为比西部农村学生更低一些。符合上述一个方面(及以上)的学生均属于本研究的“弱势学生”之范畴，根据四个维度上的累积劣势，本研究把社会出身分为劣势明显、部分劣势、轻微劣势和优势明显四类，即四个维度无一劣势的学生称为“优势明显”，有个一维度劣势的学生称为“轻微劣势”，三个以上维度劣势的学生称为“劣势明显”。

四、研究结果

(一)两类优等生：“掌控型优秀”与“养成型优秀”

“有的人想清楚了干什么然后去努力，然后剩下那些人是我要努力，然后再想我去干什么”，李经纬若有所思地耸了耸肩。优秀的学生在F大学司空见惯，但根据他的观察，不同的人优秀背后逻辑迥然不同，“像很多人的动机是，我遇到很多‘学霸’，他是一种责任感驱动自己去努力，或者说他的努力是习惯性的。不是因为说我想要得到什么东西，所以我要去努力。”在F大读书7年，在藏龙卧虎的数学院，他已经“见过太多绝对优秀的人，但他们不够‘有趣’，“最后还是去了四大④这种很普通很稳妥的地方”。我注意到，“有趣”一词是李经纬频繁用来描述自己的方式。与那些“习惯性优秀的学霸”不同，李经纬在经历数次试错和自我评估之后，紧盯着为自己树立的职业目标，在大学里时刻掌控着自己努力的方向，不为大众风潮所动，却能及时根据外部反馈调整策略，默默为自己的求职之路添砖加瓦。

---

① Pascarella, E. T., Pierson, C. T., Wolniak, G. C., & Terenzini, P. T. (2004). First-generation college students: additional evidence on college experiences and outcomes. *Journal of Higher Education*, 75(3): 249－284.

② 陆根书、胡文静：《师生、同伴互动与大学生能力发展——第一代与非第一代大学生的差异分析》，《高等工程教育研究》2015年第5期，第51～58页。

③ Schafer, M. H., Ferraro, K. F., & Mustillo, S. A. (2011). Children of misfortune: early adversity and cumulative inequality in perceived life trajectories. *American Journal of Sociology*, 116(4): 1053－1091.

④ 外资四大会计师事务所，包括普华永道(PwC)、德勤(DTT)、毕马威(KPMG)、安永(EY)。其特点是招聘人数多，专业限制少，跳槽前景乐观，在F大及同层次学校每年有不少毕业生入职。

现在，他站在毕业的门槛上，手握数枚工作邀请——包括几家鼎鼎大名的中资投行、券商和股票研究所。他最终选择接受一家全球顶尖投资银行的交易员(Trader)职位，这一岗位办公地点在中国香港的亚太区总部，拥有起薪超过50万人民币的全球薪酬(Global Pay)，年终奖金额度无上限，可预期的每年收入涨幅可达一倍以上。话说回来，他拿到的多个工作机会的薪酬差不多都在同一水平，收入多并非他最终选择这一职位的理由。他无意中对自己选择逻辑的阐释，让我注意到他仿佛有种特别的思维风格：

因为这个工作可以让我用钱对这个世界上发生的事情投票。你的决策能加速或减缓事情的变化。比如某种技术需要用金钱催化，你可以给它投入更多的资源去加速这件事情的到来。……你有没有看过讲交易员的电影？这是一个特别有趣的行业，很多人思路开阔，实现财务自由后都去干各种事情去了，有的去南北极跳伞、有的去搞极限运动……换句话说，这个工作可以让我变成一个更有趣的人。虽然××证券总部的机会也很好，但可能做的事就比较常规。

对李经纬而言，交易员工作的意义在于钱可以被用来作为一种工具，去服务于他对外部形势的判断；这份如愿以偿的工作在他眼里也并非目的本身，而是服务于他所最终想要取得的状态——成为一个有趣的人。他喜欢徒步旅行、潜水和古典音乐。眼下，他打算趁毕业前去非洲西部走走。2个月以后，他将飞赴美国总部参加小半年的培训，然后出现在香港公司正式开启职业生涯。无数令人眼花缭乱的新鲜体验正在向他招手，而他心里明白什么是他最想从这份工作中获得的。

不过，虽然同在名校，王禹海的处境却和李经纬大相径庭。王禹海可能想到过大学毕业后去工作，实际上王禹海当初选择报工科就是“听说工科好就业”，但实际上直到大三，他仍然没有为就业做过任何准备，以至于到了必须要考虑毕业出路的大三下学期，他才匆忙选择了一条“符合大众主流的保守策略”——推荐免试博士研究生。现在想来，他又对这些选择统统都有点后悔：如果早知道读博士，其实本科选理科而非工科才会更有助于打造理论知识基础；现在要面对漫长博士研究生涯，他又找不到这种波澜不惊的生活意义在哪里，觉得若直接去找工作或许对个人成长更好。他想着以后博士毕业了还要去业界求职，却对于现在如何做才能有利于未来求职没有概念。而他选择直推博士而不推硕士的原因，让我意识到他的思维方式与李经纬是如此的不同——“硕士好像学不到什么，大家第一年上课，第二年稍微做一点事情，第三年开始找工作。我觉得这个有点……嗯，意义不大”——他似乎没有意识到其实读硕士这个过程本身可以用来被工具性地服务于自己的目标。

从考上T大，到选择专业，到安排自己的大学生活，再到考虑出路，甚至再到他目前的研究方向，每一步在他后来看都感觉自己“没有想清楚理由是什么”。即使像本文开篇所讲述的，他大一时对目标的认知只有成绩，但回想起来他当时也并未给自己设立一个现在看来让自己满意的成绩水平。之所以当时对这个区间的设立如此审慎，是因为他对自己在这样一个强手如林的顶尖学府中胜出没有一点把握。事实上，在他所学的 T 大工科院系，大一学生的课业负担很重，所有学生对各项活动的参与都要让位于学习。然而，根据对那些目标明确的同学的观察，他发现虽然大学看上去同样是在忙着学习，但实际上自己和那些同学有很大不同：

不一样的，他们是在认清了整个现实之后依旧选择好好学习，而我可能是刚开始不知道做什么就去学习了，虽然中间看上去和别人干的事情都一样，但是人家的策略和动机都不一样。而且他们知道其他的事情是什么样子，所以会比较专心不会受到其他环境的干扰。像我，就天天看看这儿看看那儿，不知道自己在干嘛。

同样是天资卓越的优等生，同样曾在基础教育阶段获得卓越成绩，共同面临着至少形式上公平的游戏规则，甚至正在做一样的努力，但我的被访者们在言谈举止间已经启发我意识到两类优等生之间截然的不同。这种不同，从李经纬和王禹海对自己和对他们已经觉察到的“另一类人”的描述中可以直观地感受到。“学霸”，这个被用来指称学业成绩优异学生的词，在李经纬的语境里明显带着轻微的贬义。他并非不认同成绩优异的重要性，实际上他非常明确地阐释了他语气中贬义的来源：“他们做事情都特别好。可是你问他为什么要做好，他会觉得做好就行了，不是说我看到一个远的东西(目标)，所以说我要走过去。只有临到决策那一刻才想：我到底要干嘛？其实大多数‘学霸’都是属于这样的。”这种差异是如此让人介意，以至于李经纬需要常常使用“有趣”一词来强调性地标识他自己和那些大多数未经反思的“学霸”们之间的界限。这条界限，如果我描述地尽可能准确的话，不是优秀程度，也不是努力程度，而是付出的努力在多大程度上指向一个自我主导的行动目标(Self-authored Goals)。

循着这道界限，被访者们启发我归纳出优等生在思维、认识、评价和行动上截然不同的两种理想类型(Ideal Type)。之所以有必要构建“掌控型优秀”与“养成型优秀”这一对概念，是因为二者的区别并不能被目前研究中常用的几个概念所代替：有无职业目标、目标定向是否清楚、职业成熟度是否足够、职业决策是否果断、职业准备是否完善，都不能说明本文所提出的理想类型所力图表达的差异——因为这种差异是从技术层面的行动组织形式到道德层面的价值评判标准都完全不同的两类系统性的文化倾向。

李经纬和王禹海口中的那些“目标明确的同学”，本文中将他们称为“掌控型优秀"(Self-authored Excellence)的优等生，因为能够反思性地意识到自己行动和目标之间的关系，并且对大学这一场域拥有足够多的常识和信息，因而他们可以掌控自己的行动——作为手段有意地服务于目的，所以这些行动往往可以高效地转化成他们在与同龄人的竞争中用来实现目标的资本。比如，要出国读研就努力拉高成绩，弱化与此无关的投入，而要找工作就有意积累实习经历，将成绩应付在一定水平即可。目标意识使得他们在选取行动策略时得以有明确的方向性——在哪里多投入，在哪里省点力，他们有足够的弹性应付自如。

相对应的，王禹海和李经纬口中那些"习惯性优秀"的"学霸"们，本文将他们称为"养成型优秀"(Accustomed Excellence)的优等生，他们倾向于根据自己固有的文化图式去组织行动，很少在进入大学后形成有意将行动服务于工具性目的的意识，抑或直接将一些习以为常的行动——学习——视为上大学的目的本身，却较少反思"学习"与"实现向上流动"二者的联系——譬如，我目前的学习究竟能不能有助于我找到一份更好的工作？换句话说，掌控型优等生更倾向于尽力去实现他们为自己主动设立的"成就型目标"，而养成型优等生则更接近于"成长型目标"，即抱着单纯目的想获得进步，却很少反思这种进步能不能为自己赢得工具性的好处。比起自我掌控行动，他们的行动更容易受到周遭环境的引导——外界有什么机会就去试试看而不是自主地把控自己努力的方向，因而他们在大学中的努力比掌控型学生更缺乏方向上的一致性(Consistency)；并且出于对一种"成长型目标"的道德欣赏，他们往往拒绝通过"走捷径"去谋求看上去更优秀的表现，因而在竞争中难以转化为积累优势。比如，出于惯性认为进入大学要好好学习，会认为参与课外活动、实习实践都会妨碍学习，然而实际上又不清楚成绩搞好是为了什么。对自身行动缺乏反思导致他们往往奉行单一的行动风格——对任何事情都一样认真。这种老实持重的风格，再加上通常对自己所面临着的场域中的规则和常识的不了解，使他们虽然动力充足、动机内在，却难以在入学后的短期内树立起一个对自己有意义的成就目标——他们处于一个工具理性的"目的失焦"状态。

表2展现了两类优等生初始习性的核心特征。

表2 两类优等生的初始习性差别速览

	优等生的初始习性——两种理想类型	
	掌控型优秀	养成型优秀
关键区别	能够反思性地意识到自己行动和目标之间的关系，可以掌控自己的行动服务于已有的或正在形成的成就目标	根据固有的文化图式去行动，很少有将行动服务于目标的意识，工具理性未能在大学中形成有利于成就达成的目标——"目的失焦"

续表

	优等生的初始习性——两种理想类型	
技术实践层面		
思维特征	先树立行动目的再考虑行动方式； 专注，价值判断不易受外界声音影响	在没有工具理性目的的情况下组织行动； 迟疑，价值判断易受外界声音影响
行动特征	擅长使用策略性行动（“走捷径”）； 行动有明确的目的	很少、或拒绝使用策略性行动； 行动缺乏反思性的工具理性
道德实践层面		
对待权威的态度	认为有批判能力是“好”，审视制度性权威	认为踏实勤奋是“好”，遵从制度性权威
学习伦理	认同高效获得自身目标者为“优秀”； 学习的目的是获得自己实现目标所需要的东西	认同抱着纯粹目的取得更多进步者为优秀； 学习的目的是让自己获得更多的个人成长
个人风格	机巧灵活，游刃有余，依势而行	老实持重，踏实勤奋，动机纯粹
结果	工具理性能够有效地服务于目标和成就的达成	工具理性因目的失焦而未能有效服务于目标和成就的达成
举例	决定去求职，则尽早去掌握信息、参加实习，弱化对与此无关的方面的投入（比如学习、社团），遂在毕业前已准备充分	（可能想去求职却）出于固有的观念仍然重点在学习上投入，并未察觉到自己好好学习是否对求职有利，结果在求职时处境被动

需要澄清的是，区分这一对概念并非意味着现实中的优等生只分为两类，或某一个人只能带有某一类的特征。事实上，对这两类的特征描述仅仅是韦伯方法论意义上“理解当事人决策理由”的一种理论努力）①，并非完全是对现实的描绘、也不是一种假设，而是通过强调现象的某一面，而试图对整体的分析有所助益。在本研究中，实际情况下的个人完全可能同时带有两种类型的特征，只是很可能比例大小和表现形式不同，总体而言，一部分人系统性地更强烈地表现出一种，而另一部分人则在另一种上特征更加突出。

（二）社会出身与初始习性的形成

之所以在布迪厄的理论框架下将上述特征概念化为两套大学生的“初始习性”，是因为被访者们的个人生活史显示出：上述两种典型风格的形成与学生的社会出身紧密相连，抑或说这种风格正是在事先的教育经历和家庭环境中深刻地

① Weber, M. (1949). *The methodology of the social sciences*, translated by Edward A. Shils and Henry A. Finch. New York: Free Press.

具身化(Embodied)的结果。换言之，学生大学前生活史的极大差异表明，学生在考入顶尖大学伊始其实就是分化的，虽然学业成绩或许并无不同，但不同社会出身的学生带着不同的从家庭背景和成长经历奠定的一整套文化特征。更重要的是，这两类习性在被访者身上的体现，与他们的社会出身显现出一种有规律的关联：养成型优等生的习性在社会出身最为弱势的学生的身上表现最明显，而掌控型特征则在社会出身最为优势的学生身上表现得淋漓尽致。深度了解被访者的基础教育经历和父母在他们重要决策关头的作用就会发现，正是社会出身奠定的大学前经历，才培育了他们各自在大一入学时的初始习性。

1. 大相径庭的基础教育经历

同样是被名校录取，不同社会出身的学生从基础教育所经历的过程却是天壤之别。李经纬家在上海，父母均为企业中层经理，家里在上海市区拥有四套住宅，用他的话说，属于"收房租就可以过得很好的"那种家庭。他毕业于上海市号称"四大名校"之首的某著名高中。根据李经纬的描述，他的中学教育显然与大众印象中的"应试教育"有着天壤之别，"高三其实跟平常也就一样，跟高一、高二一样，大家上完课还是该打球的还是去打球，周末该放的还是放，周五还是三四点就放了，周末不会让你来补课的"。他的高中在培养理念上非常强调学生志一趣一能的结合式发展，不仅提供 500 多门发展课程供学生选学，还创建了 30 多个现代数字化创新实验室帮助学生开发学科兴趣。李经纬在年级里位于 75～100 名，根据全校历年的行情，他考上 F 大是意料中事。高三的时候他还参加过 F 大学的自主招生，需要先经过一个满分为 1000 分的 10 科联考，考试结果并不理想，因为文史科目需要识记的题目他大多答不确切。他在解释这件事的时候露出了自信又鄙夷的神色："我绝对不会记哪一年发生了什么事情，我觉得记住哪一年发生什么事情是没有任何意义的。你只要知道它发生了什么事情，为什么会发生，这才是最重要的。因为很多这样的问题导致了我当时的千分考考的不是特别好，而且我至今还是这样，不太去记某些东西。"李经纬自信地表达了他对一所著名学府的招生考核标准的批判。在他的观念里，独立思考的批判性精神和全面发展的综合能力——这些也通常正是那些著名高中所声称的人才培养目标——比识记能力要重要的多。

类似于这样的态度在优势社会出身的被访者中是常见的。来自东部大城市的、家境更好的被访者通常来自质量优异也相对轻松的高中，这让他们更有闲暇去反思自己的处境，发展自己的自主性。并且，东部大城市、当地顶尖高中的成长环境，使得他们在高中就兴趣广泛，并且形成了与大学类似的学习和生活方式：

我高中有一个老师教政治学的，他讲课很有趣。然后他会说，如果有同学想多了解一些这方面的知识，那下课可以来找他借书。我就从他那边开始借书来看，算是一个起步。另外我还有一部分奇奇怪怪的兴趣来自我对自然的好奇吧，那个是通过杂志来完成的，我可能一个月当时订了有接近十多本杂志吧，各种各样的科技类的杂志，我记得其中印象最深的两本好像是《博物》和《青少年国家地理》。(赵晓刚，毕业于浙江省某著名中学，东部城市学生，父母经营工厂)

其实感觉高中和T大的环境已经挺像了，无论是学校的教学，或者说周围同学的环境，会比较类似。所以我适应(大学)比较快可能与这个有一定关系吧。因为周围同学从高中到大学都很优秀，然后各种特长都有，虽然他们特长未必一样，但是这方面是类似的。(黄彦超，毕业于北京市某著名大学附属中学，东部城市学生，父亲是大学教授)

高中时候经常考年级第一，但因为实在不想花很多时间在奥数奥赛班了，就从理科转到文科。我记得那时候我爸送给我一套礼物，是译林出版社的"世界文学名著系列"，大概有五箱书，都是在高中看完的。(吴庆溪，毕业于江苏省某地方著名中学，东部城市学生，父母均为高级图书发行人)

我的高中是全福建省省状元最多的学校……反正那个学校……或者说整个福建就是非常开放的一个环境，就是思想非常活跃，包括我们高中老师会带我们读什么萨特，所以说进入大学一上手，我们看到这个才是大学应该真正该有的样子。(高宇森，毕业于福建省某著名中学，东部城市学生，父亲是警察，母亲在当地教育局工作)

掌控型优等生们通常不会对自己的成绩表示焦虑，也不会对顶尖成绩抱有过分强的执念，他们共同的心态是——"只要在那个区间就可以了"。他们描述高中生活时的轻松神情常常令我惊讶，或者说，身为在顶尖高中里"傲视群雄"的优等生，他们得让自己至少是看起来游刃有余。他们中的不少人向我淡定地表示他们在高中其实没有费特别大的工夫，或者以一种极其稀松平常的语气向我讲述他们当年取得的辉煌成绩，并表示自己其实并没有把这些太当回事。虽然他们事实上都是在中考时以极其优异的成绩考入当地最好的高中，又在高中继续保持在优等生行列，但他们提起成绩来却不约而同地都带有一种批判的态度和轻松的语气：

成绩考差不多就搞"副业"去了，那时候喜欢读法律和政治学的书，还有一些经济学的科普书。我记得我当时住校，因为要开灯嘛，室友又都睡了，我觉得躲在被窝里不是很好，所以躲在衣柜里看过法律的书。那时候其他人应该在熬夜做数学题，我躲在衣柜里开着手电筒在看法律……我这个"副业"一直搞到高三，那时候已经通过了自主招生，我只要过一本线20分就可以了。(赵晓刚，毕业于浙江省某著名中学，东部城市学生，父母经营工厂)

"我很早就意识到，你成绩比我好，不代表你比我厉害。厉害是一个综合的东西。我那时候(高中)打"魔兽世界"，每天回家都要开电脑，在当时的所谓'好学生'里面，是不能想象的一件事情。只要在众人眼中你还是这个区间的就行，成绩差不多就行了，我还是干自己喜欢的事比较重要。(张钦凯，毕业于上海市某著名中学，东部城市学生，父亲自有公司，母亲是工程师)

在一个鼓励独立思考、广泛涉猎的高中环境里，学生们自然而然地意识到学习成绩仅仅只是作为优等生的基本条件。从他们讲述自己高中生活风格的语气和他们想强调的重点中我理解到，在他们应然的观念里，特长明显，有自己的爱好，思维活跃而有主见，又在学业上游刃有余，才是优等生应该有的样子。某种意义上，要想在一个充满优等生的环境里胜出，必须在应付成绩之余还富有自我主导的个性。这种超越共性的思路，恰恰能够帮助学生更早认识到"自我"的存在，调动起他们对自己爱好、目标、倾向的自我掌控，成就了他们的"掌控型优秀"。

然而，多数农村学生和中西部学生的高中生活都不允许他们考虑所谓的"个性"。王禹海的家在山西农村，跟随父母从小在城郊的矿区长大，直到初中毕业考上市里的重点高中。他的父亲在矿上干活，母亲在家务农，还有一个姐姐患有慢性疾病，家里的条件并不宽裕。不过即便如此，一贯重视教育的父母还是倾尽所能支持王禹海读书，母亲在他高中期间在市区租房陪读四年。王禹海仅仅是他们中的一个例子。他们中绝大多数的高中生活都极其辛苦，需要学生付出几乎全部的时间和心思。即便是考到了全市乃至全省最好的高中，也常常需要举全家之力来提供支持，学生所承担的压力是外人难以想象的。因而，一个"懂事"的孩子必须十分专注于自己的学业，才能突破重重竞争，算是用好成绩回报父母，或是辛劳的父母"争口气"。

感觉我妈牺牲挺大的，因为要"伺候"我上××一中，不能出去工作，还得在县城里租个房子，给家里造成很大的经济负担。因为这事我妈和我爸闹的很僵，她也很焦虑。我等于一半的学习动力来自我要给我妈争气，你知道吧？有这种感觉。

家在甘肃省某乡镇的林大成，从初中起就由母亲陪着去一个以"苦学苦教"著称的邻县去读书，父亲因为并不看好如此高成本的主意，在很长一段时间内拒绝支付学费，家庭关系一度陷入僵局。说起那"不堪回首"的高中岁月，如今坐在T大的咖啡馆里与我侃侃道来的他流露出一种回忆前尘往事般的眼神，仍然对那段时光唏嘘不已。

那时候××一中时间很紧，早上6点钟学生都到教室里坐好了，老师5:50就在校门口站好等着抓学生迟到，晚上11点下自习，有的学生还要打着手电再学一阵。作业又多，考试又勤，根本没办法考虑别的事，就是学。

对于那个时候的林大成和许多像他一样的寒门学子而言，一直名列前茅，既是自己付出的努力的回报，也是一种对父母的报答，或者是一份跳出农门、远走高飞的模糊的希望。母亲从初中开始租房陪读6个寒暑之后，他总算不负众望，以全县第一的高考成绩被T大金融学院录取。

处于同样处境的不乏林大成一个。牛铭，一位家在湖北农村的男生，小学和初中都就读于乡下的学校，当地虽然经济状况一般，但文化传统历来重视教育。牛铭说，如果小学成绩好是因为聪明，那初中起就能保持尖子生的水平就必须得归功于他的勤奋。

我："你初中后特别努力的原因是什么？"

牛铭：（笑）"因为我觉得孔子说'吾十有五而志于学'，我该好好学了。"

我：（惊讶地）"真的吗？"

牛铭："恩，我初中突然感觉一下子有了认识，就是我不能再和镇上的那些人比了。我们镇上有两个中学，都很好，但是我比较感觉市里的同学有很多很厉害的人，那时候我天天看作文书，感觉这些所有很厉害的人都有优秀作文，总感觉需要努力奋斗。"

正如他自己所言，牛铭从初中开始发愤读书很大程度上其实是出自某些他"感觉"到的单纯理由：先哲的鞭策，或是打败某些想象中的市里的竞争对手。听到我问他"为什么要好好学习"这个问题，他愣了一下，仿佛没意识到这是一个需要想出某种理由的问题。他怔了一怔，有点语无伦次：

为什么要好好学习？首先我觉得学习是一个……我肯定是希望自己以后有所作为的，并不是为了提升自己，我真是觉得这个东西不掌握好，你怎么有所作为，就这么回事。再一个你说兴趣吧，我也挺喜欢学习的。……优等生一般不都这样吗？

在他自幼的概念里，人似乎理所当然就是要努力奋斗、好好读书，因为只有学习好才能"干一番大事"。不过至于究竟什么是"大事"，实际上他很少考虑到，或者说紧凑的学习节奏和有限的知识面使得他难以考虑到这个问题。

我们那个地方，教育搞得非常严，比如说6点起床，晚上10点半，初中开始就这样，就一直在学校自己，早上5点天还没亮就去跑步，然后就一直在学习、刷题，抓紧时间休息，基本上就干这些事。当时从来基本上大学规划从来没有过，有一个想象就是能考上武汉大学，然后努力奋斗，因为其实在我们那个学校感觉考上武汉大学也是挺难的。

天道酬勤，牛铭在初中三年的刻苦学习换来了他进入一所全省顶尖高中的录取通知书——对于牛铭所在的初中来说，"一届毕业生能考上四个五个就不错了"。然而，勤奋有时候需要付上健康的代价。因为一直以来的刻苦学习，他的健康出现了严重的危机——高一的时候生了肿瘤，住进了医院。所幸，手术切除之后牛铭恢复了健康，从那以后母亲就从镇上搬来市里，租房陪读。康复以后的牛铭更是加倍投入到了学习中，这种投入在很大程度上可谓是"全身心的"——专注于"拼命"，以至于很少考虑这么拼命是为了什么。

牛铭："主要是我身体不好，我从初中开始身体就不好，一直是身体不舒服，身体弱的很，感觉学校环境比较苦。"

我："怎么会身体不好呢？"

牛铭："就是一天到晚想学习，很刻苦，其他的人生目的从来没想过，就是学习。"

我："估计你那时候很想考上武汉大学？"

牛铭："不，高一想过(这个问题)，以后从来没想过。都是先考再说。我感觉当你学习进入一个状态的话，其他问题都不是问题了，我能想的问题是有限的。"

最终，牛铭以全省理科前 20 名、超过 T 大分数线 15 分的高考成绩被 T 大这所全国最高分数线的大学录取。和赵晓刚一样，实际上牛铭也在高考前就拿到了 T 大 20 分的自主招生加分优惠，但这 20 分也没用上，因为凭他自己的高考分数已经足够了。

实际上，牛铭的故事仅仅是众多来自弱势社会背景的学生的一个缩影。在我的被访者中，与他类似背景的所有被访者，几乎都在高中阶段过着自我约束的苦行生活。

我能成绩这么好，因为的确就花了这么多时间。我觉得主要还是因为勤奋。我在高中的时候，没有太多娱乐生活，基本上就只有待在学校学习，要不就是在家里。很少出去玩，也没有太多和别人交际。(王禹海，毕业于山西某地方中学，中部农村学生，父亲务工)

对于来自中西部的农村第一代大学生来说，他们紧张繁忙的高中生活使得他们很少被要求、也并没有余力去考虑去利用成绩以达到什么别的目的，成绩对他们而言很大程度上是目的本身，也是据此来证明自己能力的一种成就。在无数个日夜的勤学苦练中，尽可能地提高成绩已经被深刻内化为他们的行动动机，造就了他们的"养成型优秀"。以至于当王禹海在考入 T 大后一开始在辅导员的倡议下制定目标，就不假思索地写上了对自己成绩的预期——因为他毫未意识到除了成绩还可能有别的目标。他曾反思过究竟会为何如此：

自己的经历以及所处环境的限制，导致自己对一些问题的认识，会被别人晚个一两年，但其实晚一两年就差别很大。现在想起来，我可能刚入学的时候完全没有规划的，还是眼界问题吧。

2. **父母的作用**

在布迪厄看来，家庭教育在初始教育中充当着最重要的、奠基性的角色。①在《不平等的童年》里，安妮特·拉鲁(Annette Lareau)已经揭示了不同阶层的家长在早期家庭教养方式上的天壤之别。在青少年时期，父母在不同阶层的家庭中，对孩子所起的作用是否仍有区别呢？今天的这一代中国大学生多为独生子，当谈到父母对他们的教育，或对他们重大决策中的作用时，几乎所有的被访者都告诉我：父母对他们的约束和引导至少从高中以后就变得极其有限，父母不再催促他们的学习，也很少就重要决策(如文理分科、选专业等)直接替他们决策，自己的路几乎都要靠自己决断。然而根据我的观察，优势背景和弱势背景的学生父母在他们的人生道路上所起的作用仍然有微妙而重要的差异。

优势背景的父母插手少，可谓是一种“无为而治”。虽然不会直接发表意见，但他们会为孩子提供足够的信息和资源，支持孩子的决定。多数家境优越的被访者表示，虽然他们的父母普遍是技术精英或管理人员，却很少鞭策他们的学习或直接根据自己的偏好替他们做决策，而是常常鼓励他们自主决策：

主要还是看我自己的兴趣或者想法吧，对，基本都是这样。他们不会给什么主观的意见，基本是会有引导，但是不会直接说你就去吧。包括他们会给一些建议，类似于说：如果你选A，那可能会是什么样的状况，基本上是“如果……可能……”这种假设，然后告诉你之后你就自个儿选一下。(黄彦超，T大建筑，属地城市学生，父亲大学教授)

我觉得就是他们算是支持我的学习，很明显的引导倒没有，可能算是一种保障。比如说我要订杂志，当时接近一年订杂志也要定1500元嘛，然后他们也都支持我。然后我记得当时买书也很多，比如说我会买很多竞赛的书来看，他们也都不太管我了。(赵晓刚，F大社科，东部城市学生，父母经营工厂)

其实也没有什么特别，每个父母都希望孩子考上一个好的学校，但不是那种特别逼迫你去学，而是有兴趣就学，父母也不会说你必须拿个奖什么的，我还是有很大的自由度可以自己决策。但是该做的我父母肯定也会都做，比如说去找老师沟通，再是选文理科，他们都会给我提供意见供我参考。(李经纬，F大理科，属地学生，父母中层企业管理者)

他们不会替我决策，他们会问我你想怎么样。但在整个过程中他们会参与，比如报专业，他们会说你要不要考虑中文，或者要不要考虑社工？这样你去了之

① [法] P. 布尔迪约、J.-C. 帕斯隆著，邢克超译：《再生产：一种教育系统理论的要点》，商务印书馆，2002年版。

后可以转专业，还能修二学位怎么样之类的，他们都很操心。就是这些东西他会把信息提供给你，然后你了解了之后自己选择，是这种模式。（罗敏浩，F大社科，中部城市学生，父母均为正处级干部）

也就是说，优势学生的父母一边鼓励孩子发展掌控自我的能力，一边又有足够的实力和眼界从旁为他们保驾护航。而弱势背景的父母不插手，则多半是因为没有能力参与孩子的决策。换句话说，他们的儿女能够超越他们，成为全家第一个大学生，已经很大程度上满足了他们的期望。

他们不大会引导我。因为我的视野已经比他们更高了，所以他们也会尊重我的想法。（吴晓，F大工科，东部城市学生，第一代大学生）

他们从不管我，反正我成绩好也不是他们要求的。比如说我晚上，小学的时候、中学的时候晚上出去玩，什么几点回来，从来不管。我如果成绩差的话，他们说没什么事，因为我到高中去已经超他们想象了，我们镇上有几个人能到那个高中去呀？我觉得我已经大大满足了他们的预期了。（牛铭，T大社科，中部农村学生，第一代大学生）

我父母不管，我考上一中之后他们就不管，像选文理科这种，你自己想干嘛都可以。我自从考上市里的一中他们就特别满足，这是毋庸置疑的，就是特别满足，我回家他们也不怎么问，你要看书就去看，反正就这样。（王梓桐，F大文科，西部农村学生，第一代大学生）

就这样，当弱势学生在"养成型优秀"的路上渐行渐远，愈发在一个缺少远期目标意识的状态下踏实地努力着，他们的父母所能够给他们的方向性引导却也越来越弱。这使得本就缺乏自我主导性的他们更加缺少方向上的指引，于是更巩固了他们初入大学后"养成型优秀"的习性。

(三)劣势的产生：以大一新生的专业选择为例

其实在正式入学前或甫一入学后，两种初始习性的学生就已经开始拉开了第一轮的差距——这集中体现在两类学生对专业的选取上。虽然绝大多数被访者都表示，他们在填报专业志愿的时候对自己填的那几个选项并无特别深入的了解，大半是凭自己获得的模糊的认知进行的选择。即便如此，我们仍然可以从他们同样模糊的决策中发现"掌控型"优等生和目的失焦的"养成型"优等生对待专业的不同认知和截然不同的选择逻辑。

我为什么选经济金融(专业)就是这样，没想着选了这个以后能干啥，就是觉得要进那个最好最难进的，给我妈争口气，也不知道还有啥更好的选择。

当林大成可以在T大任选专业的时候，他很显然把那个"最好最难进的"当成了他证明自己和回报母亲的目的本身，而对该专业对于自己未来发展的工具性意义几乎毫不察觉。和林大成一样，牛铭的分数也几乎可以让他在T大所有专业里任意选择。

但其实T大哪个专业比较火，哪个好就业，我其实不太知道，也不太知道每个专业是干嘛的，就凭专业的名字自己想象。

在眼花缭乱的院系和专业面前，牛铭用他对专业仅有的认识，出于“扬长避短”的考虑填报了社会科学实验班。

我：“你是理科生，你为什么会来社会科学实验班？我想问你。”

牛铭：“这个真的是心理驱动，当时是太天真了，我其实是崇尚理论的，虽然我感觉T大以工科见长，但总感觉工科不是我的追求……当时我想的太年轻了。”

我：“为什么工科不是你的追求呢？”

牛铭：“反正我感觉就算学理的话，我也想学什么研究物理数学(这种理科)，而不是学什么工科。而且当时我电脑从来没摸过，但是计算机比较火，T大现在计算机很火。我总感觉一个人要想成功，一定要扬长避短，人家那些比如说科学家这些人，从小新闻报道上都有，他们有可能高中计算机就很熟练了。其实我很勤奋，我可以混的很好，但是我总觉得和他们一比的话我不能做出更大的成就。一看‘社会科学实验班’，我就感觉反正来T大学社会科学，应该是不错吧，就报了第一志愿，提着东西我就来了。”

牛铭说这席话的时候脸上带着诚恳而憨厚的笑容，事实上他选专业的时候对这个即将给自己的人力资本奠定专业背景的学科——社会科学一点也不了解，“感觉好像是研究社会”，更不清楚自己在这个学科领域是否真的能“避短”。以至于他后来才发现，他去的是一个T大里相对最边缘化的院系，而社会科学又是一个要求学生有广阔的见识和阅读量的学科，他的先天“短板”恰恰在这个学科中暴露无疑。实际上，林大成和牛铭绝不是个例，身上或多或少带有弱势背景的“养成型”优等生们在选择专业的时候很少有为个人规划做打算的意识：

我现在回想起来，我觉得我没有(对选专业)做过认真的思考，也没有考虑喜不喜欢，或者说哪个好找工作。以我个人的性格，我觉得我可能学其他专业都会挺喜欢的，我觉得这学专业这就跟大概找跟女朋友有点像，比如说包办婚姻其实也过得蛮好的。(王禹海，T大工学，中部农村学生，第一代大学生，父亲务工)

选专业的原则就是“不能浪费自己的分数”，因为我分数高嘛，所以只能在医学和经管里面选，然后我又怕血，所以就选了经管。没考虑太多兴趣，只是考虑到工作前景，报的人多，听上去高端，其实后来没有什么特别大兴趣(王冰，F大经管，西部城市学生，第一代大学生，父母均为中学老师)

分文理科、选择大学、选择专业……直到选择职业路径，"养成型"优等生们的行动在很多情况下都堪称"误打误撞"——其决策行动并不是在某种中长期理性目标的驱动下做出的，而是强烈地受到了外在机会、道听途说和自我臆测的左右。阅历和见识的局限使得他们难以看清形势，因而即便在局势中处于比较优势的地位，他们也难以将这种优势转化为最能够为自己谋取更多优势的行动策略。他们并非不具备运用工具理性的能力，从他们的叙述中我们诚然看到"养成型"优等生们的选择背后也存在某些意图性的考虑，但因为他们对大学的专业优势、前景、劳动力市场需求等涉及大学场域的信息实在有限，他们很难在入学后很快弄清自己所面临的环境与形势，并为自己的未来建立一个切实的计划。用斯威德勒(Swidler)的理论语言①说，就是他们的文化"工具箱"可供他们用来理解事物和运用策略的工具实在匮乏，② 以至于人仅有的行动策略也南辕北辙。并且这种"工具箱"的匮乏是连带着家庭的匮乏，父母无法给他们提供指引，他们只能独自摸索，没有后援。某种程度上，他们在组织行动时处于斯威德勒所定义的"未设定状态"(Unsettled Lives)：外在的意识形态、传统，或深入人心的常识直接引导着人的行动，而并非一个事先有行动目的的人根据自身的需要去主导行动。他们的行动目的在工具理性意义上是"失焦"的——而这种失焦的现象正是由于来自劣势背景的初始习性与他们所进入的精英大学场域的不符，使得他们的工具理性缺乏生成理性、适切的行动目的的条件，譬如"如果我选了 A 将会面临什么"的信息掌握程度。

当很多像牛铭这样的"养成型"优等生对"学这个专业是以后要干嘛"这回事摸不着头脑时，李经纬已经在专业选择上做好准备，为未来的发展铺就道路。实际上他对数学专业也称不上了解多少，也并非抱着强烈的个人兴趣，而是从一些渠道获知数学专业更容易为未来的发展奠定基础：

其实说白了就是高中老师觉得……首先你以后想做什么这个专业都可以转，你以后想做计算机你就可以做计算机，你想做金融可以做金融，你想要转生物，其实数学转生物也很多，做统计的，都很多的。然后其实高中选专业都是特别盲目的，我们当时也觉得老师说的有道理。我们班级一共就 30 几个人，6 个人进了数院。

与李经纬类似的思路还有张钦凯，在聊到为什么选了 F 大的化学系时，他直言不讳地说起自己当初的考虑主要是为方便以后出国做打算：

① Swidler, A. (1986). Culture in Action: Symbols and Strategies. *American Sociological Review*, 51(2): 273-286.

② Yee, A. (2016). The Unwritten Rules of Engagement: Social Class Differences in Undergraduates' Academic Strategies. *The Journal of Higher Education*, 87(6): 831-858.

首先是那时候觉得化学容易。我高中那化学老师挺会讲，然后就觉得化学挺有意思，很容易学。再一个当时选化学专业，有一大半原因是听好多人说这专业特别容易出国，就你愿意申请 PhD 的话，出国读书特别容易，于是我就选了化学。当然后来我意识到这根本不是我想走的路。

后来张钦凯意识到，出国读化学博士对他而言意味着要放弃很多东西，化学固然有意思，但他不愿意为此放弃自己目前的生活方式。他和李经纬一样，在讲起当初选专业的考虑时语气轻松淡定，似乎觉得选专业理所应当该“为未来计深远”，没有任何需要为自己辩驳的必要。

总而言之，大一新生在进入精英大学之始，就带着社会出身和基础教育经历的烙印，而本研究则试图通过区分“掌控型优秀”和“养成型优秀”的两类习性，试图将这种烙印的差异进行概念化和理论化。顺着这一理论思路，我们已经清晰地看到，两类学生从跨入大学的第一步——选择专业开始，其行动逻辑已经出现了鲜明的区别。“知道自己想要什么并努力向它迈进”，或者至少在“不知道自己想要什么之前，先给自己铺一条最宽的路，然后尽快自己要什么”，这样一个在李经纬看来再简单不过的意识并非对所有大一新生都一样理所当然。阿姆斯壮(Armstrong)与汉米尔顿(Hamilton)在 2013 年出版的新书《支付大学党如何维持不平等》(Paying for the Party：How College Maintains Inequality)中提出，虽然学生们同处一个大学，但其实不同阶层的学生期望通过上大学获得的东西是不同的：中下阶层的学生上大学是为了提升自己的职业技能以实现向上流动；中产阶级的学生则是为了通过接受专业教育使自己成为专业人士，取得个人成就；而富裕阶层的学生则仅仅是为了通过建立维持社交圈来实现信息和资源的融通。① 但本研究的发现却表明，中下阶层的学生可能的确期待向上流动，然而并不是所有阶层的学生在初入大学后都有明确的“为了向上流动我该如此做”的目的意识。在向上流动的梦想和现实之间，横亘着一道习性的鸿沟——理性目的的缺失和随之而来的分散性的精力投入，使他们难以真正在有机会向上流动之际做好准备。

五、结论与讨论

布迪厄在《继承人》一书中说：“处于最不利地位的阶级……对于实现命运的途径过于不觉悟，从而促进了自己命运的实现。”②从本文所试图揭示的机制看来的确如此：顶尖的大学虽然可以通过合法化学习资格来授予所有学生改变命运的

---

① Armstrong, E. and Hamilton L. (2013). *Paying for the Party*: *How College Maintains Inequality*. Cambridge, MA: Harvard University Press.

② ［法］P. 布尔迪约、J.-C. 帕斯隆著，邢克超译：《继承人：大学生与文化》，商务印书馆 2002 年版，第 94 页。

机会，但他们中的许多人、尤其是那些真正需要改变并渴望改变命运的低阶层学生，并不真的知道该在大学里如何做才能改变命运。他们可能并不缺乏运用工具理性的能力，但压抑自我反思的习性使他们更少会去审视自己的动机，场域的转换使他们的工具理性失去了准确判断和制定新行动目标的条件——他们用于设定目标的镜头“失焦”了。或者说，他们原本内化于心的行动目标——学习成绩——骤然在大学里不再应该是目标、而应该被视为实现其他目标的手段了，而他们却往往对此浑然不觉。

沿着布氏的思路，如果将前文述及的“游戏之喻”具体化到本研究中的大学生身上，场域就是大学生在学校里参与形形色色竞争的竞技场，大家在这一场域里尽力争夺着有助于日后获得社会地位的符号资源，资本就是大学生所持有的用以取胜的各种经济、文化、社会资源，而习性却依社会出身分化为两类玩家对游戏的不同感受：从大一到大四毕业，堪称一个“过五关斩六将”的升级打怪游戏，“掌控型”优等生早就洞察了这套游戏的规则，他们对各关取胜之道深谙于心，于是他们绝不会把注意力放在对某一关的赢取上，而是紧紧盯着那个自己设定的关底对决，不惜以动用技巧、装备、利用游戏规则来尽可能减省自己在中途各关所要花费的精力，甚至常常以批判眼光批评这套游戏规则本身；而“养成型”优等生们则常常忘我地专注于参与每一关的竞争，无暇或没有能力从全局反思整个游戏的取胜之道，而把通过每一关视作自己的目标，他们完美地遵行游戏规则，不知道下一关又将面临什么任务，总是勤勤恳恳地对付每一关的挑战。很明显，对于通关而言，前一种游戏者更容易早日通达关底，获得他们想要的成就目标；而对于后一种游戏者来说，因为对关底对决毫无预设，可能每一关都表现不错，却有可能在底关不敌那些已经为此刻做好充分准备的“掌控型”竞争者。

本研究的发现意味着，大学研究者和管理者似乎有必要将造就学生成就差异的原因的注意力从个体因素转移向环境因素：大学生活所组成的场域中的一些文化特征和潜藏的规范性要求，正是诸如农村学生之类的弱势学生出现“目标失焦”的原因。斯蒂芬斯(Stephens)与同事提出了“文化不符理论”(Cultural Mismatch Theory)，认为美国大学的文化反映了一种代表美国社会中产阶级主流的、强调个人独立性的规范，然而并非所有阶层的大学生的自我意识都天然地符合这一文化规范——不符合这种文化的、在就学动机上更具有人际依赖性的劣势阶层学生更难获得更佳的学业表现。① 并且，他们通过实验法证明，修改学生对于大学文

---

① Stephens, N. M., Fryberg, S. A., Markus, H. R., Johnson, C. S., & Covarrubias, R. (2012). Unseen Disadvantage: How American Universities' Focus on Independence Undermines the Academic Performance of First-generation College Students. *Journal of Personality and Social Psychology*, 102(6): 1178.

化的感知，使其在文化规范上与大学文化相符，有助于提升学生的表现。某种程度上，这与中国大学正在发生的情形类似，“掌控型”优等生高宇森谈及T大的文化时坦诚地说：“T大在明面上虽然倡导集体主义，但实际上会在官方或者非官方的地方很鼓励你知道自己想要的是什么……这一点大学或许没有搬到台面讲，但是私下里辅导员、老师、学长学姐都会给你讲，你一定要知道自己想要什么。这个很重要，所有的一切焦虑、一切纠结都源于自己不清楚这一点。”“知道自己要什么”，这对于母亲在教育局工作的高宇森而言可能不难，然而对于上大学前很少想过这个问题、习惯了以好好学习为己任的“养成型”优等生而言，可能是一道四年都难以越过的天堑。在当前国内高校普遍不够重视生涯教育的背景下，本研究或许是一个及时的提醒：在大学中尽快、理性地设立生涯发展目标，对于提升农村学生等弱势社会背景学生的求职表现可能殊为关键。

最后需要澄清的是，笔者在分析过程中并不希望在分析“掌控型”和“养成型”两类优等生的特点与处境时带有个人的价值倾向，而是力求展现两类人行动背后的缘由以及这些行动带给他们的现实处境。正如已经在文中体现的，两类人都有自己的行动逻辑和道德观念，两者所秉持的价值感各有可贵之处，他们的行动在他们自身的认知体系内也完全是逻辑自洽的。然而，本研究还启发笔者对学生教育结果评估的标准进行反思：“掌控型”和“养成型”中，哪一类是教育者期望培育的呢？或许并不容易回答。“掌控型”学生更擅长达到目标，却可能因为工具性太强而错过了内在意义上的个人成长；“养成型”学生看上去在表现上不够好，却有可能在多个维度上取得了进步。当研究者试图从某一个重要的外显角度(比如职业获得)测量学生的教育结果时，“养成型”学生因为所付出的努力缺乏方向上的集中性，很可能表现不及掌控型学生。然而如果从多个衡量内在个人发展的角度测量，“养成型”学生所取得的成就或许更大。只不过，恰如布迪厄的理论洞见，大学这个场域的“游戏规则”或评判标准，明显地倾向于上层阶级的学生。① 我们不得不承认这一点，但它也将继续催促我们继续反思，并试图做出改变。

① ［法］P. 布尔迪约、J.-C. 帕斯隆著，邢克超译：《再生产：一种教育系统理论的要点》，商务印书馆，2002年版。

闯入精英大学的农村本科生：阶层经历与身份认同

Rural UndergraduateStudents into the Elite University: Class Experience and Identity

廖青(Liao Qing)

上海师范大学
Shanghai Normal University

摘要：重点大学中农村学生比例的下降曾经引起了社会的广泛关注，近年来，借助专项招生计划，这一比例有所上升。然而，转型时期的精英大学有着不同于以往的情境，针对新时期农村大学生学习经历的研究较少。本研究以质化的方法，对上海市四所精英大学的32名农村本科生进行个案研究。基于布尔迪约资本、场域和生存心态的概念，研究发现，受访者与精英大学场域之生存心态的错配导致了他们稍显狼狈的初入学经验，而他们按照学术场的运行逻辑，凭借自己的努力却能实现文化资本的增长。此种复杂的阶层经历亦经由阶级的隐形伤害而给他们的身份认同带来深远影响。无论是作为大城市的“乡下人”，还是来自农村的“城里人”，凸显的是他们在身份上的矛盾认同。

关键词：重点大学；农村学生；学习体验；身份认同

Abstract: Rates of rural students getting into elite university are increasing these years. Comparing with urban students, they have limited capitals. All these make their transition and adaptation in campus harder than those of their urban counterparts. But this area has been under-researched in China. This research recruited 32 informants of a rural origin who are now studying in four elite universities in Shanghai. Based on the concepts of capital, field and habitus, this research finds that the mismatch of habitus between their rural background and the elite universities leads to rural students' difficult adaptation at the beginning of universities. However, elite universities provide not only threatens but also opportunities, almost all the informants had grasped the logic of the field of elite universities and accumulated cultural capital with their own actions. The complicated experiences influenced their contradictory group identification.

Key words: key universities; rural students; learning experience; identity

一、研究背景

从 20 世纪 90 年代末开始，我国高等教育开启大规模的扩招。截至 2015 年，高等教育毛入学率达到 40.0%，① 早已迈进大众化阶段。社会各阶层子女接受高等教育的机会大大增加。② 然而，一些研究指出，精英大学中来自农村的学生比例处于较低水平。③④ 近年来不少重点高校都通过面对农村学生的专项招生计划来提高其比例。在长期以来的城乡二元制的背景之下，进入精英大学的农村学生有怎样的学习体验呢？这种体验在他们的内心带来了什么样的情感回应并如何影响到他们的身份认同呢？为更好地回答上述问题，下文将分析社会背景和已有文献，阐述农村大学生所处的情境，并在文献中寻找研究的理论基础和方向。

(一)社会背景的审视与分析

与西方研究中大学校园内的弱势阶层学生相似，精英大学的农村学生亦在社会经济地位上相较于来自城市的同学处于劣势地位。下文将从长期以来的城乡二元制以及教育在社会流动中的角色来分析农村大学生所处的社会背景。

1. 城乡二元制

自 1950 年以来，“中国长期实行计划经济体制条件下的户口、土地、就业、

---

① 中华人民共和国教育部：《2015 年全国教育事业发展统计公报》，http://www.moe.edu.cn/srcsite/A03/s180/moe_633/201607/t20160706_270976.html。

② 王伟宜：《高等教育规模扩张与各阶层子女入学机会变迁研究》，《北京大学教育评论》2010 年第 4 期，第 120～130 页。

③ 丁小浩：《规模扩大与高等教育入学机会均等化》，《北京大学教育评论》2006 年第 2 期，第 24～33 页。

④ 丁小浩、梁彦：《中国高等教育入学机会均等化程度的变化》，《高等教育研究》2010 年第 2 期，第 1～5 页。

社会保障等一系列制度而形成的不合理的、不平衡的城乡结构、经济社会结构，总称为城乡二元结构”。① 这种不平等的政策体现在政治权利上的区别对待、经济上的不等价交换以及社会保障上的非普惠制度。相比起城市户口，农村户口所享受的教育、医疗、社会保障等无论在提供的数还是量上都有很大的差异。城乡居民之间在收入上的可量化差异也十分显著。根据中华人民共和国国家统计局的报告，2014 年，中国城镇居民人均可支配收入为 28844 元，而当年的农村居民人均可支配收入是 10489 元。②

城乡居民身份具有强烈的先赋性，户口制度长期以来一直是定义城市——乡村关系的核心制度机制，是塑造国家——社会关系的重要因素。③ 这种身份制度强调的是附着于其上的政治性。随着政治色彩的逐渐淡去，与农民这一身份真真切切联系在一起的是处于社会阶层结构之底部的事实。与此同时，农民的身份是和农村天然地绑定在一起的。农村处于中国行政区划的基底，在资源、机会等方面来看，都决定了其社会底层的位置。

这种二元结构所带来的结果就是农村的发展长期滞后于城市，城市成为农村优秀人才的收割机，考取重点大学成为农村学生实现阶层向上流动的重要途径。农村孩子考入重点大学甚至可以成为农村社会的“重大事件”，本人也会因此成为农村社会的中心人物。④

近年来，中国政府开始致力于破除城乡二元结构，建设城乡一体化格局。⑤ 但这种长期的二元分割并不是短时期内可以消除的。城乡的二元分割对有幸进入重点大学的农村贫困学生而言，不仅仅意味着经济和社会资本的弱势地位，文化所具有的趣味区隔功能亦使得城市文化更容易成为资本，而乡村文化成为一种被贬损的文化，很难发挥资本的作用。[①]

因此，户籍制度长期以来一直是中国城市和农村之间的制度性壁垒，这种壁垒制造并且维护了“城—乡”二元化的社会结构。城市和农村的差异在表面上体现为收入水平、福利保障和社会资源分配的差异，其实质为社会等级制度的一种呈

---

① 陆学艺：《破除城乡二元结构 实现城乡经济社会一体化》，《社会科学研究》2009 年第 4 期，第 104～105 页。

② 国家统计局：《2014 年国民经济和社会发展统计公报》，http：//www.stats.gov.cn/tjsj/zxfb/201502/t20150226 _ 685799.html。

③ Cheng，T.，& Selden，M.（1994）. The Origins and Social Consequences of China's Hukou system. *China Quarterly*，139(139)：644－668.

④ 秦惠民、李娜：《农村背景大学生文化资本的弱势地位—大学场域中文化作为资本影响力的视角》，《北京大学教育评论》2014 年第 4 期，第 72～88 页。

⑤ 2008 年 10 月，中共十七届三中全会审议通过的《中共中央关于推进农村改革发展若干重大问题的决定》指出，要“建立促进城乡经济社会发展一体化制度”。

现方式。农村大学生的家庭社经背景处于不利地位。

2. **高等教育与社会流动**

市场经济的深入使得社会流动的状况发生改变，教育在地位获得中的角色亦有新的呈现方式。随着中国市场经济的转型，社会精英的形成路径开始更加多元。高校对于社会流动的贡献不仅体现在专业性的提升上，也是大学生获得政治优势的重要场所。沃尔德(Walder)提出中国社会存在双重精英路径，他使用从中国城市调查所获得的数据，指出中国现有的地位获得方式存在双重精英路径：第一条路径要求教育的文凭和政治的资历，此一路径导向拥有高声望、较多权威和清晰的物质特权的管理职位；第二条路径要求教育文凭，但却并不需要政治文凭，它导向专业的社会职业位置，拥有较高的职业声望，但拥有较少的权威和物质特权。双重精英路径都强调了教育文凭在社会流动中的重要作用。①

与此同时，高等教育从精英化迈入大众化时代亦使其在社会流动中的角色发生变化。吴克明等人认为，当前我国高等教育的社会流动功能呈现弱化趋势，其原因在于高等教育机会的不均等以及大学生毕业之后的就业不公平问题。② 随着中国大陆高等教育规模的扩张，在不考虑高校内部分层因素时，城镇居民高等教育入学率的均等化程度在90年代有了显著提高，而如果考虑到高校内部分层的话，则优质高等教育资源更加倾向于社经背景较高的家庭的子女。③④ 这就意味着，尽管来自农村、父母都未有接受高等教育的弱势群体子女越来越多地进入高校，但精英大学中，来自农村背景的大学生比例仍然处于较低水平。

综上，进入精英大学的农村学生，他们面临身负长期以来城乡二元制打下的烙印，其资本的劣势地位固然存在，大学在带来冲击的同时，也提供了向上流动的机会，而高等教育与社会流动的关系在转型时期的背景之下相较于计划经济时代更加复杂。如此情境又将如何影响精英大学中农村大学生的阶层经历和身份认同呢？

二、已有文献的回顾与展望

有关弱势阶层大学生的研究将其对象进行了不同的操作化解释，如来自工人

① Walder, A. G. (1995). Career Mobility and the Communist Political Order. *American Sociological Review*, 60(3): 309－328.

② 吴克明、卢同庆、曾新：《高等教育社会流动功能弱化现象研究》，《教育发展研究》2013年第9期，第42～47页。

③ 丁小浩：《规模扩大与高等教育入学机会均等化》，《北京大学教育评论》2006年第2期，第24～33页。

④ 丁小浩、梁彦：《中国高等教育入学机会均等化程度的变化》，《高等教育研究》2010年第2期，第1～5页。

阶层、家族第一代大学生、少数族裔大学生等。弱势阶层大学生身份探索的研究也散见于非传统大学生大学经历的叙事研究之中。① 他们的共同之处在于都来自社经地位较低的家庭。② 相较于西方语境之下的传统大学生，他们在初入大学时，处于一种资本的弱势地位。此外，他们也可能经历家庭和大学社群之间的文化和价值冲突。③ 带着工人阶级的生存心态进入中产阶级主导的大学校园，弱势阶层大学生常常发现自己处于两个互相分裂的世界之间。这样的特征塑造了他们独特的大学经历和充满张力的身份探索过程。鉴于此，已有研究大多借用布尔迪约(Bourdieu)和帕斯隆(Passeron)有关资本、场域和生存心态的概念来研究弱势背景大学生的大学经历与身份认同。④⑤

近年来，有关大学校园中弱势群体的研究越来越多地开始关注他们的情感体验，这种体验是多方面的。首先，高等教育以及其所暗示的阶层流动为进入大学的弱势阶层大学生带来积极的情感体验。与此同时，当来自弱势群体的大学生们进入到大学校园时，他们往往感受到主流文化的排斥，消极的情感体验即产生于这个过程之中。已有研究对弱势阶层大学生的情感体验有所呈现，一是在面临阶层的冲击所产生的胆怯、匮乏感，二是因为身份认同发生变化而对原有阶层的复杂情感体验。这种停留在描述性层面的情感体验似乎是阶层冲击和身份转换的副产品，这样的研究取向忽视了矛盾情感体验在身份认同过程中所扮演的角色，而这也有待进一步的研究。

其次，在体现弱势阶层大学生应对阶层冲击的主体行动方面，大部分研究从一个预设出发，即他们在经历两个世界的张力时，选择予以否认、区隔和模仿的方式拒绝承认自己是原有阶层的一员，并进一步通过生存心态的改变希望获得中产阶层身份。研究者认为，并不是所有进入大学的弱势阶层大学生在协商阶层身

---

① Reay, D., Crozier, G., & Clayton, J. (2009). 'Strangers in Paradise'? Working-class Students in Elite Universities. *Sociology*, 43(6): 1103—1121.

② Bui, K. V. T. (2002). First-generation College Students at a Four-year University: Background Characteristics, Reasons for Pursuing Higher Education, and First-year Experiences. *College Student Journal*, 36: 3—12.

③ Thayer, P. B. (2000). Retaining First Generation and Low Income Students. *Opportunity Outlook*, 2: 8.

④ Aries, E., & Seider, M. (2005). The Interactive Relationship Between Class Identity and the College Experience: The Case of Lower Income Students. *Qualitative Sociology*, 28(4): 419—443.

⑤ Aries, E., & Seider, M. (2007). The Role of Social Class in the Formation of Identity: A Study of Public and Elite Private College Students. *Journal of Social Psychology*, 147(2): 137.

份的过程中会选择抛弃以往的身份，转而接纳中产阶层身份。也就是说，身份协商的结果可能是接纳新的身份，也可能是拒绝，亦可能无法明确是接纳还是拒绝的模糊(Ambivalent)认同。但这在已有的研究中很少呈现，或者说被预设性很强的研究者直接忽略了。研究者相信模糊认同的存在，并且着力于这个领域进行更深入的探讨。

关于阶层身份的研究不能忽略弱势阶层大学生所具有的两大明显特征——来自较低社经背景、资本匮乏，布尔迪约和帕斯隆的再生产理论可以很好地解释弱势阶层大学生在大学校园所体会到的挣扎和不适，却无法解释他们如何化解文化和阶层的冲击，并最终完成对于自身身份的认同。研究者认为，布尔迪约有关资本的概念不应该仅仅用于解释再生产如何发生，因为精英大学的场域同时也赋予了他们积累资本的机会。而资本的积累以及他们在面对阶层冲击所产生的情感回应是重新确认身份的重要资源。赫斯特(Hurst)认为进入大学的工人阶级大学生对身份的认同呈现三种不同的类别：变节者、忠诚者和双重代理人，游离于工人阶级和中产阶级之间的大学生们有着复杂的身份认同。① 而有关我国精英大学中的农村学生，则鲜有人关注他们在大学校园感受到冲击之后，内心的情感回应以及对自身身份认同的思考。因此，本研究拟借助布尔迪约有关资本的概念分析农村大学生在精英大学中的学习体验和经历，关注他们如何在大学的场域中参与资本竞争的游戏，以及此过程的情感体验如何影响到他们对于身份的认同。

三、研究的理论工具

研究致力于探讨精英大学中农村学生的学习体验以及此种体验如何影响他们的身份认同。基于前文的分析，转型时期的农村大学生有着与西方研究中弱势阶层大学生相同的背景，即同样来自社会经济地位较低的家庭，处于资本的弱势地位。因此，研究拟使用布尔迪约有关场域、生存心态和资本的概念来分析他们的学习体验。

对于农村大学生的身份认同，除了场域的改变引发了重新确认身份的机制，还有无法忽略的一个重要支撑，那就是他们可预期的向上流动。社会阶层位置的变化是一种抽象意义上的结构空间的流动，同时也体现在日常生活之中。布尔迪

① Hurst, A. L. (2006). *Loyalists, Renegades, and Double Agents: Making Sense of Working-class Identities in College*. Eugene, OR: University of Oregon.

约认为阶层的模型建基于社会空间中"资本"的流动。①②③ 这一空间的结构由不同形式资本以及他们所有物的分布所决定的，而这种所有物可以赋予拥有者力量、权力和因此而带来的利益。从这个模型中我们可以看到，阶层形成于抽象的结构与日常生活琐碎细节的互动之中，④ 而资本和生存心态则支撑了个体抽象意义上的结构空间位置。

当今社会，无论是个体感知到的还是真实经历的社会流动经验，都会导致他们对自我进行重新定位。⑤ 社会流动亦可视为身份形成过程的一部分，个体在社会阶层中的位置依然持续地为人提供自我定位的锚点(Anchor Point)。⑥ 那么，是否社会流动将会自动地带来一种由阶层位置所决定的特定的身份呢？答案并非如此，事实上，现有研究关于社会流动的叙事中浮现出的是一种矛盾的情绪，即许多实现向上流动的人对自己的重新定位持有一种矛盾的情绪，还有一些人甚至认为自己处于两个世界之间。正如塞内特(Senett)和科布(Cobb)的经典研究所说的，向上流动可能带来一种复杂的阶级伤害，而这种伤害在个体重新协商身份的过程中起重要作用。⑦

有鉴于此，本研究在考察弱势阶层大学生的身份认同时，既需要考虑到阶层位置的改变对个体重新定位自己身份带来的影响，同时又不能忽略个体在这个过程中的主体性和主观感受。因此，下文将要陈述学习体验的分析框架：场域、资本和生存心态，以及此种体验如何通过情感回应影响到他们的身份认同，即阶级的隐形伤害(Hidden Injuries of Class)。

资本的弱势地位、生存心态与场域的错配是分析农村大学生在精英大学中学习体验的重要框架，但精英大学之场域的运行规则又赋予了他们积累资本和改变生存心态的机会。下文将结合研究所需，从布尔迪约的概念中撷取可用的理论

---

① Bourdieu, P. (1983). The Field of Cultural Production, OR: The Economic World Reversed. *Poetics*, 12(4－5): 311－356.

② Bourdieu, P. (1984). *Distinction: A Social Critique of the Judgement of Taste*. Cambridge, MA: Harvard University Press.

③ Bourdieu, P. (1986). The Forms of Capital. In J. Richardson (Ed.), *Handbook of Theory and Research for the Sociology of Education*. Westport, CT: Greenwood.

④ Sayer, R. A., & Walker, R. (1992). *The New Social Economy: Reworking the Division of Labor*. Oxford: Blackwell.

⑤ Featherman, D. L., & Haller, A. O. (2007). The Social Psychological Legacy of Otis Dudley Duncan. *Research in Social Stratification & Mobility*, 25(2): 119－127.

⑥ Savage, M. (2000). *Class Analysis and Social Transformation*. Buckingham: Open University Press.

⑦ Sennett, R., & Cobb, J. (1972). *The Hidden Injuries of Class*. New York: Vintage.

工具。

布尔迪约认为：社会、文化、将自己视为某群体一员的个体，都有关于世界、宇宙、人性和他们位置的理论。而一个场域就是一个社会舞台，在这个舞台上，针对不同资源和获得资源的抗争或者策略时时发生。场域被具有控制性作用的决定因素所定义——文化产品(生活风格)、住房、知识的区别(Intellectual Distinction)、就业、土地和权力、社会阶层、声望或其他可能因素。一个场域由于其控制因素的不同而具有不同的特征，其理所当然的结构的必要性和相关性同时是生存心态的产品和产生者，特定场域的生存心态与该场域相符合。布尔迪约将场域比作一个有着自身规则和竞争的游戏。并非所有人对规则都有足够的理解。一些人有不同数量和质量的“资本”来参与这场游戏。他们也有着不同的倾向(Dispositions)或者生存心态(Habitus)。场域作为资源稀缺的情境，“玩家”将需要使用策略、资源和倾向性来参与这项游戏。客观结构和个人经历的不断互动持续地塑造和改变他们的生存心态，并且继续塑造未来的经历。资本、生存心态与场域的概念经常被用于分析弱势阶层在新的环境中如何应对这种变化。

第一，生存心态仅仅在与社会场域相关的前提下发挥作用，场域中发生的事情的不同，可以导致同一个生存心态产生不同的结果。第二，生存心态可以被变化的环境所改变，期望和抱负也会改变生存心态。第三，生存心态可以被控制，布尔迪约所指的生存心态是“意识和社会分析觉醒”的结果。反之，生存心态产生实践，在没有外部因素的情况下，实践会再生产社会结构。

社会由不同相互联系又相对自主的场域组成，从分析的角度来看，一个场域可以被定义为在各种位置之间存在的客观关系的一个网络或者架构，① 大学作为一个自主性较高的学术场，理论上，进入场域的唯一标准是学术资本，然而，任何一个场域说到底都受到权力场、政治经济场的制约。这就是大学场域的双重属性——学术场和权力场共同存在。② 对于来自农村贫困家庭的大学生而言，他们在大学场域要重构自己的学术资本，也需要面对城乡二元分割所带来的文化和经济制约。

布尔迪约定义了不同形式的资本，资本的隐喻——经济资本、文化资本(身体化的、客观化的和制度化的)、社会资本和符号资本③可用于理解阶层如何被

---

① Bourdieu, P., & Passeron, J. (1990). *Reproduction in Education, Society and Culture*. London: Sage.

② Bourdieu, P. (1983). The Field of Cultural Production, OR: The Economic World Reversed. *Poetics*, 12(4-5): 311-356.

③ Bourdieu, P. (1986). The Forms of Capital. In J. Richardson (Ed.), *Handbook of Theory and Research for the Sociology of Education*. Westport, CT: Greenwood.

个体、家庭、社区所生产和再生产，以及被主流文化所合法化和自然化。① 这正是布尔迪约再生产理论的核心所在。但本研究也认为，精英大学给予了弱势阶层大学生获得各种资本的机会，而资本的增长正是影响他们身份协商的关键所在。

文化资本是布尔迪约最为知名的概念，存在于与其他形式资本的联系之中。因此，理解文化资本不能将它孤立于经济、符号和社会资本来看。社会资本通过家庭与外界社会的社会过程而产生，由社会网络组成。经济资本是继承或产生于个体与经济互动的过程，而符号资本则在个人声望和个人质量中最大化，如权威和魅力。符号资本通常是指“特权、声名、神圣性或者荣誉的累积程度，是建立在知识和认可的辩证法基础之上的”。③此外，除了各种形式资本的互相联系，布尔迪约也认为某种形式的资本可以转化为其他形式的资本。如经济资本可以转化为文化资本，而文化资本可以转化为社会资本。

文化资本最初在家庭内部传递。儿童从家庭中习得思考模式、倾向性和不同风格。而这些按照统治阶层的标签被赋予了相应的社会价值和地位，成为文化资本。② 文化资本是家庭背景、学校教育过程和学生的教育生涯之间进行复杂互动分析的可能工具。通过布尔迪约对于文化资本的阐释，我们可以重构家庭理论和发现家庭资源对于学校教育差异的重要影响。③

在解释不同阶层的父辈如何影响子代高等教育方面，文化资本主要指的是语言资本、先前的知识、文化地位、关于学校系统的信息等。①可以将其归为三种形态：身体化形态(如学识、生活模式、性情和修养等)、客体化形态(如纪念册、书籍等)和制度化形态(如文凭证书等)。文化资本是分析阶层背景对农村大学生大学经历的影响的重要概念工具，这不仅体现在来自弱势群体的大学生在大学中所经历的文化冲击，也可以解释他们所积累的新的资本，成为个体借以实现向上流动的有力工具。内在地，文化资本的消长亦会对个体的身份认同产生影响，进而干预身份的协商过程。具体到本研究，在什么“文化”能够成为“资本”这个问题上，应该有更加审慎的思考。

社会资本指的是行动者在社会关系上所做的投资以及拥有的资源，它可以获

---

① Lawler, S. (2005). Introduction: Class, Culture and Identity. *Sociology*, 39(5): 797—806.

② Giroux, H. A. (1983). Theories of Reproduction and Resistance in the New Sociology of Education: A Critical Analysis. *Harvard Educational Review*, 53(3): 257—293.

③ Roy Nash. (1990). Bourdieu on Education and Social and Cultural Reproduction. *British Journal of Sociology of Education*, 11(4): 431—447.

得预期的回报。① 社会资本与经济资本、实物资本和人力资源平行，但它的形式特殊，嵌于人与人的关系中。科尔曼(Coleman)认为社会资本包括三个方面的含义：责任和期望、信息渠道、社会规范。② 普特南(Putnam)的观点与科尔曼相似，认为社会资本是指社会生活的特征，如关系网络、规范和信任，这些因素使得社会生活参与者的行动更有效。③

社会资本可用于分析农村贫困大学生原有社会支援网络的质量，也可看到这一网络的变化，从而体现农村贫困大学生如何在完善自己的社会支援网络方面的主观能动性。社会资本是通过这样的资源数量而测量的：拥有制度化关系的持久网络、某些群体的成员资格等。拥有社会资本的量取决于个体可以动员的关系网络的规模和资本的数量(可能是经济的、文化的或符号的)。社会网络必须通过旨在制度化团体关系的投资性策略来建立。在教育领域，拥有有限资源的学生通过与那些拥有资源的人建立联系而获得，如通过与教师、咨询者和学校工作人员之间建立关系，获得资本而受益。

符号资本在布尔迪约看来，既是三大客观资本(经济资本、社会资本和文化资本)的表现形式，但有时似乎又是并列的第四种资本，而且符号资本是一种具有较强转换能力的资本，一个人的声誉一旦得到了整个社会评价体系的认可，就可以很容易地转为经济资本和社会资本。对于本研究的精英大学而言，它们大多有着悠久的办学历史，是人们眼中的名校，就读于此的大学生也因而获得了一种具有转换能力的符号资本。这种符号资本的生效可能始于他们刚刚被录取时带给家人的荣耀和自豪，或者生效于他们走出校门，去与普通高校的学生竞争的过程中。

塞内特和科布认为，在阶层社会之中，无论个体处于何种社会阶层，都难逃阶层社会所带来的情感伤害。因为阶层社会从每个人手中拿走他人以及自己眼中关于安全尊严的感觉，向人们传递为什么不同的人属于或高或低的社会阶层的合理性——即阶层位置代表了个人能力的终极结果。这样导致的结果就是促使人们在阶层社会中前进，使得他们赚更多的钱、拥有更多的东西、有更高地位的

---

① Lin, N. (1999). Building a Network Theory of Social Capital. *Connections*, 22: 28—51.

② Coleman, J. S. (1988). Social Capital in the Creation of Human Capital. *American Journal of Sociology*, 94: 95—120.

③ Putnam, R. (1995). Bowling Alone, America's Declining of Social Capital. *Journal of Democracy*, 6(1): 65—78.

工作。①

然而，那些通过高水平教育或一份白领工作而改变阶层地位的，对于自己的成功却会始终感受到严重的矛盾性。因为在这些被能力标签所标记的个体身上，标签带来了双重的意义。首先，这些通过教育或者工作改变阶层地位的人认为，标签可以成为一个梦想，梦想能够消解个体家庭出身的限制，实现对于社会阶层地位的渴望。其次，能力标签的自我防御系统会侵蚀个体关于自己想做什么的想法，而是促使个体去做那些将会为自己赢得尊重的事情。

社会伤害人的尊严，从而削弱个体与限制个体自身自由的社会阶层相对抗的能力。能力标签的使用让人相信自己必须首先成为合法的，必须在社会阶层的关系之下获得尊严，然后才有权利去挑战这些术语。② 正如布尔迪约所言："如果存在什么恐怖主义的话，那就是以品味为名所强制的裁决，迫使那些在他们眼里没有按照正确的方式存在和行动的男性和女性处于嘲笑、轻蔑、羞辱、沉默之中。"③

塞内特和科布认为，在结构社会中，没有人能逃脱阶层带来的伤害。当阶层位置成为个体能力的标签时，来自社会最底层的事实只会给农村贫困大学生带来羞耻感。弱势阶层大学生在大学场域所感知到的资本的弱势地位与可能实现的阶层向上流动的愿景使得个体需要对自我进行重新定位，这种阶层身份的可能转变往往被矛盾的情绪所困扰。①

四、研究方法：质化取向的个案研究

本研究以上海市的 4 所精英大学作为研究的地点，基于立意取样选取了 32 名来自农村低下阶层的大学生进行了个案研究，以多次深度访谈的方式获取研究的信息。受访者从性别分布来看，女生 12 人，男生 20 人；从年级的分布来看，二年级 4 人、三年级 15 人、四年级 13 人，因为研究设计的初衷是至少有两个学期及以上大学经历的学生；从专业的分布来看，工科 12 人、文理学科 10 人、经管和医学类 10 人；从他们所在的学校来看，A 大学 6 人、B 大学 8 人、C 大学 12 人、D 大学 6 人。

① Sennett, R., & Cobb, J. (1972). *The Hidden Injuries of Class*. New York: Vintage.

② Ibid.

③ Bourdieu, P. (1984). *Distinction: A Social Critique of the Judgement of Taste*. Cambridge, MA: Harvard University Press.

五、研究结果

(一)转型时期精英大学情境的审视与分析

中国大陆市场化转型时期，精英大学面临着跟以往不同的社会宏观背景，而本研究所涉及的四所精英大学又有其独特的生源构成、城市地理、办学目标和符号价值。大学相关的政策也会影响到他们学习体验与身份认同。因此，下文将按照“何谓精英大学”“大学的政策”以及“场域视角下的审视与分析”对精英大学的情境进行分析。

文献综述中提到，大学同时受到权力场和学术场的双重影响。那么，在场域的视角之下审视本研究的受访者所处的国际化大都市之精英大学，会呈现出怎样的分析结果呢？

如布尔迪约所说，场域是由不同社会位置和职务所建构的社会空间，如同市场一样，进行着不同形式资本的竞争。① 场域是一个斗争的场所，卷入其中的行动者都会试图去维系或者增加自身资本的占有。布尔迪约认为这场资本斗争游戏的胜负机会取决于他们在地位结构空间中的位置及其掌握的资本。换言之，每个场域有其自身的逻辑与规则，深谙此种规则的人更有机会获得资本竞争游戏的胜利。那么，本研究所要分析的精英大学，又有着怎样的逻辑与规则呢？来自农村的大学生身处其中，会有怎样的阶层经历和情感反应呢？

回答上述问题需要对精英大学进行场域的分析。从权力场的概念看精英大学，具有控制性作用的决定因素是社会阶层以及权力关系，它所奖赏的是更高的社会阶层地位，因此它所奉行的运行逻辑和竞争规则更有利于那些来自更高阶层背景的人。精英大学无法脱离社会宏观结构的影响，对于进入其中的农村大学生而言，在与来自城市的同学竞争的过程中，他们无可避免地会因为家庭在社会结构中的位置而在权力场中处于劣势的地位，这种劣势地位可能是面对社会结构中较高位置者的一种冲击的感觉，也可能是对于由后者的生存心态所主导的大学一般逻辑与规则的陌生感，乃至在此种规则之下的失败。这种阶层经历既包括权力场中所感受到的冲击，亦包括受到权力场影响之下的文化场中的际遇。

精英大学有特殊和神圣的意义，表现为社会大众对其符号价值的强烈认同。相较于一般的大学，精英大学本应有着更强的自主性原则，即作为学术场的逻辑和规则，而较少受到外界的干扰。外界的干扰其实就是布尔迪约所谓的阶级关系和权力场域，这种干扰表现为学术场自主性原则的丧失或者消减，转而遵循一种

---

① Bourdieu, P. (1983). The Field of Cultural Production, OR: The Economic World Reversed. *Poetics*, 12: 311－356.

他律性原则，如受到权力场域中一般法则的支配。譬如，本研究的绝大多数农村大学生以不低于城市同学的高考成绩考入精英大学，按照学术场的运行规则，他们在入学之初不应该存在文化资本的匮乏，然而事实并非如此。精英大学中能够成为资本的文化是那些来自城市的同学所熟悉的，比如，英语听说的水平，而非农村学生所擅长的笔试(下文文化场中的际遇还有更多的例子)。然而，相较于权力场的游戏规则，文化场的竞争逻辑更加依赖的是个体的学习能力和努力程度，而非家庭社会经济地位所决定的先赋社会阶层位置。且因为该场域更强的自主性原则，文化场之资本竞争游戏的胜利能够为他们带来更大的价值，比如大学文凭在劳动力市场更强的资本转换能力。

综上，精英大学的文化场更多遵循自主性原则而运行，但也不可避免地受到阶层关系所决定的权力场之影响。下文将分析农村大学生与精英大学的生存心态错配之下的学习体验。

(二)生存心态错配之下的学习体验

身份协商的理论认为个体之所以启动重新确认某种社会身份的过程，乃是因为受到某种威胁。① 在本研究有关弱势阶层大学生在精英大学中如何协商身份的过程中，这种威胁体现为进入大学之后的学习体验。下面将通过权力场和学术场的视角分析受访者在精英大学中的经历。

如上文场域视角下的审视所分析的那样，精英大学尽管有其强烈的按照自主性原则而运行的学术规则和逻辑，但它也不可避免地置身于宏观社会阶层结构之中，因而也受到权力场的辐射。所谓权力场，更多的是依照社会空间结构中的位置而运行。大都市中的精英大学传递的更多是城市中产阶级的主流价值观念，而较少推崇农村低下阶层的价值观念，这个场域有其自身的运行规则，熟悉此种规则的人感到如鱼得水，而对于来自陌生情境的受访者而言，则会感到处处碰壁。与此同时，他们亦缺乏参与场域内竞争的资本。本研究的农村大学生初入大学之时，即感受到了一种阶层的冲击、与其他来自城市同学之间的不同，并且在学业上亦受到权力场的影响。

1. 初入大学

对本研究的绝大多数受访者而言，这是他们第一次来到上海。来大学报到的第一天即受到了城市和大学带来的双重冲击。一方面，他们都能感受到家乡与上海之间的巨大差别。另一方面，这是一种全新的体验，与过去的高中生活完全不同。

---

① Deaux, K., & Ethier, K. A. (1998). Negotiating Social Identity. J. K. Swim & C. Stangor (Eds.), *Prejudice: The Target's Perspective*. San Diego: Academic Press.

(1)狼狈的经历

对其芳、采莫等人而言，去大学报到的第一天是狼狈的，第一次来到一个大城市，他们有的走错了地方，有的无法找到住宿的地方。

我第一次去上大学的时候，就走错学校了，结果走到××学院才发现我们没有去对的地方。我爸、我弟和我，我们三个人到了之后，我觉得我穿的衣服好不合时宜，有点灰头土脸的感觉。然后(看到)接待的那群人，我到那群人中，有点不知道该说什么，我感觉到很尴尬，我很想安慰一下我爸和我弟，但是我好无能为力啊。(其芳)

与其芳的经历相似，采莫和家人也不熟悉大城市的办事方式。

因为是农村(来的)，之前不知道来大学之前要安排住宿，我姐姐、我姐夫不能住宿舍，但是去外面旁边的小宾馆又已经被预定满了，人家都是网上预定的，但是我们就不知道，没有这个经验。(采莫)

通过这样的叙事，可以看到，对于其芳和采莫等人而言，大城市和大学有着自身的行事规则，未能掌握则会给自己带来麻烦。

(2)物价

来到大学的第一天，他们中的一些人就感受到了此地物价的冲击。

上海的话第一感觉就是物价特别高，对于我们来说可能就短时难以接受，以前一顿饭的钱现在一杯饮料，还不够。(嘉卉)

但出乎意料的是，穆鲲的父亲在送她来大学报到之后一起去食堂吃饭则有令人费解的行为。

他知道上海的物价很贵，他为了让我觉得不要让自己觉得很掉价，那天也是吃饭也是在食堂，与别人的做法相反，他买了很多，这是属于根本就吃不完的状态。(穆鲲)

如穆鲲所言，她的父亲之所以在并不富裕的背景下做出这种反常的举动，其动机是让女儿不要觉得自己很“掉价”。在高出原来消费水平的场所，她的父亲认为购买远高于需求水平的物品就可以避免丢脸。

(3)情绪

当完成报到的手续之后，那些送他们来大学报到的亲友纷纷离开。受访者们感到的是一种夹杂着兴奋、孤单和自责的情绪。兴奋是因为离开高中，即将要开启自己的大学生涯；孤单源自于自己离开家乡，家人也已经返程；而自责则是看到亲友出于经济的考虑而有一些稍显窘迫的经历。

他(父亲)也是第一次来(上海)，(对此地)不是很熟，有学长来接我们，当时也是为了省住宿(的费用)，刚好学长宿舍有空床(我爸爸就住过去了)，第二天一大早直接就坐火车回去了，校园的话就当天晚上溜了一溜，也没有拍照啊什么的。挺希望毕业典礼的时候能请父亲来好好逛逛。(雪松)

2. **与别人的不同**

关于我是“少数群体”的认同是建立在明显察觉到自己与大部分他者不一样的基础上的。在本研究中，研究者试图找到受访人对于自身与其他同学之间差异的感知。大部分受访人表示在刚进入大学的时候，觉得自己和来自城市的同学在穿着、消费、谈吐、与人交往和人生规划方面有所不同。

(1)穿着

穿着是工人阶层女性努力实现阶层身份转变的一个重要途径。在一个既定的社会情境之下，人们往往视穿着为生存心态的一部分，从而与阶层产生紧密的联系。① 本研究的受访者在进入到大城市之后，大多数都感知到了自己以往穿着的不合时宜。

这种意识可能最开始是由早就进入“那个圈子”的亲友所传播的，如“有一些爸爸的朋友，他们在上海做各种事情，有个叔叔说你现在不要买衣服，你现在买也没有感觉，大学里面待一段时间，你再自己出去买，你就有感觉了。(这个建议)让我少浪费了不少钱”(月恒)。而时至今日，他们纷纷都认可了“那个圈子”的穿衣品味，觉得之前的穿著打扮“很土”(月恒)。

那么，他们对于穿着的感知经历了一个怎样的过程呢？什么时候开始觉得自己“土”？对此又有什么想法？

刚来的时候，也没有多大差距吧，可能他们买的衣服贵一点，但是我觉得不会太在乎这个，刚开始没注意到这一点。到后来还是感觉不同。就觉得大多数同学感觉穿着打扮都比较好，我自己比较寒酸。(毕罗)

受访者得出自己的穿著“土”“村”(其芳)的结论，与之相对应的是他人的“fashion”(其芳)。这在本质上而言，是一种对过去的审美方式的否定和对身边城市文化的认同。那么，这种所谓的“fashion”究竟是什么呢？“你看穿衣服的牌子，那都完全不一样。还有他们在对自己的打扮设计方面要比我们这方面强很多”(承忆)。这种“fashion”的两个重要特质就是品牌和设计。品牌和设计折射的是中产阶层的审美取向。本研究的受访者在否认了之前的审美之后，都在慢慢向城市中产的方向靠拢。但这个过程有的发生在高中时期，有的发生在大学时期。

其实高中的冲击反而会更强烈一些，因为我是高中来到市里，在城市生活了几年，稍微适应了一些。(永怀)

而对于大多数人来说，这个改变的过程发生在大学时期。

我们刚进大学的时候，你一看就知道是农村过来的土鳖，然后过一段时间，我们慢慢地被她们同化，品位上去了，你才不太能分辨出来我们和他们之间的区

① Skeggs, B. (1997). Classifying Practices: Representations, Capitals and Recognitions. In P. Mahony & C. Zmroczek (Eds.), *Class Matters: 'Working-class' Women's Perspectives on Social Class*. London: Taylor & Francis.

别。(承亿)

(2)谈吐、与人交往

谈吐和与人交往是一种重要的社交能力，也是本研究的受访者认为自己与来自城市同学之间最大的不同之一。29名受访者在评价自己与人交往的能力时，给予了消极的评价，常见的词汇是“自卑”“内向”等。“我平常和别人的交流比较少，你看我现在和你说话都是不看你的眼睛。感觉有时候我会有一点自卑，体现交往的时候”(仲礼)。

来自农村的同学往往会因为自卑和性格内向等原因而在与人交往方面不够积极主动。“刚来的时候，感觉还挺自卑的嘛，因为上海这么大，我又是从农村进来的，然后像我舍友啊，我就感觉她们就是，要么就是来自城市啊。感觉自己来自农村嘛，开始是有那么一点自卑的心理，然后就是觉得自己没有她们开朗啊、活泼啊，在性格方面就是稍微有一点内向”(采莫)。还有一些同学认为普通话也是交往的障碍，因为自己以前并没有在日常生活中使用普通话。“就是普通话没有人家讲得那么好。普通话不会是很大的障碍，沟通基本没有问题，但是有一些想法表达不出来”(淇奥)。

再一个是共同话题的缺失，“他们的话都是各有特长，而我小时候在家很喜欢做那种工件啊，然后我说(做木工)，肯定找不到兴趣相投的。别人比方说喜欢音乐的，弹吉他的就可以凑到一起去，玩游戏也可以凑到一起去，而我根本找不到自己的组织”(如璋)。

出现与人交往的困境，受访者往往认为除了自己性格的原因之外，还有一些其他的因素，如城市的同学自信、大胆，“他们(来自城市的同学)胆子真的是蛮大的，比如大一的时候就要上一些课做一些报告，他们就敢在台上去讲，特别特别流利流畅，我感觉(自己)每次上去讲就紧张的不行，就一卡一顿的。这个是蛮震惊到我的”(鹏举)。

(3)人生规划

对于本科生而言，毕业之后的人生规划大致是三条道路：第一出国留学，第二是在大陆继续升学，第三进入职场。做何种计划一方面关系到本人的志向，更为重要的是需要家庭经济条件的支撑。另一方面大量关于中产阶层家庭教育的研究显示，中产阶级与其他弱势阶层之间的一个差别体现在对于子女教育的重视程度。因此，研究者预计家庭背景会成为受访者所做人生规划的一个影响因素，但事实上并没有。大多数受访者表示，大家刚进入大学的时候都是比较迷茫的状态，有清晰的人生规划者比较少，而无论其家庭的社会经济地位。最大程度上提醒他们与来自城市家庭的同学之不同的地方在于出国留学这件事。

在本研究所定位的上海重点大学，选择出国留学的比例非常之高。“我感觉A大学大约有三分一的毕业生会出国，三分一的人在国内升学，剩下的三分之一进入职场”(乔松)。在一个出国率如此之高的环境之下，本研究的受访者几乎都表达了对于出国留学的希望，但对于能否去实现，他们是怎么看的呢？

来自边疆省份的其芳表示，自己确实有出国留学的想法，但考虑到家庭的经济状况，可能会另做打算。“你看我家的经济状况是这样的，不太可能支持我去国外读书。但我不想放弃，所以还是等工作以后再说吧。自己有一些积蓄，工作几年再回来读书的那种”(其芳)。

卡夫曼(Kaufman)认为实现社会身份的转变，步骤之二是疏远那些和自己享有相同先赋身份(Associational Distancing)。① 本研究中，进入名校的受访者大多表示自己与那些没有读大学的朋友之间的关系比较疏远。这种疏远有的发生在中学时期，随着自己进入重点中学或者重点班而渐渐发生，有的则是在读大学的过程中逐渐发现的。受访人都极力强调自己并没有打算和他们疏远，但是随着共同话题的缺失和人生轨迹的分叉，很难再聊到一起去。“像我(和)小学同学的关系，她没上大学，(我们)见了面也肯定会打招呼。但是她们都结婚了有小孩了，然后你要跟她们讲的话，其实也聊不到一起，因为没有共同话题。可能就是打打招呼，‘哎，你去干嘛了？’然后就各自走开了”(采莫)。

3. **学业**

学习是大学生日常的主要活动之一，受访者在学业上的表现既是他们过往所掌握知识的一种呈现，也是他们积累文化资本的一种方式。然而，对于本研究的受访者而言，即便是按照文化场的逻辑和规则所进行的资本积累也未能完全摆脱阶层背景的影响。他们缺乏精英大学中可以成为文化资本的“知识”。从访谈资料来看，来自经济欠发达地区农村家庭的受访者通常会在英语和计算机的学习上遇到困难。而对英语和计算机的掌握，恰恰是精英大学的场域中极受重视的文化资本。带着先天的文化资本的欠缺，大多数受访者在刚进入大学之时所感受到的学业上的困难，但最终他们在文化场的评价标准中获得了胜利。

(1)困难

32名受访者中，超过一半的人认为英语是大学期间最难的科目。而能够考入名校，这足以证明他们的高考英语成绩并不低，为什么会出现这样的情况呢？他们所掌握的英语，在他们高中时代甚至大学升学考试中，都可以帮助他们得到学校系统的奖赏。为何进入大学之后，同样的掌握程度，则成了备受嘲笑的对象，甚至陷入一种因为自卑所以更加不想学的恶性循环呢？

首先，他们缺乏口语和听力的训练。“高中的时候(英语)老师基本都是汉语

① Kaufman, P. (2003). Learning to Not Labor. *Sociological Quarterly*, 44(3): 481—504.

为主来讲。大学(英语)老师基本上用英语在讲课，用英语提问题，还要你做presentation。刚开始的时候，(英语)老师说话我基本一个字都听不懂”(赫明)。与赫明类似的还有月恒等人，他们在高中阶段的英语学习习惯与大学有很大的不同，体现在教师对于口语和听力的重视程度上。高中时期，凭借优秀的写作和阅读能力，他们就能达到学习系统的奖赏。但进入大学之后，大学英语课堂不再以笔试为导向，相较于高中时期的学习，更加重视口语和听力的训练。相应的大学英语所奖赏的亦是对口语和听力的掌握程度，而这并不是受访者所擅长的。可以说，精英大学的文化场在英语学习上所遵循的逻辑和规则与受访者既往学习习惯的错配导致了他们在此领域的失败经历。

其次，他人的影响也助推了受访者对于自身资本匮乏的自卑心理。这里所谓的他人，大部分都是来自沿海地区的城市同学，他们的高中英语学习环境与大学的相似程度更高，更加注重学生对口语和听力的掌握情况，这样的同学大多数来自东部沿海地区。“高中的时候感觉自己英文还蛮好的，大学的时候不知道怎么说，最后就没怎么学，就慢慢退化，退化到现在几乎都忘光了，就感觉超难。说(英语)真的是说不出来。别人的看法真的很重要。别人对你否定过一次之后真的就没有信心”(乔松)。相似的，月恒认为自己大学期间的英语学习已经成了一个恶性循环，“一开始，我认为(学不好英语)应该与我自己不努力有关，但也因为早期的不喜欢，后面可能陷入了死循环。就是明明你知道，别人不会记住你英语有多差，没有人会记住你的表现怎样，但我就是担心被很多人看到(我英语不行)。所以我也在刻意逃避，这个环境让我越来越不舒服，越来越不想学”。月恒的恶性循环始于自己高中时期英语掌握情况与大学学习要求的错配，形成于周围得到此系统奖赏的同伴所给予的压力，最终导致了她英语学习的失败。

最后，受访者文化资本的匮乏以及他们对于此种匮乏的羞愧也增加了他们学业的困难程度。对于计算机知识的掌握也是精英大学场域中所奖赏的文化资本的一种形式。而来自农村家庭的受访者可能在进入大学之前甚至都没有过与计算机接触的经历。譬如，计算机相关专业的采莫就指出，“大一刚进来的时候，一开始学程序设计语言。程序设计语言的话，它要用计算机。但是像我从农村出来的，之前都不接触计算机，然后有可能很多功能都不会。有时候上课有很多很小很小的问题，不会你就会问你旁边的同学，但是感觉大家也在听课，你会很不好意思”。之前没有接触过是导致学习困难的原因之一，而对于自己的无知感到羞愧，不敢向他人求助则加重了这种困难。“即使你很努力去学，但是你跟周围人相比还是有差距。一来，我觉得(他们)基础好肯定是一方面，另外一方面就是自己来这里有挺多不适应，又没有找到方向，也不知道该怎么努力，然后自己其实又有些胆小，就是不懂又不敢去问，因为没有什么熟悉的人”(舜华)。

(2)成就

许多受访者在初入大学时遇到了学习的困难，但当他们适应了大学的学习规则之后，不少受访者报告了学业上的进步(孟丘、赫明、洵美、采莫、伯埙、月恒)。对他们来说，刚入大学时，感受此种学习方式与中学时期有很大的差别，因此一开始很不适应。还有一些受访者认为进入大学就无需用功读书，但当他们发现身边的同学仍然在努力，而自己的成绩被别人甩下一截的时候才发现，大学仍然是需要用功读书的。“一年级的时候对于学习的认识不够深，觉得学习不是非常重要的。并且，高中紧张学习之后，带来了心理上的懈怠，觉得学习不是非常重要的”(孟丘)。

这种情况随着他们慢慢适应了大学的学习而有所改观，许多受访人都认为自己的成绩在大二、大三的时候有所提升。“慢慢就克服了。因为你到大二、大三之后，有很多东西，有很多以前学的知识就融会贯通了。然后你和大一刚进来的时候也不一样了，你对自己的认知就更深刻了”(采莫)。对于大多数来自农村的大学生而言，他们在学业上的表现呈现一种“V”字形，即高中时期以很好的成绩考入重点大学，而在重点大学的头一两年并不理想，随后却又慢慢提升。

(3)自评

本研究的受访人对于学业的态度是模糊的，有的人认为很重要，但这种重要性不是体现在学业本身有助于增长自己的文化资本，而是学业向其他形式资本的转换。比如可以更有利地参评奖学金、更好地找工作。“我最近一直跟小朋友(师弟师妹)灌输这个想法，好好学，多重要啊，因为好像学习好了就会有选择的机会，保研什么的”(月恒)。

尽管他们承认学业的重要性程度，但大部分受访者都对自己的学业成绩感到不满，见表1所示。

表1　受访者对自己学业表现的满意程度

满意程度	人数
满意	3
比较满意	7
不太满意	13
不满意	9
总数	32人

在对自己的学业表现满意的三人中，孟丘和如璋满意的理由是自己几年来一直在进步。7人对自己的学业成绩比较满意，而不太满意和不满意的人数则高达22人。在进一步的追问中，几乎所有不满意的人给出的理由都是投入不足，比

如没有重视、没有花足够的时间、努力程度不够等。对于学业的自评，大多数人并不认可学业成绩本身的重要性，而是将重视的程度放在学业成绩与奖学金、保送研究生、找工作和出国留学等事情的关系之上。

4. 小结

上文试图呈现受访者在精英大学的阶层经历：初入大学的第一印象、与别人的不同、学业上遇到的困难和取得的成就。总体来看，他们大约有着较为相似的经历，凭借优秀的成绩，从一个经济较为落后的地区考入位于上海的名牌大学。尽管他们对报到第一天的回忆有不同的解读，但都体会到了与以往环境的差异和阶层的冲击，这种冲击可能体现在来自城市的同学较高的消费上，也可能体现在他们流利的英语和开阔的视野上。或者因为高中时期的过度紧张，或者刚进入大学的不适应，或者身边的同学太过优秀，本研究的受访者中，许多人在学业成绩上经历了一种先跌后升的“V”字型发展轨迹。大多数人一方面并不认同学习本身的价值，但却深谙好成绩的重要性，并且纷纷表示了对自己在学业成就上的不满。在与人交往方面，受访者更多的是以一种随性的方式选择交友圈，但又不可避免地出现了与那些没有读大学的旧友之间的疏远。

这就是精英大学中农村大学生阶层经历的整体图景，可以说，他们有着大约相似的阶层经历，但却有着不同的情感体验。

(四)不同的情感回应与矛盾的身份认同

本研究所谓的情感回应，乃是指来自农村家庭的大学生在精英大学这个新的场域中，由于阶层的冲击以及生存心态的错配等，而在内心产生的一种情绪反应。尽管上文的分析显示，来自相似家庭背景的农村大学生在精英大学中有着大致相同的阶层经历，但他们从农村的家庭走入精英大学所经历的情感体验则是不同的。此种家庭背景所带来的复杂情感回应也更进一步地影响他们对于自身身份的认同。

1. 情感回应

本研究发现32名受访者在相似的阶层经历之下，有着不同的情感回应，这是一种夹杂着“低人一等”的羞耻、“盛名难副”的压力、“出人头地”的荣耀、以及回望原来所属群体而产生的“幸存者内疚”等复杂因素的感受。

(1)消极的情感体验

对于如何看待自己来自农村家庭这件事情，有的受访者认为这是一件沉重的事情，他们表示这是自己无法改变的，只能去接受。有的人选择尽量地向他人隐瞒这件事情，或者选择逃避，不去触碰这个问题。

这是一个沉重的话题。来自农村家庭对于一些受访者来说是一个沉重的话题，体现在日常与同学的人情往来上，“城里的同学过生日，你送个东西的话，这方面就是都会很头疼，便宜的东西吧拿不出手，贵的又觉得，觉得超出自己消费水平”(承忆)。或者日常的同学交往，“跟一个同学出去玩，然后他想去那个杜莎夫人蜡像馆那边，我嫌贵就不去了，当时不开心”(承忆)。

消极接受：无法改变的事实。将来自农村家庭这件事视为一个沉重的话题者并不多，更多的受访者认为对于这样一件自己无法改变的事情，持一种消极的接受态度。这种消极接受的态度，来自他们对于自己家庭背景所带来限制的清晰认识，“对于来自农村家庭这件事情，我从来没有反抗过，尽管它带来的一些我的一些缺陷，就是能力上的不足，兴趣上的匮乏以及英语水平的影响”(如璋)。尽管他们对于自己因为来自农村家庭而受到的种种限制和不足，但与此同时，他们对于这样一种事实已经接受了。“无法改变，只能接受”(毕罗)。

隐瞒：“我不想举手。”在上海市的精英大学中，大多数学生来自城市。本研究的受访者表示他们不想让别人觉得自己与他人有什么不同，“就是不愿意让自己跟别的同学有差异，虽然说相处上面没什么差异，但如果你说出来，就无形的会有”(伯埙)。那么，持此种态度的人会选择怎么做呢？“有一次老师在课上提了一个问题，然后问大家来自农村的同学举一下手看看，我想听听你们对这个问题的看法。当时我觉得很尴尬，根本就不想举手。不太愿意让别人知道，不想去面对这个现实”(永怀)。当他们选择了隐瞒自己的家庭背景，或者不主动去认同自己来自农村家庭的事实时，除了孟丘所说的自信的缺失，还有什么别的原因呢？“老师提这个问题，并没有歧视的意味，因为在他们的年代，来自农村的大学生很多，但现在的我们，会觉得很卑微，甚至都不愿意别人看我的身份证”(永怀)。他们这种选择不暴露自己来自农村家庭的做法，是希望在公众的眼中，不被纳入到“农村人”这样一种被污名化的归类之中。

逃避：“我从来没有想过我是农村来的这个问题。”在访谈中，还有一类受访人表示，“我从来没想过我是农村来的这个问题”(倬云)，而无法进行更进一步的追问。这种对于自己家庭背景的回避态度至少反映了受访人不愿意就此继续深谈。为什么会这样呢？有的受访者认为，在日常生活中，如果你问一个人是不是来自农村家庭，会是一种冒犯：“如果问一个人是来自农村还是城市，我也觉得是一种冒犯”(泽坤)。因为他们认为，很多人对于“农村人”心存偏见(泽坤)。研究者认为，这其实是对于来自农村家庭的一种逃避的态度，即以一种“我从来没有想过这个问题”，或者“我不愿意去理会这样的事情”来逃避这个事实可能带来的消极情感体验。

逃离：我不属于那里。还有一些受访者表示，尽管自己来自农村家庭，但是他们一直认为自己并不属于那里。这种心理上的不认同可能始于大学时期，有的则始于自己很小的时候。“其实我心里一直有一种想法，我不属于那个地方，感觉很小很小就有了这个想法。以前我会很洁癖，我会很嫌弃家里面很脏，对各种东西很挑剔，我也不会去我们家地里”(穆鲲)。

当来自农村家庭为许多受访者带来的一种消极的情感体验时，他们不愿意向别人提及这件事情也就不足为奇。“谁也不会没事去问你是不是农村来的，我会觉得受到冒犯，会不高兴”(鹿鸣)，这也解释了为什么研究在招募受访者的阶段所遇到的困难，其一是上海地区的精英大学中，来自农村的大学生所占比例很低，尤其是将研究对象限定到来自不发达地区的且父母从事农林牧副渔生产的严格意义上的农村家庭。更为重要的一点，如果不能获得他们的信任，又有谁会愿意来参加这样一项自我暴露如此严重的访谈呢？更何况，对于一些本研究的目标人群而言，他们并不愿意让别人知道自己的背景。正如永怀所说的：“我可能在上高中之后，周围很大一部分都是来自城市的同学，然后可能也没人教过我怎样去面对，所以我包括到现在的反应都是闭口不提。之所以愿意参加这个访谈，是因为想进一步打开这个，之前感觉是一个心结啊，其实上大学到现在我有一点变通的想法”。

(2)积极的情感体验

来自农村家庭也给一些受访者带来了积极的情感体验，如考上大学让自己成了村人交口称赞的对象等。下文将从以下两个方面呈现受访者对于自己的家庭背景的积极情感体验。

考上大学的荣耀。如前文所提到的那样，在中国传统文化中，儒家文化圈对读书的重视，使得考学成功的学子不但有机会获得社会向上流动的机会，甚至还有一种“光耀门楣”的色彩。这在本研究来自农村的精英大学生身上也有所体现。“我算的上是我们村里第一个考上一本的。对的，他们不知道B大学是什么，但他们知道是重点大学名牌大学，那次我爸爸也是请了村里面比较元老的人，比较自豪，对隔壁村也会说，虚荣心还是有一点”(哲华)。

我很幸运。西方文献有关工人阶层大学生的研究用“survivor(幸存者)”来形容那些脱离了原来的阶层，考上大学并跻身中产阶级群体的人。“幸存者”会对自己的幸运感到庆幸，这在本研究中同样如此。“农村地区还是有很多很多这样的孩子，我只不过是比较幸运的，像很多孩子有的根本没有这样的机会来到这么好的学校，像我家乡有很多孩子没有这样的机会走出大山”(凯风)。

2. 矛盾的身份认同

精英大学中来自农村的大学生因为自己的家庭背景在大学中所感受到的不同情感体验。上文消极和积极的情感体验中有反映了此种家庭背景所带来的矛盾感受。一方面，来自农村家庭，受访人和他们的家人、同村人会因为他们考入重点大学，“半条腿迈进了城市”(如璋)而感到自豪，但另一方面，他们并不愿意在家里的时候表现的与众不同，“我会掩饰，不想成为家里不一样的那个(穆鲲)”。矛盾之二则在于，来自农村家庭的事实给他们带来了一种既“羞耻”又“荣耀”的矛盾情感，那么，这种羞耻与荣耀共存的情感究竟是为何产生的呢?

(1)作为大城市的“乡下人”

消极的情感体验，如“沉重”“隐瞒”“逃避”“逃离”等，其实质是因为受访者在以城市学生为主体的精英大学中，作为大城市里的“乡下人”而带来的。置身于大城市的精英大学，并且认同该场域所奖赏的“见识”“能力”等的重要性程度，他们就会对于家庭背景而带来的特征产生一种消极的情感反应。

首先是家庭所拥有的经济资本在与城市同学对比的过程中所体现出来的不足。譬如见识和能力，超过三分之二的受访者认为自己在上述层面与他们有很大的差距。再如交际方面，因为“农村的人会有一种自卑心理，实际工作中相对城里人展现出来的就没那么自信。很多东西你会很在意得到这个机会，这样的话做事情反而会成为你的拘束吧”(雪松)。大部分受访者认为自己与城市的同学相比自信程度不够，交际能力也更弱，“我很佩服我们一个北京的同学，她能很轻易地搞定一个高冷的人，但我可能就不太敢和他打交道”(其芳)。

(2)作为来自农村的“城里人”

积极的情感体验如考入精英大学而在乡邻之间享有的荣耀，受访者对意识到并且承认这种荣耀，其根源在于他们相信自己通过考学正在实现阶层的向上跃升，即作为农村出身的“城里人”。此外，当他们持此种身份认同时，亦有助于消减面对城市同学时，因为自己的匮乏和不足而体会到的消极情感。“当你想到自己来自农村，就会觉得和城市里的同学比起来，虽然差一些，但觉得好受一点”(乔松)。

与西方研究中所谓的弱势阶层大学生通过建构一种“道德优势(Moral Advantage)”来说服自己向上流动和阶层跃升的正当性不同，本研究的受访者并不认为自己比来自城市的同学更加勤奋。而是相信自己与来自城市的同学共享诸如“勤奋”“独立”等素质的同时，从自己来自社会底层家庭背景的事实中，抽取出一种对于向上流动的强烈愿望，并进而衍生到自己更加成熟的心智和不甘堕落的生活态度。

如仲礼说的那样，他有着突破阶层限制的强烈心情，“非得说强的话，可能比他们更懂得生活。更知道生活不易，他们也知道生活不易，但更多是外界告诉他的。而不是自己体会到的，我可能更直观一些。我就是处在(农村)这个圈子的，我会更有欲望去冲破。你也可以说是职业去冲破，但更多的是职业带来的成就”。而茗华则相信自己有着更加成熟的心智，“可能我们做事情的时候，心智的话，很多地方比他们成熟一些，因为经历过。他们即使出了什么问题，家里不用靠他们养，但是我的话，觉得自己要养这个家的。所以，更加艰苦的环境我也能够吃的消，但他们就不一定”。

当受访者在思考自己相较于来自城市同学所具备的优势时，所给出的回答包括更有动力去突破自己的阶层、能忍受艰苦的生活、不甘堕落、心智更成熟。而这些因素正是在阶层社会中实现向上流动所必须具备的。本节的受访者从自己来自农村家庭的事实中提炼出了自己相较于其他人所具备的优势，通过这种道德优势的建构来说服自己未来会更有可能实现阶层的向上流动。

如乔松所说的：“自己在家乡的时候可能会感觉比他们(乡下人)高人一等，但是在城市的话，会觉得自己低人(城里人)一等。当你觉得自己比别人差的时候，就是你把自己当一个城里人看的时候。但当你觉得自己是农村来的孩子，天生差很多东西，就会觉得后天的努力可以弥补一点，这样就不至于那么沮丧了”。

从上述分析来看，农村大学生在精英大学中面对阶层的冲击所产生的或积极或消极的情感响应，而上述复杂的情感响应，其基础在于农村大学生对于城市的价值体系的接纳，并且以此作为品评自己的依据。

六、讨论与思考

这项质化取向的个案研究探讨了农村大学生在精英大学中的学习体验，借助资本、场域、生存心态的概念理解他们在新情境中的遭遇和自身的主体行动。此种经历之下的情感体验使得他们对自身有矛盾的身份认同。受访者从大城市的“乡下人”这个视角出发，觉得自己无论是在家庭拥有的资本、自己的见识和能力等方面皆逊色于来自城市的同学；而当他们从来自农村的“城里人”这个角度出发，则会认为自己相比起城市的同学更具向上流动的动力。前者与西方研究中弱势阶层大学生在大学情境中所感受到的阶层冲击相呼应，而后者则努力建构一种“道德上的优势(Moral Advantage)”来使自己更有价值。

来自农村家庭背景为本研究的受访者带来了矛盾的情感体验，这种矛盾的核心在于受访者已经接纳城市的价值观念。他们接纳了城市关于何为“有见识”、何为“擅长与人交往”的看法，否认了关于农村农业等知识的价值，正是站在这样一个角度去看自己作为大城市的“乡下人”而产生消极的情感体验。此种情感体验一方面源于精英大学场域之下的荣辱排序，另一方面也源自“阶级的隐形伤害”，即他们在承认城市价值排序的前提之下，接纳了阶层社会关于位置与能力之间关系的绑定。与此相对应的，当他们审视自己的家庭背景，将自己看成是来自农村的“城里人”时，一种与道德优势相关的感受又会成为他们积极情感体验的来源。

经历成长

——农村大学生的人际关系研究

Rural Students' First Year in University: Development in Interpersonal Dimension

孙晓凤(Sun Xiaofeng)

上海交通大学

Shanghai Jiao Tong University

摘要：近年来，“农村大学生人际关系”成为社会讨论的热点，但鲜有研究从农村大学生的视角了解其如何看待人际关系。本研究以自我主导理论为视角，通过追踪访谈探究我国农村大学生在人际间维度上的发展水平、特点以及发展变化的影响因素。自我主导理论指出个体在认识论维度、个人内在维度、人际间维度发展会经历三个阶段：遵循外部程式，十字路口徘徊，实现自我主导。本研究的发现表明，农村大学生对人际关系的理解基本处于遵从外部程式的阶段，部分个体进入十字路口徘徊期，呈现内心声音的萌芽。个体在不同类型人际关系理解中的自我主导发展并不同步。影响个体自我主导发展变化的主要因素有：打破平衡的“刺激点”及个体的应对方式；包括教师、父母、同学在内发展伙伴的支持方式；个体的意义阐释能力。

关键词：精英大学；农村学生；人际关系

Abstract: The expansion of higher education made rural college students a growing body in college. Rural college students' interpersonal relationship has become a hot topic these years. A number of studies used survey data and descriptive statistics to reveal the purposes and types of their relationships, while little is known about how they understand these relationships during the process. The purpose of this study is to investigate student perceptions of their learning and development in interpersonal relationships. A holistic student development model, self-authorship, was used as the theoretical lens to examine and interpret the data. The theory emphasized the intertwining of cognitive, intrapersonal, and interpersonal developmental dimensions, which demonstrated three phases of the journey toward self-authorship: following external formulas, at crossroads, and self-authorship. From the perspective of self-authorship, this study follows a cohort of first-year rural college students over a year, and examines their developmental capabilities in meaning making in interpersonal dimension including the developmental characteristics and the influencing factors. It is found that most of the rural students' developments in interpersonal dimension stay in the following external stage. However, internal voices begin to emerge during the year. The influencing factors include provocative incident and how college students make meaning of it, having a supporting partner or not, the meaning-making capacity of students. Limitations and implications are also discussed.

Key words: elite universities; rural students, interpersonal relationships

一、研究背景与文献

随着我国高等教育规模的持续扩张，越来越多的农村学生进入高等教育机构。我国城乡发展不平衡的现状，导致农村大学生在出生环境、成长背景和教育经历等方面与城市大学生有着巨大的差异，进入大学后他们也依然面临诸多的困难与挑战，其中，如何看待和处理人际关系便是非常重要的一项。

农村大学生由于经济条件拮据、学业压力沉重、生活方式不适应、人际关系紧张等原因，常常感到困惑、尴尬和迷惘。习惯于应试教育培养方式的农村大学生，对更需要自主自立的大学学习生活感到不适应；由于自卑感及不平衡感，陷入无法处理好人际关系的境地；由于在经济条件、穿着打扮、风度气质等很多方面比不上城市大学生，而且不懂得感情表达的技巧，导致感情生活受挫。①

① 张亿全、王毅杰：《农村籍大学生大学生活适应调查》，《青年研究》2006 年第 12 期，第 20～25 页。

国外研究发现，青少年倾向将自己的行为规范成跟同伴一致，而不是符合内心想法。①② 低收入家庭的大学生，面临更多来自同伴的压力，他们或许急切的想融入身边同学，或许为没有社团经验感到自卑，急于想变成大家期望的样子，而更难以达到真正希望成为的自己。③④ 同样，我国农村大学生由于父母较少接受高等教育，家庭中缺乏成功典范，无法获得既有经验指导大学生活，面对更多挑战，他们如何看待自己与他人的关系，尤其值得关注。

目前对我国农村大学生的研究，主要集中在农村大学生适应情况、心理健康状况、家庭背景以及社会支持与社会流动几个方面，大多采用定量研究的方式。⑤⑥⑦ 本研究采用质性方法，从学生发展的理论视角出发，倾听农村大学生声音，探究农村大学生进入大学的第一年如何看待和理解人际关系，并提出以下研究问题：农村大学生在进入大学的第一年是如何看待和理解其人际关系的？具体包括：农村大学生刚进大学时如何看待和理解人际关系？进入大学一年后，农村大学生如何看待和理解人际关系？影响农村大学生对人际关系理解发生变化的因素可能有哪些？

本研究将丰富农村大学生研究领域的文献，为理解农村大学生成长与发展提供新视角。同时，研究结果将加深高校教师和学生事务工作者对农村籍大学生群体的理解，为高校、机构组织及相关政策制定者提升农村大学生的就学体验提供借鉴。

---

① Pombeni, M. L., Kirchler, E., & Palmonari, A. (1990). Identification With Peers As a Strategy to Muddle Through the Troubles of the Adolescent Years. *Journal of Adolescence*, 13(4): 351－369.

② Kiesner, J., Cadinu, M., Poulin, F., & Bucci, M. (2002). Group Identification in Early Adolescence: Its Relation with Peer Adjustment and Its Moderator Effect on Peer Influence. *Child Dev*, 73(1): 196－208.

③ Johnson, G. M. (1994). An Ecological Framework for Conceptualizing Educational Risk. *Urban Education*, 29(1): 34－49.

④ Milner, H. R. (2002). Affective and Social Issues Among High Achieving African American Students: Recommendations for Teachers and Teacher Education. *Action in Teacher Education*, 24(1): 81－89.

⑤ 余秀兰：《从被动融入到主动整合：农村籍大学生的城市适应》，《高等教育研究》2010 年第 8 期，第 91～99 页。

⑥ 扈海鹂：《分层视野中的社会化分析——关于农村大学生生活方式转型的一种描述》，《青年研究》2006 年第 11 期，第 1～10 页。

⑦ 高耀、刘志民、方鹏：《家庭资本对大学生在校学业表现影响研究：基于江苏省 20 所高校的调研数据》，《高教探索》2011 年第 1 期，第 137～143 页。

二、自我主导理论与相关实证研究

自我主导(Self-authorship)的概念由哈佛心理学家基根(Kegan)提出，① 学生发展理论学者巴克斯特·马格达(Baxter Magolda)在此概念基础上通过长期质性访谈，提出较为完整的自我主导发展理论。②“自我主导”指个体生成价值观、身份认同和社会关系的内在能力，实现自我主导的个体会为自己的行为和决定承担责任，而非仅仅依赖他人建议。③ 个体实现自我主导一般会经历三个阶段：遵循外部程式，十字路口徘徊，实现自我主导。自我主导发展的三个核心问题是“我怎么知道”“我是谁”和“我想要什么样的人际关系”，分别对应自我主导发展的三个维度：认识论维度、个人内在维度和人际间维度。三个维度相互交叉缠绕(见图 1)，只有当三个维度均达到成熟，个体才处于自我主导的阶段。④⑤

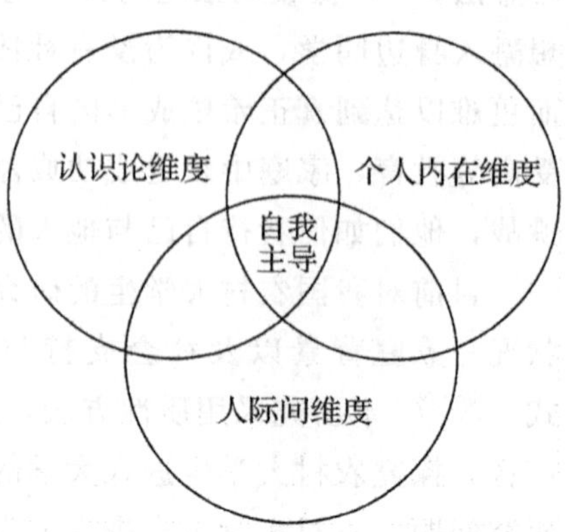

图 1 自我主导的三维度

近年来，美国学者通过追踪访谈和大范围本科生访谈进一步丰富发展了自我主导理论，将个体发展的三个阶段进一步细化为十个区间(见图 2)。⑥

国外学者以自我主导理论为视角研究不同大学生群体的成长与发展，如少数族裔、边缘化学生群体，以及参与不同教学项目的群体。研究发现，大部分本科

---

① Kegan, R. (1994). *In Over Our Heads: The Mental Demands of Modern Life*. Cambridge, MA: Harvard University Press.

② Baxter Magolda, M. B. (2001). *Making Their Own Way: Narratives for Transforming Higher Education to Promote Self-development*. Sterling, VA: Stylus.

③ Evans, N. J., Forney, D. S., & Guidodibrito, F. (1998). *Student Development in College: Theory, Research, and Practice*. San Francisco: Jossey-Bass.

④ Baxter Magolda, M. B. (2009). The Activity of Meaning Making: A Holistic Perspective on College Student Development. *Journal of College Student Development*, 50(6): 621—639.

⑤ Cen, Y. (2014). Student Development in Undergraduate Research Programs in China: From the Perspective of Self-authorship. *International Journal of Chinese Education*, 3(1): 53—73.

⑥ Baxter Magolda, M. B & King, P. M. (2012). *Assessing Meaning Making and Self-authorship: Theory, Research, and Application*. Taschenbuch, CA: John Wiley.

生在毕业时仍依赖外部程式决定自己相信什么、定义自己是谁及处理人际关系。① 同美国学生一样，我国本科生也在努力探索“我如何认知”“我是谁”“我怎样建构与他人的关系”这三个问题的答案，在认识论、个人与人际关系三个维度上的发展交互缠绕。② 华佰士(Wabash)全美文理学院的追踪访谈研究发现约80%的一年级学生、60%的二年级学生遵循外部程式，少部分进入十字路口徘徊阶段。③ 但是，对边缘化群体的研究则呈现了不一样的结果。比如，拉丁族裔大学生由于自身种族身份所遭受的挫折和挑战，是促进其自我主导发展的重要因素；④ 易辍学大学生群体刚入学时有内心声音，呈现出自我主导的萌芽，但进入大学后渐渐“随大流”，退回至遵从外部程式阶段。⑤ 同西方边缘化大学生群体的研究相比，我国农村大学生有没有类似的个体发展过程中内心声音“倒退”的情况？

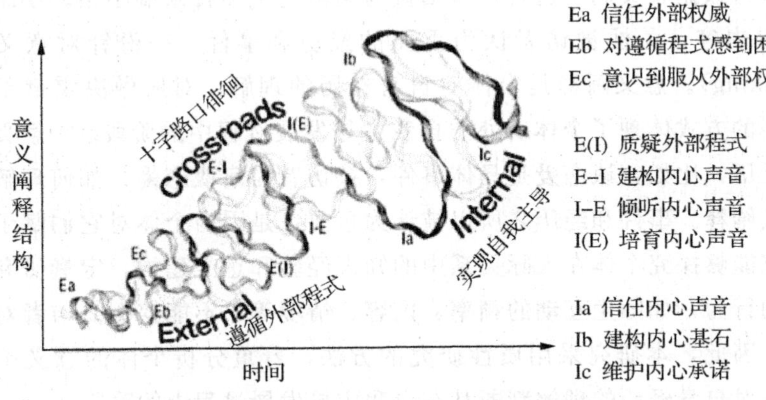

图 2　个体通往自我主导的发展阶段

---

① Kegan, R. (1994). *In Over Our Heads: The Mental Demands of Modern Life*. Cambridge, MA: Harvard University Press.

② 岑逾豪、孙晓凤:《寓学生发展于研究生教学—学习伙伴模型在硕士研究生课程中的应用》,《学位与研究生教育》2014 年第 9 期，第 35～39 页。

③ Baxter Magolda, M. B & King, P. M. (2012). *Assessing Meaning Making and Self-authorship: Theory, Research, and Application*. Taschenbuch, CA: John Wiley.

④ Pizzolato, J. E. (2003). Developing Self-authorship: Exploring the Experiences of High-risk College Students. *Journal of College Student Development*, 44(6): 797－812.

⑤ Pizzolato, J. E. (2004). Coping With Conflict: Self-authorship, Coping, and Adaptation to College in First-year, High-risk Students. *Journal of College Student Development*, 45 (4): 425－442.

三、研究设计

本文研究对象为2014级农村籍大学一年级新生，均来自我国东部沿海一所“985”高校。通过电子邮件直接邀请40位一年级农村籍大学生参加访谈，邀请过程中没有专业教师、辅导员等介入。本研究是纵向研究，采用追踪访谈形式收集数据。每一位研究对象都要参与两次1小时左右的访谈：第一轮访谈在新生入校后1～2个月；第二轮访谈在一年以后。第一轮访谈13位同学参加，其中，男生7人，女生6人；理工科11人，社会科学2人。除一名理工科男生外，12位同学继续参与第二轮访谈。两轮访谈共收集访谈资料25份。研究采用一对一访谈形式收集质性数据，访谈时间约为1小时，在告知访谈对象研究目的和严格保密的情况下，使用电子设备录音。

数据分析与数据收集同步进行，包括撰写访谈笔记和转录稿小结。小结有两份：一份针对内容，关注被访者认为重要的经历和事件；一份针对意义阐释(Meaning-making)。意义阐释是个体对自身经历的理解，对所做决定赋予的意义，意义阐释的方式体现了个体所处的自我主导发展过程中的阶段。① 意义阐释不同于具体经历，比如，谈恋爱是具体事件，被访者为何谈恋爱、如何理解大学恋爱属于意义阐释。事件和经历之所以被认为重要，是因为个体对它们赋予了意义。质性研究能够探究个体在人际关系中的知识经验和意义建构，定量研究则侧重人际交往的行为，如师生互动的频率、内容、情境等，不能挖掘受访者对师生关系的理解。因此，本研究采用质性研究的方法，着重分析个体的意义阐释方式，通过个体对自身经历的理解判断其在自我主导发展过程中的阶段。

四、研究发现

刚进大学时，农村大学生对人际关系的理解仍处于遵循外部程式的阶段，且大部分(8/13)处于“完全信任外部权威[Ea]”的区间。一年后，农村大学生个体在人际间维度产生进步，更多个体(4/12)进入“意识到服从外部权威的不足[Ec]”区间，一位被访者进入十字路口徘徊期的“建构内心声音[E-I]”的区间。

对比农村大学生个体在刚进大学时和一年后人际间维度的发展变化，虽然大部分农村大学生个体(7/12)在大学一年后仍停留在“完全信任外部权威[Ea]”的区间，但不可否认，一年的大学经历促进了个体在人际间维度的发展(见图3)。

一年级农村大学生个体对人际关系的理解基本处于遵从外部程式的阶段，部

① Baxter Magolda, M. B & King, P. M. (2012). *Assessing Meaning Making and Self-authorship: Theory, Research, and Application*. Taschenbuch, CA: John Wiley.

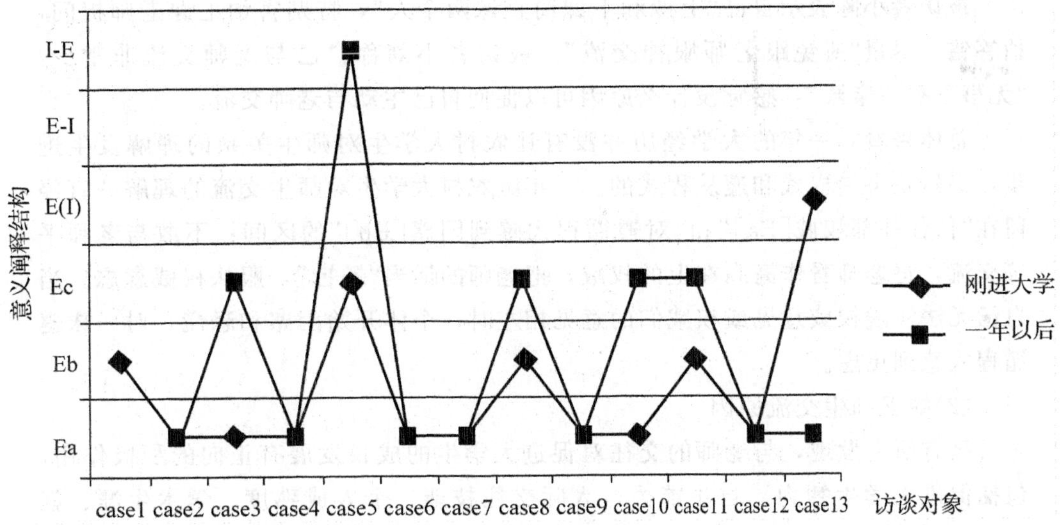

图 3 人际间维度意义阐释结构的变化

分个体进入十字路口徘徊期，呈现内心声音的萌芽。大学一年的经历一定程度上促进了农村大学生自我主导意识的发展。个体在不同类型人际关系理解中的自我主导发展并非同步。

(一)对不同类型人际关系的理解

一年级农村大学生对不同类型人际关系的理解并非同步发展，而是呈现差异。总体来看，其在人际间维度的意义阐释结构基本停留在遵循外部程式和十字路口徘徊阶段。

1. 对师生关系的理解

(1)“怕”你在心，口难开

农村大学生刚进大学时，与老师的交流普遍很少。外在原因是与高中比，大学没有固定教室，老师下课就走，与老师交流机会变少。内在原因是觉得老师高几个等级，地位不平等，“怕”老师，不敢与老师交流。农村大学生对师生关系的理解包括特别“害怕”老师以及认为“老师说得都对，要好好听老师话”。

被访者小沈表示自己非常“怕老师”。小沈将老师定义为“大人”，觉得跟老师“不是一个等级”，无法平等对待，对老师感到畏惧。做决定时，小沈也遵从权威，觉得班主任、思政老师的话是“圣旨”。听到思政老师说“大学不翘一节课就不完美”时，小沈开始恐慌与焦虑，因为觉得自己是不会翘课的乖孩子，与思政老师的“权威”意见相矛盾，不知如何是好。

一年后，农村大学生与老师的交流情况并没进步，依然害怕老师、不敢与老师交流，“害怕权威，遵从权威”的特点显露无疑。

被访者小陈表示自己“上课和下课简直像两个人”，特别害怕上课老师提问，怕答错，尽量“避免跟老师眼神交流”。被访者小刘称自己与老师交流非常少，“无事不登三宝殿”，感觉没什么原因可以促使自己主动与老师交流。

总体来看，一年的大学经历并没有让农村大学生对师生关系的理解发生进步，仍然是害怕权威和遵从程式的。一年级农村大学生对师生交流的理解一直停留在“信任外部权威[Ea]”和“对遵循程式感到困惑[Eb]”的区间：不敢与老师平等交流，将老师看作高高在上的权威，把老师的话当“圣旨”，服从权威意志。当自己无法实践权威意见或权威们的意见相左时，个体开始困惑和恐慌，对一味遵循程式感到焦虑。

(2)缺乏师生交流原因

已有研究发现，与老师的交往对促进大学生的成长发展有正向的积极作用，包括促进大学生智力、自主能力、人际交往技能、个人成熟度、学术生涯、就业、择偶等都有重要作用。①② 而一年级农村大学生与老师交流甚少，对师生交流的理解也基本停留在遵循外部程式的阶段。究其原因，一是个体的意义阐释结构影响个体的行动，二是答疑时间等制度方面的客观原因(见图 4)。

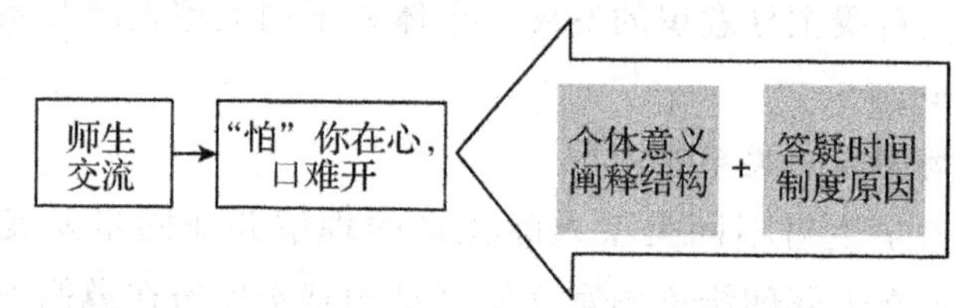

图 4 农村大学生个体对师生关系的理解

个体对师生关系的意义阐释直接影响其与教师的互动行为，农村大学生视教师为高高在上权威的意义阐释，导致其“怕”老师，直接阻碍了个体主动与老师沟通交流的行为。另外，来自教师方面的支持较少也是阻碍师生互动的原因之一，教师除答疑时间之外并未主动提供学生能够与之平等交流的机会。

2. 对父母子女关系的理解

(1)“爱”你在心，口难开

刚进大学时农村大学生与父母的交流仍停留在遵从外部程式的阶段，未将父

---

① Kitchener, K., Wood, P., & Jensen, L. (1999). Curricular, Co-curricular, and Institutional Influence on Real-world Problem-solving. *Research in Higher Education*.

② Polizzi, T. B., & Ethington, C. A. (1998). Factors Affecting Gains in Career Preparation: A Comparison of Vocational Groups. *Community College Journal of Research and Practice*, 22(1): 39—52.

母看成地位平等、可以敞开心扉交流的人。虽然爱父母，却觉得跟父母没有共同语言、地位不平等，不愿或不知如何开口交流。但也有一小部分个体开始渐渐意识到父母的付出，开始学着理解父母，主动沟通交流。

刚进大学时农村大学生对父母子女关系的理解主要分三种情况：将父母看作高高在上的权威；对遵循外部程式感到困惑；意识到服从外部权威的不足。

处于“信任外部权威[Ea]”区间的个体，将父母看成权威，听父母的话，在做决定时喜欢称“我爸妈说”。比如，被访者小沈谈到自己父母时，称“长辈”“大人”，而觉得自己是“小孩”，谈到对自己的看法时，用“我爸妈说”来定义自己。被访者小朱对异性交往的看法完全来自妈妈，口头禅是“我妈说”“我妈觉得”，选专业的原因是妈妈觉得理科男生多，方便找男朋友，对结婚的看法也来自妈妈，害怕自己达不到妈妈的要求。

个体将父母看作完全的权威，用父母的想法来定义自己、看待世界以及决定如何交友，仍停留在“相信外部权威[Ea]”的区间：丝毫未察觉到遵从外部权威的缺点，满足于依赖外部权威来认识自己、建构人际关系以及塑造信念。

另有部分学生入学后，觉得逃离了父母禁锢，获得“自由”，遂减少与父母交流。这亦是遵从外部程式的表现，将父母看成“管自己”的权威，一旦挣脱，就可以不受约束。但这部分个体进入了“对遵循程式感到困惑[Eb]”的区间，他们开始对服从外部权威感到压力，渴望逃离父母管制。比如，被访者小佘提到自己上大学后跟父母几乎无沟通，联系仅限于汇报大额消费。小佘在访谈中对此表示愧疚，原因是未能遵从父母“多打电话”的嘱咐，而非内心体悟到与父母沟通太少需主动交流。

处于该阶段的个体仍将父母看作“权威”，将父母的话看成需完成的任务，但个体开始想要逃避，对遵循外部权威感到了压力，渴望拥有更多空间。个体从完全“相信外部权威[Ea]”步入了“对遵循程式感到困惑[Eb]”的阶段。

极少数个体进入“意识到服从外部权威不足[Ec]”的区间，开始学会换位思考，理解父母不易，主动与父母沟通。个体开始意识到一味遵从外部权威的缺点，不再只将父母看作权威，开始学着理解与关心父母。个体能够越来越清晰的感知人际交往是否与自己的价值观一致或是与自己的需求相违背，但对于能否将自己内心的需求与满足外界要求对等仍然是怀疑的。

被访者小刘提到自己上大学后对父子关系认识的变化。以前觉得“孝敬父母就是多挣钱给他们买好东西”，上大学后，小刘意识到“孝敬父母不只是物质上，精神上的沟通交流也很重要”，小刘开始主动给父母打电话沟通交流。小刘与父亲的关系也发生了转变，小时候特别害怕父亲，不敢跟父亲说话，觉得父亲是管自己的“权威”，但随着年龄增长，逐渐理解父亲为家庭做了很多贡献，理解父亲对自己深沉的爱，开始主动与父亲交流。

(2)选择性交流，“报喜不报忧”

追踪访谈发现，一年的大学经历并没有让农村大学生对父母子女关系的理解发生成长进步，依然停留在“遵从外部程式”的阶段。个体对父母子女关系的理解基本分两类：一是觉得跟父母沟通有障碍，很少主动与父母联系，只在有事时才会选择性交流；二是觉得上大学后与父母相隔太远，即使有事也帮不上忙，因此采取“报喜不报忧”的策略。

农村大学生父母基本都是农民，没有接受高等教育的经历，对大学里的学习、科研、社团活动并不了解，因此很难给予相应理解、回应与支持。很多农村大学生表示，因为觉得父母都是农民，不会明白自己的事情，所以很少与他们沟通交流。比如，被访者小佘觉得与父母沟通有障碍：“我跟父母沟通很少，他们都是农民，我在家时间短，我讲一些学校的事情，他们不明白，他们讲一些地里或是邻居的事情，因为我经常不在家，我也不是很明白。”

另有部分农村大学生，上大学后，由于距离遥远且一年只能回家一两次，觉得很多事情就算跟父母讲了也帮不上忙，反而会让他们担心。因此，选择“报喜不报忧”。比如，被访者小王表示上大学后都是自己做决定：“父母在家觉得我遇到困难会担心，但其实没用，只会让他们难受，所以还是不说好，让爸妈知道你过得开心就行，不必多说。”被访者小徐也提到，上大学后与父母的交流发生了变化：“原来就是小学生心态，什么都跟爸妈说，上大学后不会这样了，有事自己解决就好，只跟爸妈说些开心的事。”

农村大学生个体选择性与父母沟通交流，采取的“报喜不报忧”策略，一方面可以看出农村大学生父母的农民身份给父母子女关系带来的限制，大部分农村大学生个体认为父母是农民，没有办法理解和支持自己；另一方面也可以看出农村大学生希望得到父母放心和赞同，忽略和避免可能引发冲突和父母担忧的事情，以求得父母高兴、保持关系和谐的“遵从外部程式”“回避矛盾”的特点。

(3)“避免谈学业”

农村大学生与父母交流的一个共性是“避免谈学业”，他们认为农民父母没有接受过高等教育，对自己学业无法提供建议与帮助，因此“避免谈学业”，这是农村子女与父母交流中一个突出问题。

被访者小张表示不会跟父母交流任何有关学业方面的事情，因为觉得父母不会懂：“感觉他们根本就不懂，跟他们沟通根本就没有意义，他们基本上没有读过书，我爸是初中，我妈是小学，就这个水平。我比他们更了解大学，沟通也起不到什么作用。”被访者小佘表示父母基本不会管自己学业方面的事情，都是让他自己做决定：“因为我父母都是农民，文化程度不高，所以他们不会给我太多建议。”

农村大学生个体认为父母是农民，没有接受高等教育经历，难以给予自己帮助，无法与父母沟通学业方面事情，导致农村大学生与父母的沟通存在很大空白和障碍。大学生的生活多与学业、社团或实习等活动有关，而农村大学生父母没有相关经历，便很难共鸣。可见，在对父母子女关系的理解上，农村大学生个体依然存在很多障碍。

(4)父母子女关系影响因素

相关研究表明，父母对大学生成长发展有代际影响。父母的收入、种族、理想及高等教育经历对促进大学生个体接受高等教育的意愿、工作职位、早期收入及择偶观都有重要影响，大学经历对第一代大学生的影响高于父母有过高等教育经历的大学生个体。① 父母子女关系对个体在大学第一年的适应性有不可忽视的影响，与父母联系密切、高度信任及关系更亲密的大学生，在学术和心理上都能更好的适应新的大学生活。②

本研究中农村大学生个体对父母子女关系的理解仍然停留在遵循外部程式的阶段，将父母视为权威，一味听从父母意见、忽略和避免冲突。一年的大学经历并没有促进农村大学生个体对父母子女关系理解的进步，反而呈现选择性交流的特点(见图 5)。

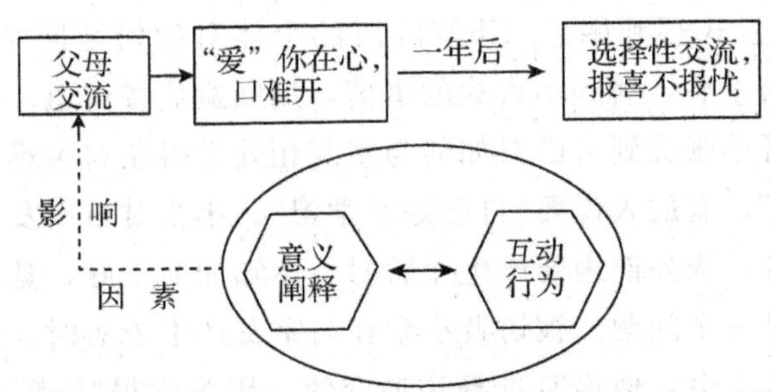

图 5　农村大学生个体对父母子女关系的理解

农村大学生个体的意义阐释结构影响了其与父母的互动。个体认为父母是农民，没有接受高等教育的经历，因此无法给予自己理解与支持，所以选择“报喜不报忧”的沟通方式，缺乏有意义的深层次交流。个体意义阐释结构上的转变会

---

① Pascarella, E. T., & Terenzini, P. T. (2005). *HowCollegeAffectsStudents* (Vol. 2). San Francisco, CA: Jossey-Bass.

② Holt, L. J. (2014). Attitudes About Help-seeking Mediate the Relation Between Parent Attachment and Academic Adjustment in First-year College Students. *Journal of College Student Development*, 55(55): 418－423.

促进行为上的变化，比如被访者小刘，随着年龄增长，渐渐理解父亲，不再视其为管自己的“权威”，意识上的转变促进了行为上的变化，个体开始从父母的角度理解家庭关系，并尝试主动与父亲进行相对平等的交流。

3. 对同学关系的理解

(1)回避不同，追求和谐

大部分(12/13)农村大学生刚进大学时对同学关系的理解呈现遵循外部程式的特征，“信任外部权威[Ea]”，“对遵循程式感到困惑[Eb]”。具体来看，主要包括两种情况：将同学标签化，交友同质化；回避交往中的矛盾。

处于“信任外部权威[Ea]”区间的个体喜欢将同学标签化，倾向跟同质化群体打交道，容易受周围同学影响；回避多样性、没有自己内心想法，习惯于顺从别人的意见和观点，并对这种状态觉得舒服和满意。

比如，被访者小朱便是一个典型代表，小朱将自己定义为神经大条的“工科女”，称自己无法与敏感的“文科女”相处。“很多女生不容易相处，尤其文科女，特敏感、考虑得特多，我们工科女则大大咧咧、神经比较粗大。不过没想到上大学后我碰到了比文科女还文科女的理科男。”小朱将身边同学标签化，分为“工科女”“文科女”“理科男”，得出“文科女”比较敏感的刻板印象，更愿与同一类型、性格的“工科女”相处。

处在“对遵循程式感到困惑[Eb]”阶段的个体对如何与同学相处感到困惑，在同学交往中回避矛盾，遇到不喜欢的事情，用回避代替沟通，以求保持和谐。

比如，被访者小张提到自己对如何与室友相处觉得左右为难，因为有的人说要跟同学“一起混”，有的人说要“自己好好学习”。小张对与室友相处没有内心想法，依赖外部声音，当外部声音产生矛盾时，不知如何是好，觉得怎么平衡好独立性和室友关系是一个问题。被访者小佘在与室友产生矛盾时，选择避开。室友的一些习惯打扰到小佘，他没有选择沟通交流，因为觉得“跟陌生人一些话说了不合适”。小佘的解决方式是尽量避开室友，避免冲突：“我周末会尽量去图书馆，不在宿舍学习，这样就可以避开他。”

“对遵循程式感到困惑[Eb]”的个体，对人际交往的想法并非源于内心坚定的价值体系，而是随着时间和地点而改变，当两个外部群体意见产生矛盾时，会感到压力，亦或忙于分别迎合，亦或不知所措。面对矛盾时选择逃避，而非积极主动沟通，以回避换取表面和谐，避免得罪人、回避矛盾。

(2)主动沟通，直面矛盾

经过一年的大学生活，农村大学生个体对寝室关系、同学关系的理解有了成长与进步：开始渐渐放下开学时的戒备，积极参与寝室交流互动，发生矛盾时，直面冲突，主动沟通交流，寻找解决方法；能够合理看待同学间的差异，意识到家庭及教育经历对个人成长的影响所造成的不同，学会包容与欣赏。

比如，被访者小徐提到对室友关系理解的变化："刚进大学时，大家都很装，表现良好，现在各种缺点都暴露了；以前大家比较沉默，现在晚上还开卧谈会，聊到深夜。我觉得更喜欢现在这种真实自然的交流。"被访者小赵表示跟寝室同学发生矛盾时会主动沟通、寻找解决矛盾的方法："我们宿舍有矛盾时会当场讲开，我觉得真正愿意对你好的人才会讲开来，跟你关系不好的人才不愿讲，我在宿舍发生不和时就会讲开来。"同时，小赵表示要学会理解和包容同学间的差异，这跟每个人先天和后天、家庭和学校教育经历等因素有关，理解和沟通最重要："差异是要相互理解的，因为毕竟从小在不同地方生活了十几年，肯定有差异；至于性格差异，我觉得跟很多因素有关，先天的、后天的、家庭的、学校的因素都有关。"

一年后，个体进入了"意识到服从外部权威的不足[Ec]"区间：能够越来越清晰的感知人际交往是否与自己的价值观一致还是与自己的需求相违背，但对于能否将自己内心的需求与满足外界对等仍然是怀疑的；当与不同于自己的人交往时，开始确认和探索自己与他们的相似点和不同点；开始能够欣赏多元化观点，试着发展一套属于自己的批判和评价标准。

(3)同伴交流影响

与同伴的交流对于促进大学生认知发展、政治观点、宗教信仰、人际交往技能发展具有不可忽视的影响。①②③ 接触到不同个体与文化后对自身观点的塑造、社交过程中对多元角色的要求促使其寻找内心声音等经历，会有效促进个体自我主导意识的发展。④

一年的大学经历让农村大学生与室友、同学更广泛的交流，为农村大学生理解多样性提供了环境支持。环境支持与个体意义阐释之间的互动，是促使农村大学生个体对同学关系理解发展变化的重要因素(见图 6)。

沟通交流经历促进个体意义阐释结构发展变化，个体对同学关系的理解发生了转变：从回避多样性、没有自己内心想法、习惯于顺从别人的意见和观点、逃

---

① Sigelman, L., & Welch, S. (1994). *Black Americans' Views of Racial Inequality: The Dream Deferred*. Cambridge: Cambridge University Press.

② Ellison, C. G., & Powers, D. A. (1994). The Contact Hypothesis and Racial Attitudes Among Black Americans. *Social Science Quarterly*, 75(2): 385－400.

③ Powers, D. A., & Ellison, C. G. (1995). Interracial Contact and Black Racial Attitudes: The Contact Hypothesis and Selectivity Bias. *Social Forces*, 74(1): 205－226.

④ Barber, J. P., King, P. M., & Baxter Magolda, M. B. (2013). Long Strides on the Journey Toward Self-authorship: Substantial Developmental Shifts in College Students' Meaning making. *The Journal of Higher Education*, 84(6): 866－896.

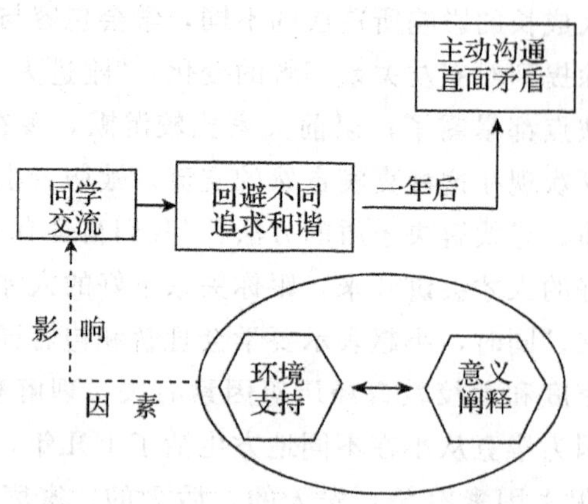

图 6 农村大学生个体对同学关系的理解

避矛盾，发展到了积极交流、主动沟通和解决矛盾、理解差异，人际间维度上有了明显进步。

4. **对恋爱关系的理解**

(1)听从周围声音，交往对象限于“相同圈子”

刚进大学时，13 位农村大学生受访者中只有 1 位正处于恋爱关系，但超过一半(7/13)被访者提到与异性相处、对恋爱的看法。几乎所有观点都停留在“信任外部权威[Ea]”的区间：顺从别人的意见和观点，尤其是有经验的人；倾向与同质化的人交往，不习惯与不一样的人交流。受访者对校园恋爱的展望均比较负面，觉得担忧、大学恋爱不会有好结局、谈恋爱浪费时间。对恋情的看法容易受周围声音(包括父母、学长学姐、同学)的影响。

比如，被访者小陈谈到与异性交往时，表示“有恋爱恐惧症”，但其恐惧是来自“过来人”表姐：“我表姐说，大学恋爱就是随便出去开房，如果还没有做好准备，就不要交男朋友。”访谈中小陈还提到跟异性相处觉得有距离感，自己是“单身主义”，但问及小陈为何持有“单身主义”想法，她却说不出原因，表示面对妈妈“一个人过久了会腻”的劝导，会觉得动摇。

另有被访者认为异性交往应限于同一类型的人，必须来自同一地方，有同样的成长经历等。比如，被访者小王谈到找对象时，表示会找跟自己“相同圈子”的人：“我如果找对象，还是想找老乡。生活习惯不同，没法交流。”小王找对象要找自己同一地方的人，“相同圈子”的含义也仅局限在地理概念。这跟小陈在访谈中提到与同学的相处是一致的，他更愿意与同一类型、同一地方的同学和学长交往，谈恋爱、找对象也是同样。

(2)在恋爱经历中学会反思与成长

一年后的追踪访谈，12 名被访者中有 3 名经历了恋爱与失恋，真正的恋爱经历以及失恋所带来的痛苦促使个体对恋爱和异性关系的理解发生了转变与成长，对恋爱关系和爱情获得了自己内心想法，而不再是一味听从外部声音、遵从外部程式。

没有恋爱经历的农村大学生对恋爱关系的理解则依然停留在听从外界声音的阶段。被访者小沈在谈到对恋爱的看法时，表示自己不会尝试恋爱，因为："我觉得我还是个小孩子，不适合大人的世界，妈妈开学前就跟我说大学不要谈恋爱。我分散不了精力，还是安安分分当一个小孩子，反正妈妈也不让我谈恋爱。我不是特别有主见，比较听爸妈话，找男朋友还是家长满意最重要。"小沈将自己定位为"小孩子"，恋爱想法完全听爸妈的意见，毫无内心想法，完全处于"相信外部权威[Ea]"的区间。

而被访者小胡在大学第一年经历了恋爱、失恋与开启新恋情，这些经历促使小胡对恋爱关系的理解发生了转变：以前将恋爱看得很重，觉得谈恋爱就是为了结婚；失恋的痛苦让小胡对恋爱关系进行了深刻反思，想法开始发生转变，觉得谈恋爱不一定非要追求结果，只要用心体会、享受过程也很美好；想法转变后，小胡开启了新一段的恋情。"我原本把恋爱看得很重，在接受一份感情时会想以后的很多事情，我想谈就谈到结婚。失恋后，我想了很久，为什么非要追求结果呢？谈恋爱，最后不喜欢又怎样？我谈的时候是认真的，过程是认真的，为什么非要求最后都有一个好结果呢？想法改变后，我又交了女朋友。"

另一位被访者小佘经历了异地恋的失败，主要原因是沟通不畅，小佘想通过恋爱改变女朋友，而非平等沟通，最终导致恋情失败。失恋的经历，让小佘了解了男女相处方式的不同，学会换位思考、用女生思维想问题，提升了解决矛盾的能力："失恋让我情商有所提高，处理问题能力、与异性沟通能力方面都有很大提升。"

历经痛苦、重获视角后个体对恋爱关系的理解发生了转变：个体开始能够判断出外界声音对他们的影响，开始区分出外界声音与自己内心想法的区别；个体开始采取实际行动，用一种新的倾听内心声音的方式来进行意义建构，而不再是一味听从外界的声音；随着个体不断经历、探索与反思，内心声音渐渐强大。此时，个体开始步入"建构内心声音[E-I]"的区间。

然而，个体对恋爱经历、失恋痛苦不同的意义阐释和应对方式则会造成其对恋爱关系的不同理解。比如，另一位受访者小王，也谈到了失恋让其对恋爱的看法发生了转变："现在我觉得大学恋爱并不是一件好事，高中的话有老师看着还好一点，大学谈恋爱，没有老师监督，会耽误学业，我觉得没有什么意义。"异地恋失恋的经历，让小王不想再谈恋爱，觉得大学恋爱意义不大，高中时恋爱有老师管着，而大学恋爱没有人管，容易耽误正事。可以看出小王并没有内心声音，对恋爱关系也没有自己的主动权，要依赖外部权威（老师）的管束才能处理好恋爱与学业的关系。

(3)历经痛苦对个体发展的影响

当既有经验无法继续指导个体面对新的挑战，个体开始意识到外部程式的局限性，区分出外界声音与内心想法，感受到二者冲突的压力，个体开始"历经痛苦"，这正是个体通往自我主导的必经阶段。① 打破平衡的"刺激点"是促进个体反思与发展的关键条件，进入新的环境、接触多元文化，以及遇到个体不舒服想要采取行动的情境(如感受到威胁、害怕、痛苦或羞耻)，都可以成为促进个体发展自我主导的有效挑战。②③ 一年的大学经历让个体有了更多体悟真实恋爱的机会，个体开始从经历中、痛苦的挑战中学会反思(见图7)。

行动体验能有效促进个体意义阐释结构发展变化。置身其中的恋爱经历和失恋痛苦促使农村大学生个体对恋爱关系进行反思、建构新的意义阐释。面对挑战，个体意识到现有的意义阐释结构(如遵循外部程式)不足以应对复杂问题，促使其重新审视自己的生活，寻找新的意义阐释方式。"历经痛苦"正是个体从依赖外部程式到坚定内心声音的必经过程。

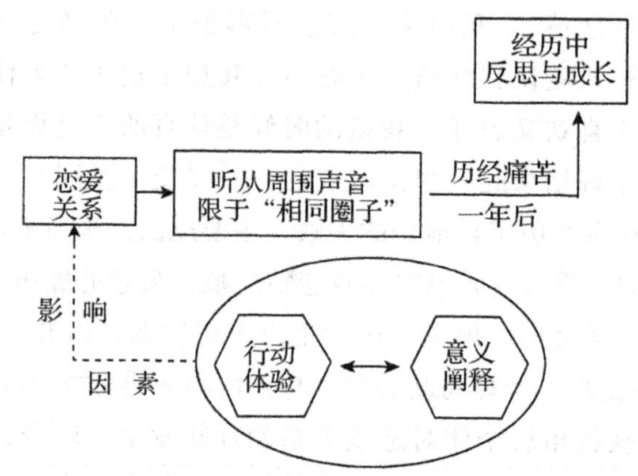

图7 农村大学生个体对恋爱关系的理解

5. 对多样性的理解

追踪访谈发现经历一年大学生活后，部分农村大学生个体对多样性(Diversi-

① Baxter Magolda, M. B. (2009). *Authoring Your Life: Developing an Internal Voice to Navigate Life's Challenges*. Sterling, VA: Stylus Press.

② Pizzolato, J. E. (2005). Creating Crossroads for Self-authorship: Investigating the Provocative Moment. *Journal of College Student Development*, 46(6): 624－641.

③ Barber, J. P., & King, P. M. (2014). Pathways Toward Self-authorship: Student Responses to the Demands of Developmentally Effective Experiences. *Journal of College Student Development*, 55(5): 433－450.

ty)的理解发生成长进步，对多样性包容、接受并渐渐学会欣赏。

被访者小刘来自北部农村，在谈到如何看待自己农村大学生的身份以及农村人和城市人的差异时，小刘表示："提到农村我没有自卑感，农村人纯朴，心思直率明朗，好相处。在经济、教育、特长方面可能不如城里人，但也无所谓，关键还是看人的思想品质、你的本心是怎样的，这个很重要。""城市同学有特长我为他们鼓掌，那是努力来的，并不是不公平，要学会欣赏。我有同学电脑用的特别熟练，各种软件他都会，我就去请教他。所以说不要嫉妒，不要有消极的心，每一个生活方式都有困扰和快乐，只是生活方式不同而已，把自己的生活过好就OK了。"小刘合理看待农村身份给自己带来的影响，能够接受和欣赏城市同学的优点，觉得每种生活方式都各有困扰和快乐，过好自己的生活最重要。

认识各种各样的同学、朋友，重塑了被访者小佘对多元文化、宗教信仰的看法。"课上我发现大家不仅来自不同地区，而且信仰也不一样。我身边很少有信教的，开始听到同学信佛时很吃惊，觉得现在社会大家没有太多信教的。后来发现，信教的人很多做事方式令人很佩服，比如你会做很多出格的事但他不会。一次老乡会认识一个信基督教的学长，接触多了发现他在很多时候不会像我一样，遇到很大的困扰就有退缩的情绪，令我很佩服。我才知道人与人本不同，不可能要求每个人一样，不同更好一点，可能我们(不信教)观点差不多，但有信仰的人观点不一样，甚至跟你有很大出入，这样会使大家更加活泼起来。"课堂上小组合作与讨论也促进了小佘对不同观点的理解和接纳："以前上课，别人想法跟我不一样我总想证明自己是对的，觉得为什么你跟我不一样，有人反对我心里特别毛。后来慢慢意识到，别人观点有别人的道理。大家一起讨论，更多一些观点，优势就慢慢体现出来了，你提出观点，大家慢慢补充，有人反对，有人改进，这种效果更好。有很多点你根本没有考虑到，别人会考虑到。慢慢的不爽情绪就消失了，现在觉得大家一起讨论很好。"自主性课堂、教师的授课方式促进学生在文化多样性上的发展成熟，鼓励学生互相认识、促进学生发挥自主性的教师为促进学生个体自我主导意识的发展提供了支持。正是通过接触不同宗教信仰、不同地区、不同观点的同学，促进了个体在人际间维度和认识论维度上的发展。

新的环境、新的经历打破了原有的平衡，为个体成长带来了机遇与挑战，个体开始对多元文化包容、接受、理解甚至欣赏，进入了"意识到服从外部程式的不足[Ec]"区间(见图 8)。

个体开始怀疑和探索他们到底是谁，开始渐渐放开别人对自己身份的定义，尝试自己对身份进行定义。在人际交往时仍然会寻求他人的接受和赞同，但却开始对于这样产生挫败感。能够越来越清晰的感知人际交往是否与自己的价值观一致或是与自己的需求相违背，但对于能否将自己内心的需求与满足外界对等仍然

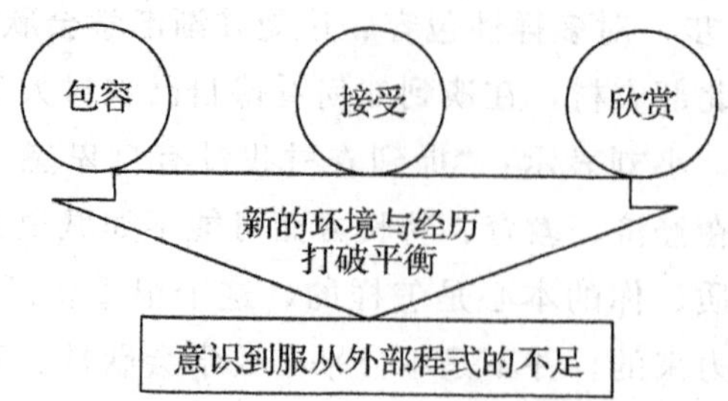

图 8 农村大学生个体对多样性的理解

是怀疑的。当与不同于自己的人交往时，开始确认和探索自己与他们的相似点和不同点。

(二)一个反例：人际间维度的倒退

追踪访谈发现个体的发展并非一定按照从遵循外界程式到萌发内心声音的路线发展，也可能出现倒退。来自西部农村的小元是代表性案例(见图 9)。

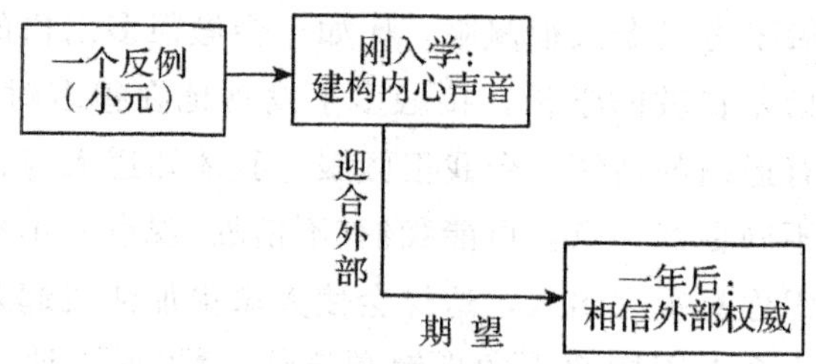

图 9 人际间维度倒退的一个反例

刚进大学时的第一轮访谈，小元对师生关系的理解处于“建构内心声音[E-I]”区间。小元社团老师的要求是“学习成绩得好，学习是根本”，而小元认为学习成绩不是最重要的，还有很多其他方面需要学习，不单是指导老师所说的单纯文化知识学习。究竟是按照自己内心还是为了符合组织要求听从老师、满足外界期望，小元内心非常受折磨，觉得很难权衡：“我要按照自己的内心，还是满足别人的要求，这是一个很难权衡的问题，是一个内心很受折磨的过程，本来自己不想做，还得往别人的思路上靠，心里很纠结。”个体有内心想法，努力建构内心声音，但对外部声音仍然感到巨大压力，外部声音仍然占据主导地位，内心声音与外界期望做斗争。内心声音与外界要求产生冲突和矛盾是十字路口阶段的重要特征，个体处于“建构内心声音[E-I]”区间。

但一年后的第二次访谈，小元内心声音出现了萎缩，自我主导出现了退步，小元开始“随大流”、遵从权威，退回到了“相信外部权威[Ea]”区间。小元开始沉默和逃避，拒绝表达，称自己在组织活动中如果有什么事就自己一个人做、尽量避免与别人合作，“我有什么事都喜欢自己做，感觉找人一起做还不如自己做，自己做效率更高，我不喜欢与人合作"。谈到对同学交流沟通的理解时，小元表现出退缩和不放心，"有种又回到高中的感觉，我高中就是一整天都在学习，虽然和人交流，但不存在特别贴心的交流。感觉现在又回到那时候了，对别人不放心的感觉"。小元还退掉了所有的学生组织，因为觉得与别人有一些合不来，但并不愿意表达自己的意见，而是选择退掉社团，"我喜欢一个人做事，人多反而麻烦。跟其他人在意见上或者做事方式上有一些合不来，团体不适合我。和他们做事情方式不一样，觉得没意思，意见分歧大的话还是不好，所以我就退掉了社团组织"。可以看出个体回避矛盾、拒绝沟通交流的特点，内心声音被外部程式完全淹没，倒退回了"相信外部程式[Ea]"区间。

小元进入大学一年后在人际间维度上的发展反而发生了倒退，虽然这是一个特例，但也值得深思。来自农村的大学生，刚进大学时有内心声音的萌芽，是因为周围并没有接受过高等教育、有经验的父母给予指导，来自同伴的意见也很少，因此很多时候都要自己做决定。而进入大学后，由于之前的教育经历和出身背景等，会慢慢发现自己并不适应大城市和新的大学生活，开始寻找可以依赖和依靠的外部声音(比如来自老师或者同学)，内心声音渐渐萎缩，发生"随大流"的情况。

(三)人际间维度发展的影响因素

进入大学一年后，农村大学生个体在人际间维度上的发展有了变化，哪些因素对农村大学生个体人际间维度的变化产生了影响呢？本研究主要发现以下三点(见图 10)。

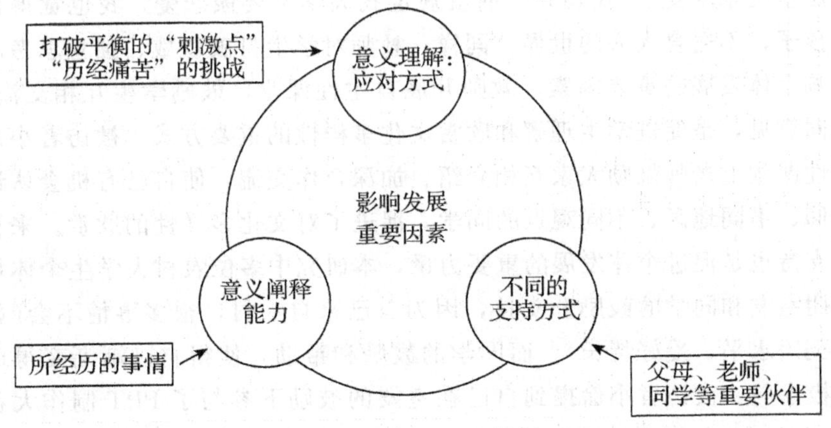

图 10　影响农村大学生个体人际间维度发展重要因素

打破平衡的"刺激点"以及"历经痛苦"的挑战，是促使个体自我主导意识发生变化的重要条件；① 而个体对挑战的意义阐释和应对方式则是影响其前进或退步的决定因素。农村到城市、高中到大学的环境转变，打破了农村大学生原生环境的平衡，如何看待自己农村身份、应对挑战则决定了个体的发展情况。被访者小刘合理看待自己农村身份，觉得农村人和城市人各有长处，并学会接受和欣赏城市同学，其自我主导意识得到了发展；被访者小元进大学后，发现自己的农村身份和教育经历无法适应新的环境，开始寻找可以依赖的外部程式(老师、同学、既定法则)，采取"随大流"的应对方式，自我主导意识发生倒退。失恋的痛苦经历以及个体对失恋的意义阐释也是影响个体自我主导发展变化的重要因素。被访者小胡在失恋中反思，对恋爱关系有了新看法，不再一味遵从外部程式、看重恋爱结果，而是学会享受过程、注重交往体验；被访者小王异地恋失败，受到打击，觉得恋爱是没有意义的事情，大学恋爱不像高中有老师管制，会耽误前程，选择不再恋爱。

父母、老师、同学都可以成为个体意义阐释结构发生变化的重要伙伴，② 而不同的支持方式则会对个体发展造成不同影响，既可能促进也可能抑制个体的发展。本研究被访者叙述的来自父母的支持方式有两种：一种是"放羊式"；另一种是"管制式"。农村大学生父母多为农民，没有接受高等教育的经历，因此会选择不干涉孩子、让孩子有做决定的自由，促使学生个体发展自我主导意识。被访者小胡提到"我爸妈很多东西都不懂，但很尊重我的想法，我想做什么事情，他们都会支持我"。另有一部分父母则对孩子采取"管制式"，严格将孩子控制在自己的权威下，抑制个体发展。被访者小朱就提到"高中时我妈跟我说绝对不能谈恋爱，大学时我妈又拼命让我赶紧找个男朋友。"被访者小沈也是一个被严格控制在妈妈想法里的乖乖女："我妈开学前就规定我大学不要谈恋爱，我也觉得自己还是个小孩子，不适合大人的世界。"同样，教师对学生打破权威、独立思考的鼓励也是影响个体发展的重要因素。教师开展自主性课堂，鼓励学生互相交流合作、发表不同意见，是促进学生理解和欣赏文化多样性的重要方式。被访者小佘就提到自主性课堂上老师鼓励大家互相介绍、加深合作交流，使自己有机会认识不同宗教信仰、不同地区、不同观点的同学，促进了对文化多样性的欣赏。来自同学的鼓励支持也是促进个体发展的重要力量，本研究中多位农村大学生个体均提到非常感谢室友和同学的鼓励和支持，因为自己来自农村，很多事情不会(如电脑技能、英语水平、爱好特长)，而同学的鼓励和帮助，使得自己渐渐变得敢于表达和积极参与。被访者小徐提到自己在室友的鼓励下参与了 PPT 制作大赛和主

---

① Pizzolato, J. E. (2005). Creating Crossroads for Self-authorship: Investigating the Provocative Moment. *Journal of College Student Development*, 46(6): 624-641.

② Baxter Magolda, M. B. (2009). *Authoring Your Life: Developing an Internal Voice to Navigate Life's Challenges*. Sterling, VA: Stylus Press.

动申请担当了军训小班长；被访者小刘提到自己从来没有调研的经验，在同学的鼓励和帮助下，第一次开展了独立调研活动。

最后，意义阐释能力(Meaning-making Capacity)也是影响个体自我主导发展的重要因素。① 个体对所经历事情的意义阐释与反思能力，很大程度上决定了个体是否会有发展进步。本研究中绝大部分农村大学生个体在经历了一年的大学生活后依然停留在遵从外部程式的阶段，该部分个体在访谈中多是罗列自己的经历，详细描述事件过程，而缺乏对经历的反思，没有自己内心想法，一味依赖外部配方、听从外部程式。

五、结论与讨论

听从内心声音看待和处理人际关系，运用内心法则应对生活的困难与挑战，既是高等教育对大学生个体的希望，也是大学生个体走向社会必须实现的目标。对本研究的农村大学生个体来说，实现自我主导依然有很长的路要走，但个体在经历大学生活一年之后，呈现出了成长发展的趋势。

本研究为高校学生人际交往行为提供了一种来自学生的解释。同美国本科生相比，我国学生同大学教师的互动少得多。② 除答疑时间等制度方面的客观原因外，也有学生个体原因，比如，学生对师生关系的理解，农村学生视教师为高高在上的权威、“怕”老师等想法阻碍了其与教师的互动。同伴互动模式也是大学生人际交往非常重要的方面，比如室友关系好或者不好、交往与否的行为都包含着个体对人际关系的理解。处于遵循外部程式发展阶段的个体，若长期回避交往中的矛盾以保持表面和谐，矛盾可能积累在某个事件触点爆发，也可能使当事人处于表里不一致的困惑中。而主动沟通交流、积极寻找解决矛盾的方法，则会促使个体在直面矛盾中成长，促进个体对多样性、差异性的理解与包容。

在如何理解人际关系上，大部分一年级农村大学生个体处于遵循外界程式的阶段，少部分个体出现内心声音的萌芽，步入十字路口徘徊期。刚入学时，绝大部分个体在人际间维度处于遵从外部程式阶段：在师生关系、父母子女关系中，他们既害怕、听从权威，又对遵从权威感到压力；在同伴关系中，追求和谐、规避不同、回避矛盾是他们处理人际关系的主要方式；在恋爱关系中，听从周围声音、没有内心想法。追踪访谈发现，一年的大学经历促进个体意义阐释结构的发展，更多个体开始意识到一味遵从外部程式的缺点，甚至有个体步入听从内心声

① Baxter Magolda, M. B & King, P. M. (2012). *Assessing Meaning Making and Self-authorship: Theory, Research, and Application*. Taschenbuch, CA: John Wiley.

② 海迪·罗斯、罗燕、岑逾豪：《清华大学和美国大学在学习过程指标上的比较：一种高等教育质量观》，《清华大学教育研究》2008 年第 4 期，第 36～42 页。

音的阶段。个体开始怀疑和探索自我身份，在人际交往中探索内心需求，意识到内心声音的重要性，出现内心声音的萌芽，感受到外界对自己的影响并感受到矛盾与冲突，进入十字路口徘徊阶段。这与美国对于低年级本科生的研究是吻合的，华佰士(Wabash)全美文理学院的追踪访谈研究发现约80%的一年级学生、约60%的二年级学生遵循外部程式，少部分学生进入十字路口阶段。①

个体在认识论维度、个人内在维度和人际间维度上的发展并不一定是同步推进的，一个维度上的发展可能会高于另外两个维度。个体维度发展呈现差异，可能由于在某一维度发展过程中，遇到更多棘手、急迫的问题，受到更多压力和挑战，促使个体在该维度上有更多反思，产生更多发展内心声音的可能性。同时，该维度也会成为"引领维度"，带动个体在另两个维度上的发展，从而促进个体自我主导的整体发展。② 本研究发现，个体在人际间维度不同人际关系类型理解上的发展也并不是同步的。比如，农村大学生个体在师生关系和父母关系的理解上均停留在"信任外部程式[Ea]"的阶段，呈现害怕权威、遵从权威、逃避权威的特点；而在对同学关系、寝室关系的理解上则呈现出内心声音的萌芽，学会合理看待差异，对多样性接受理解与包容。个体在不同类型的人际交往中自我主导发展水平出现了差异，可能是由于我国教育模式一直将老师、父母塑造成权威，个体习惯了遵从权威的意义阐释，与老师、父母的互动较少；而与同学交流较多，在相处过程中遇到了更多棘手、急迫的问题，受到了更多的压力和挑战，促使个体有更多反思，因此产生更多发展内心声音的可能性。

个体自我主导发展水平受个人特征和环境的影响。个人特征包括性别、种族、性取向、宗教信仰、性格特点、现有的意义阐释结构等，个体生活、工作所处的不同环境也可以促进或者限制内心声音的发展。本研究发现父母教育背景、对自身农村身份的认知等会影响个体在人际交往中自我主导的发展水平。另外，本研究也发现环境对农村大学生人际交往维度自我主导的发展水平有不可忽略的影响。课程学习、社团工作、室友关系、恋爱关系这些大学教育中的"子环境"以及家庭环境都可以影响个体自我主导的发展水平。比如，是否参与社团活动就是影响农村大学生在人际关系维度发展的一个重要因素，社团活动可以为个体提供接触不同类型同伴的机会，促使个体在人际交往多样性上进行反思和发展。

个体通往自我主导的道路并非一帆风顺，而是一个循环往复的过程，呈现"两

① Baxter Magolda, M. B., King, P. M., Taylor, K. B., & Wakefield, K. M. (2012). Decreasing Authority Dependence During the First Year of College. *Journal of College Student Development*, 53(3): 418－435.

② Baxter Magolda, M. B. (2009). *Authoring Your Life: Developing an Internal Voice to Navigate Life's Challenges*. Sterling, VA: Stylus Press.

步进一步退，甚至一步进两步退”的特点。① 本研究农村大学生个体在人际间维度上的发展也体现了这一特点。一年的大学经历，大部分个体是不断向前发展，由完全遵从外部程式到萌发内心声音。但也有极个别学生刚入学时的内心声音在一年后消退了，比如来自西部农村地区的小元。美国学者对边缘化大学生群体的研究也有类似发现，这些学生通过进入高等教育的艰难选择发展出强烈的内心声音，但是入校一段时间后却渐渐开始“随大流”，自我主导发展出现倒退的趋势。②

“历经痛苦”“重获视角”“获得伙伴”是个体自我主导发展的重要路径。“历经痛苦”是个体内心声音与外界声音斗争的表现，是个体从依赖外部程式到坚定内心声音的必经过程；当个体从经历中学会反思，探索坚定的内心声音，并加以强化，个体开始“重获视角”；优秀的伙伴是促进个体自我主导发展的重要支持，教师、同学都可以成为个体发展的伙伴。③ 本研究进一步发现了大学经历对促进学生在人际间维度上自我主导意识发展的重要作用。④ 打破平衡的“刺激点”以及“历经痛苦”的挑战，是促使个体自我主导意识发生变化的重要条件；而个体对挑战的意义阐释和应对方式则是影响其前进或退步的决定因素。农村到城市、高中到大学的环境转变，打破了农村大学生原生环境的平衡，如何看待自己农村身份、应对挑战则决定了个体的发展情况。父母、老师、同学都可以成为个体意义阐释结构发生变化的重要伙伴，而不同的支持方式则会对个体发展造成不同影响，既可能促进也可能抑制个体的发展。意义阐释能力也是影响个体自我主导发展的重要因素，个体对所经历事情的意义阐释与反思能力，很大程度上决定个体是否会有发展进步。

本研究对我国高校教师和学生事务工作者有三点启示。首先，教育者可以在不同教育环境中创造挑战，模拟农村大学生踏入社会后遇到的复杂情况，让个体提前“经历痛苦”。面对挑战，个体意识到现有的意义阐释结构(如遵循外部程式)不足以应对复杂问题，促使其重新审视自己的生活，寻找新的意义阐释方式。其次，教育者可以成为农村大学生的“成长伙伴”，理解农村大学生有其自身的特殊性，能够从农村大学生的角度理解他们，为他们的成长和发展提供个性化的支

---

① Baxter Magolda, M. B & King, P. M. (2012). *Assessing Meaning Making and Self-authorship: Theory, Research, and Application*. Taschenbuch, CA: John Wiley.

② Pizzolato, J. E. (2004). Coping with Conflict: Self-authorship, Coping, and Adaptation to College in First-year, High-risk Students. *Journal of College Student Development*, 45 (4): 425－442.

③ Baxter Magolda, M. B. (2009). *Authoring Your Life: Developing an Internal Voice to Navigate Life's Challenges*. Sterling, VA: Stylus Press.

④ Kuh, G. D., & Hu, S. (2001). The Effects of Student-faculty Interaction in the 1990s. *Review of Higher Education*, 24(3): 309－332.

持。学生工作者也要鼓励大学教师、学生家长、同学朋友做支持农村大学生发展的伙伴。最后，教育者可以促进和提升农村大学生个体的意义阐释能力。通过开展反思性谈话，鼓励个体对重要经历进行反思，促进个体对反思进行意义阐释与建构，提升个体意义阐释能力。①

① Baxter Magolda, M. B., & King, P. M. (2008). Toward Reflective Conversations: An Advising Approach that Promotes Self-authorship. *Peer Review*, 10(1): 8.

精英高校中的弱势群体学生：国际比较

“乐园里的陌生人?”
——精英大学中的工人阶层子弟*

'Strangers in Paradise'?
Working-class Students in Elite Universities

戴安娜·雷伊(Diane Reay)
剑桥大学(University of Cambridge)
吉尔·克罗泽(Gill Crozier)
罗汉普顿大学 Roehampton University
约翰·克莱顿(John Clayton)
桑德兰大学(University of Sunderland)
王筱菂(译)(Wang Xiaodi)
西南交通大学(Southwest Jiaotong University)
谢爱磊(校对)(Xie Ailei)
广州大学教育学院 (School of Education, Guangzhou University)

摘要：本文选取了九名来自英国一所精英大学——南方大学(化名)——工人阶层家庭背景的学生作为案例进行研究。作者试图通过布迪厄的“生存心态”和“场域”概念来理解身份认同变化过程的复杂性。布迪厄提出当个体进入一个陌生的场域时，其生存心态也会随之改变。他还指出当生存心态遭遇不熟悉的新场域时，其变化会导致所谓的“生存心态失调”。本研究较为细致地呈现了在面对不熟

* 原文载 Sociology，Volume 43(6)：1103—1121，已获原作者授权翻译出版。

悉的场域所带来的挑战时研究参与者所诉诸的一系列创造性的适应策略。这一过程展现的是一种“自我反省”和“自我提升”的倾向——对自我的“塑造和再塑造”，不过，即便如此，在他们的自我中，工人阶层的核心价值观念还是保留了下来。当然，在上述变与不变的过程当中，紧张和矛盾的情绪自然不可避免——这篇文章对这些问题都进行了探讨。此外，它还对来自工人阶层家庭的学生在精英高等教育机构由于学业成功而获得的益处进行了探讨。

关键词：精英大学；生存心态；工人阶层学生

Abstract: This article draws on case studies of nine working-class students at Southern, an elite university. It attempts to understand the complexities of identities in flux through Bourdieu's notions of habitus and field. Bourdieu (1990a) argues that when an individual encounters an unfamiliar field, habitus is transformed. He also writes of how the movement of habitus across new, unfamiliar fields results in 'a habitus divided against itself'. Our data suggest more nuanced understandings in which the challenge of the unfamiliar results in a range of creative adaptations and multi-faceted responses. They display dispositions of self-scrutiny and self-improvement-almost 'a constant fashioning and re-fashioning of the self' but one that still retains key valued aspects of a working-class self. Inevitably, however, there are tensions and ambivalences, and the article explores these, as well as the very evident gains for working-class students of academic success in an elite HE institution.

Key words: elite universities; habitus; working-class students

一、导言

尽管政府一再施压，要求各大学提升其学生人口中来自工人阶层家庭背景的学生的人数，但自 2002 年至 2006 年，来自工人阶层家庭背景的大学生占各校大学生总数的比例却略微下降——从 2005 年的 28.6%下降到 2006 年的 28.2%。① 在同一历史时期，南方大学所招收的来自公立学校的学生，其比例下降到了 57.9%，来自低收入家庭背景的学生，其比例跌至 12.4%。此后，来自低收入家庭背景的学生，在比例上持续下降——无论是在整个英国，还是在南方大学都

① Blair, A. (2006). Fewer Students from Poor Families at Top Universities. *The Times*, 20.

是如此。①②③④ 这也是我们负责的英国经济和社会研究理事会(ESRC)教学研究计划(TLRP)项目⑤开展的历史背景。我们重点关注的是一个我们称之为“乐园里的陌生人”群体，即英国一所精英大学⑥里的九位来自工人阶层家庭背景的学生(随着研究的深入，我们会从各个方面越来越清楚地意识到，这些学生并非我们口中的“陌生人”，他们中的大多数也并不认为自己处于“乐园”当中)。

这九位学生，成绩都非常优异，从他们身上所获得的研究发现，有力地挑战了我们大众的一些“常识”——工人阶层子弟学习能力“中等”或“偏低”，或对教育“漠不关心”。⑦⑧ 这九名学生的父母中，只有一位(一名学生的父亲，现已退休)刚刚开始在一所新大学中学习商科。此前，他们中没有一位上过大学。这些学生的家长所从事的主要是体力劳动和服务性工作，比如，洒水车司机、建筑工人、商船船员、保姆、清洁工和技工。在这九名学生当中，有四名学生是在学习法律专业(他们分别是妮可、林赛、裘德和杰米)，有两名正在学习历史专业(克洛伊和吉姆)，有一名正在学习英语专业(欧文)，另外还有两名学习工程学专业(艾米和露易丝)。这九名学生当中，在十八岁或十九岁进入大学的有八位，还有一位是成年学生，名叫克洛伊，她进大学时已经有二十五六岁了。

二、高等教育场域中的工人阶层生存心态

本文运用了布迪厄(Bourdieu)有关生存心态和场域的概念，也参考了文化资

① Frean, A. (2007). Fee-paying Schools Strengthen Hold on Top Universities. *The Times*, 27 November.

② Grimston, J. (2009). Universities Fail to Woo Poor Students. *The Sunday Times*, 4 January.

③ Pallis, E. (2008). Can Money Get You Into Oxbridge? *The Guardian*, Education Section, 2 September.

④ Paton, G. (2007). Education Apartheid As Private Schools Flood Elite Universities. *The Daily Telegraph*, 27 November.

⑤ 大研究项目(立项编号：ESRC res—139—25—0208)研究的是工人阶层本科学生的经历，这些学生来自不同的种族和年龄层，在4个不同的高校里学习不同的学科领域。我们在这些高校进行了问卷调查(分析了1209份已完成的问卷)，之后对不同社会经济和文化背景的学生进行个人和小组访谈(共89名学生)。此后，我们在重点关注了其中27位工人阶层的学生，在15个月里，与他们进行了3次访谈。

⑥ 英格兰的一所精英大学，本研究中化名为“南方大学”。

⑦ Weis, L. (1990). *Working Class Without Work: High School Students in a De-industrializing Economy*. New York: Routledge.

⑧ Willis, P. (1977). *Learning to Labour*. Farnborough: Saxon House.

本的概念。资本有三种主要的形式：经济、文化和社会——布迪厄①提出，个体间资本的分配决定了实践成功的可能性。尽管文化资本可以习得，但其来源于生存心态②——布迪厄将其视为过去与现在之间复杂的相互作用的产物。他写道，生存心态"指的是某些过去发生的事情，与个体的过往经历相关"。③ 因此，个体的过往经历对于理解生存心态这一概念至关重要。与此同时，生存心态对于其周遭正在发生的一切也具有渗透性，能做出回应。④ 当下的环境，不只是我们行动的背景，它还是我们要内化的一个部分，是我们早期社会化过程的一个重要层面。⑤

因此，尽管生存心态是个体孩提时代经验的结果——特别是早期在家庭内部社会化的产物——它也会随着个体在外部世界经历的遭遇而不断变化。⑥ 特别是学校教育，它可以提供给个体一种一般化的倾向，给他们一种转变，用布迪厄的术语来说，就是让个体获得"养成生存心态"(A Cultured Habitus)。⑦ 我们研究样本中所包含的来自工人阶层家庭的学生，他们的经历有力地证明了这一教育社会化过程(Educational Socialization)的影响。尽管这些学生来自缺乏经济资本和显性文化资本的家庭，他们却都在英国普通中等教育证书高级水平课程(A-level)的考试中取得了三个或以上的"优"。然而，正如我们将要从后文中所要看到的那样，工人阶层家庭的学生展现出的向养成生存心态的转向，其主要动力不是来自老师对他们的有力支持和主动指导，而是来自他们对自我的不断反思和提升。

当提及生存心态时，我们所关注的是主观层面，当提及场域时，我们关注的是客观层面。⑧ 对两者的同时关注会让我们注意到一个有力的结合：

……可以这么说，社会现实既存在于事物中，也存在于思想里；既存在于场

---

① Bourdieu, P. (1986). The Forms of Capital, In J. G. Robinson (ed.). *Handbook of theory and research for the sociology of education*. New York: Greenwood Press.

② Bourdieu, P. & Passeron, J. C. (1977). *Reproduction in Education, Society and Culture*. London: Sage.

③ Bourdieu, P. (1993). *Sociology in Question*. London: Sage.

④ Reay, D. (2004). 'It's All Becoming a Habitus': Beyond the Habitual Use of Habitus in Educational Research. *British Journal of Sociology of Education*, 25(4): 431—444.

⑤ Bourdieu, P., & Wacquant, L. J. (1992). *An Invitation to Reflexive Sociology*. Chicago University of Chicago press.

⑥ Di Maggio, P. (1979). Review Essay on Pierre Bourdieu. *American Journal of Sociology*, 84: 1460—1474.

⑦ Bourdieu, P. (1967). Systems of Education and Systems of Thought. *Social Science Information*, 14: 338—358.

⑧ Grenfell, M., James, D., Hodkinson, P., Reay, D., & Robbins, D. (1998). *Bourdieu and Education: Acts of Practical Theory*. Falmer Press.

域中，也存在生存心态里；既存在于个体的外部，也存在于其内部。当生存心态遭遇某种类型的社会世界，且当其自身恰好也为这一类型社会世界的产物时，就会产生所谓的"如鱼得水"现象：它感受不到水的重量，它将自己周遭的世界视为理所当然。

然而，当生存心态遭遇到一个不熟悉的场域时，由此产生的脱节不仅会导致变化和转型，而且会带来不安、矛盾、不安全感和不确定性。① 精英大学中，工人阶层学生的生存心态正是后一种情况的最佳例证。萨尼(Sani)提出高地位的名校与较低社会阶层背景之间的不匹配常常会使学生在大学里缺乏自我肯定感，容易造成紧张和不安。② 研究者常将读大学视作社会流动机会，最近一份研究探讨了读大学的社会成本——在精英大学就读的来自工人阶层家庭的学生面临着许多困境，而这些困境，就读于精英大学的中产阶级学生和就读于新大学的工人阶层学生一般不会面临。③ 比如，如何维系自身与个人的社会出身之间的联系——包括与家庭、朋友和更广泛的社区之间的联系。

不过，我们研究中第一个令人惊讶的发现是，南方大学的这些来自工人阶层背景的学生在叙述自己的经历时，很少提到会遇到这种情况。温特沃斯(Wentworth)和彼得森(Peterson)在描述工人阶层学生的大学经历时，也曾提及大学经历其实并不意味着"与家庭和文化背景的割裂"。④ 我们的研究对象展现出了一种能够在两种场域间顺利切换的能力，他们能够保持自身同家庭、旧友的紧密联系，保证对他们的忠诚，与此同时，又获得了看起来极为典型的中产阶级的学术倾向。他们在早年的学校教育中就已经开始慢慢发展出这项能力。我们提出这一点，是因为我们认为这些学生在较早时期开始，就已经开始进入到一种自觉的反省过程当中(Self-conscious Reflexivity)，在这一过程中，自我意识和自我提升的追求被融入生存心态之中。

这些学生谈及早期的学校教育经历时，都提及在所在的同龄的工人阶层子弟中有一种"如鱼离水"的感觉。例如，吉姆就提到"我一直都觉得并非他们的一份

---

① Reay, D. (2005). Beyond Consciousness? The Psychic Landscape of Social Class. *Sociology*, 39(5): 911－928.

② Sani, F. (2008). Self Continuity: *Individual and Collective Self-continuity*. East Sussex: Psychology Press.

③ Jetten, J., Iyer, A., Tsivrikos, D., & Young, B. M. (2008). When is Individual Mobility Costly? The Role of Economic and Social Identity Factors. *European Journal of Social Psychology*, 38(5): 866－879.

④ Wentworth, P. A., & Peterson, B. E. (2001). Crossing the Line: Case Studies of Identity Development in First-generation College Women. *Journal of Adult Development*, 8(1): 9－21.

子"。我们认为，这些体验——正如之后本文中裘德的例子所阐释的那样——"让学生了有了一种失序感，脱离了前反思(Pre-reflexive)所给予的安逸，这让他们对自我意识拥有了敏锐的感觉"。①

他们中很少人有中产阶级的文化实践，例如，参加校外的舞会、戏剧、美术和音乐课程或私人辅导。②③ 只有两名学生说，他们的父母对于他们的教育抱有"中产阶级"式的愿望。对于林赛这样的学生来说，场域产生激励，还带来约束。尽管她在南方大学读书的三年里一直与家庭保持着紧密联系，她报告说，她的母亲仍然对于她读大学这件事持保留态度：

我父母很反对我读大学。他们都没有上过大学，就有点像他们没有上，所以他们认为我也不需要。我妈妈现在也挺反对的，她根本不喜欢我谈论学校的事。就像是，你不能提到南方大学。谈话千万不要往那个方向去。我尽量不说，但如果发生了什么，你就会想要提一下。

这九个学生中的大部分毕业于公立综合中学，在普通中等教育证书(GCSE)考试中，成绩为平均水平或略高于平均水平(范围为53%～66%)。他们中间只有一个(艾米)毕业于文法学校——一所学生总体成绩优异的学校。访谈中，大多数学生给我们传达的印象是，他们的中学教育没有提供给他们多少接触教育系统所认可的占据主导地位的文化资本的便利：

我为自己在继续教育学院读书感到高兴。但我真正的想法是，它教授的内容诸如瓦工、美发和一些A-level课程，(对于申请大学帮助甚少)。所以，我的意思是想申请大学的人通常不会来这么一个学校念书，就像我的很多朋友根本就没有进大学。(露易丝)

我16岁从公立普通中学毕业，所以我不得不在一所继续教育学院学习A-level课程，因为我原来的学校没有大学预科课程……我们班的30个学生里，约有10个现在进了大学。其余的人很多成了电工或水管工。他们选择工作，而不是走学术的道路。(裘德)

因此，中学教育没有为工人阶层的子弟提供接触占据主导地位的文化资本的机会，当然，他们的工人阶层出身也未能为他们提供获得这一类型文化资本的机会。裘德是法律专业的大一学生，他说自己从小就在某种程度上觉得自己不是家庭所在社区的一员，他解释道：

---

① Crossley, N. (2001). *The Social Body: Habit, Identity and Desire*. London: Sage.

② Lareau, A. (2003). *Unequal Childhoods: Class, Race and Family Life*. Berkeley, CA: University of California Press.

③ Reay, D. (1998). Rethinking Social Class: Qualitative Perspectives on Class and Gender. *Sociology*, 32(2): 259－275.

我曾经和送奶工一起收钱。那时我大概13岁，对，因为我父母是那个送奶工的朋友。我记得一个小孩问我，他说："你在学校很用功，不是吗?"我当时正在敲门，我答道："是的。"这没有什么好隐瞒的。他接着说："为什么？反正你都是要领救济金的"……我回答说："我不想那么做!"他说："但你注定要这样做。"但我不这么看。

访谈中的谈话通常带有反思性、情境性和自我构建的性质。对此，在数据分析的过程中，我们多有留意。我们还特别关注学生个体所置身其中并尝试着对其意义进行建构的社会场景。裘德自我叙述的童年生动地说明了他正在发展的生存心态与自身所处的工人阶层的环境场域之间有所冲突。我们可以看到在游戏本身和对游戏的感觉之间的所存在的不和谐。① 在裘德成长的地区，学业失败和成年男性失业的问题都很常见，而他却成功地避开了这样的未来。他和林赛都将学业看作是需要优先考虑的事情——而此正是南方大学里来自工人阶层的学生的所具有的共性。对于这些学生来说，把学术的成功放在首位，往往意味着在学校时避免加入一些他们认为与学习无关的团体。但加入这些团体的人在学校里往往又占大多数。所以这些学生在描述自己的经历时都提及受到主流的同辈群体的排斥——有时候这种排斥是自我强加的。

显然，他们有韧性和应付逆境的能力。正如罗布(Robb)等人的研究中的那部分学生一样，数据分析中涌现的一个重要主题是学生在面对那些他们已经成功适应的不利情况和困难挑战之后会如何反思。② 正如我们之前讨论过的，这些学生从小学开始，就已经显露出一种意向，来处理"如鱼离水"这种不适。

我除了好好学习，没有别的选择。我经常被欺负地很惨。我记得有一次我告诉了老师，她说："你要和其他人一样，和他们做一样的事情"，但是我没有那样做。我是说，我一直都……我不是一个很酷的人。我妈妈还在给我穿针织套衫。(林赛)

在很多情况下，适应能力和应对逆境都被看作是与工人阶层而不是中产阶级有着更天然的联系。对工人阶层来说，这种品质被视为理所当然，好比禁欲主义(理所应当)，他们需"在最坏的情况下做出最大的努力"。然而，这种适应能力和应对逆境的品质在工人阶层的学生进入中产阶级的环境后，成为他们的可以借力的资源，帮助他们克服陌生和不熟悉的情况。此外，他们还拥有另外一些在南方

---

① Bourdieu, P. (1999). Scattered Remarks. *European Journal of Social Theory*, 2(3): 334－340.

② Robb, N., Dunkley, L., Boynton, P., & Greenhalgh, T. (2007). Looking for a Better Future: Identity Construction in Socio-economically Deprived 16-year Olds Considering a Career in Medicine. *Social Science & Medicine*, 65(4): 738－754.

大学的环境下较为常见的一些优点。像许多在南方大学中学习的中产阶级学生一样，这些也非常坚定，对自己的学科领域充满热情。不过，和那些南方大学里的读过私立学校或者优质公立学校，以及父母读过大学的来自中产阶级的学生相比，这些学生还有一个主要的区别：那就是他们需要拼尽全力才能进入南方大学。他们没有背景，缺乏外部支持和资源，却也成功地进入南方大学学习。在这一过程当中，他们成功地发展出许许多多令人印象深刻的内部资源，并显示出自力更生的能力。正如吉姆坚定地说道的：

如果我在为某事挣扎，或需要一些建议，我恐怕不会求助这里的任何一个人。但这有一部分是我性格的原因，嗯，我是在强调个体的环境下长大的。我总是被教导，唯一能帮助你的人就是你自己。

杰米则说道：

我在学校的时间完全属于自己，如果我有任何事情没有做，也没有人会帮我做。这是不会发生的。没有人对我抱有过高期望。但这里有很多学生，他们受过更加系统的教育。虽不是强加给他们，但你知道他们在某些方面被寄予了很高的期望。对我来说，却不是这样。

如同阿瑞斯(Aries)和赛德尔(Seider)在美国开展的研究中的学生一样①，本研究中的大多数学生重视那些对学业成功极为重要的个人品质，例如，决心、自力更生、积极性和努力，他们对贤能主义也持认同的态度。不过，从吉姆和杰米所说的话当中，我们可以察觉到，社会阶层对学校教育经历有着深刻的影响，对那些在学业上取得成功，已然跨越社会阶层的学生来说也是如此。在许多中产阶级家庭中，学生除了能够从中产阶级的学校中获得帮助之外，他们还能够得到来自父母的明确的教育支持——从辅导家庭作业一直到支付私立学校的学费。② 当然，南方大学的学生有几乎一半来自私立学校，他们的学习经历高度结构化，有着明确的方向。相比之下，工人阶层的学生很少提到他们可以获得来自教师的重要的学业支持，此外，来自家庭的大部分支持又都是不明确的。③ 虽然父母们经常有给他们鼓励，又或者多有良好愿望，却很少有证据能表明对于子女的教育，

---

① Aries, E., & Seider, M. (2007). The Role of Social Class in the Formation of Identity: A Study of Public and Elite Private College Students. *Journal of Social Psychology*, 147 (2): 137.

② Ball, S. J. (2003). *Class Strategies and the Education Market: The Middle Classes and Social Advantage*. Oxford: Routledge.

③ Reay, D., Davies, J., David, M., & Ball, S. J. (2001). Choices of Degree or Degrees of Choice? Class, Race and the Higher Education Choice Process. *Sociology*, 35(4): 855—874.

他们进行了积极的教导和引导。结果之一就是，在访谈中，来自工人阶层家庭的学生经常提到，他们从小就表现出很强的学习自律性。①

三、大学选择过程

许多中产阶级家庭很少积极主动地做与大学选择有关的计划。②（谈及大学选择），从有确定的志向到"毫无线索的偶然性"这一连续体当中，受访谈的南方大学的学生大多将自己定位在偶然这一端。在开始中学第六年即大学预科课程时，他们就知道自己想上大学，但是他们从未考虑过将南方大学作为一个可能的选项——他们中裘德除外，他是从小学开始就决定，如果有可能，他想到南方大学读书。除了他之外，没有人把到南方大学读书作为自己接受高等教育的长远目标。更确切地说，几乎所有这些南方大学在读的工人阶层子弟都是在中学的最后阶段才意识到自己有可能是"上南方大学的那块料"。申请南方大学的动力很少来自家庭，更多来自某个中学教师的建议或倡导。这九名学生中的三名都曾在萨顿基金会③暑期学校中收获颇丰。所以吉姆将他能够在南方大学读书归功于他的历史老师，露易丝则谈到了继续教育学院的一位讲师建议她申请南方大学，而九名学生中唯一一位成年学生克洛伊，描述了高校入学补习课程老师对她的影响：

所以我只是开始研究那些大学，但并不是特别认真。之后当我在学习 A-level 课程时，我的化学老师对我说："你应该考虑去南方大学。"我那时对南方大学一无所知！（露易丝）

我在学习高校入学补习课程时，文化研究学老师在班里问了一句："有没有人想申请南方大学？"大家都回答说："没有"，后来我们下课离开的时候，她把我叫回去，对我说："你为什么不认真考虑一下？你的成绩真的很好。"因此我就想"那我也申请试试吧"。（克洛伊）

这群学生在选择大学时都欠缺充分的考虑，尤其是在当初没有把南方大学当作一个可能的选项。不过，让我们感到惊讶的是：尽管他们的直系亲属或者社交圈内没有一个专业人士，但很多人都提到他们从很小就明确了自己以后想要从事的职业：

我从 13 岁左右开始就决定了，以后要当工程师。我知道当工程师就必须要

---

① Vermunt, J. D. (1998). The Regulation of Constructive Learning Processes. *British Journal of Educational Psychology*, 68(2): 149—171.

② Reay, D., David, M. E., & Ball, S. J. (2005). *Degrees of Choice: Class, Race, Gender and Higher Education*. Stoke-on-Trent: Trentham Books.

③ 萨顿基金会建立于 1997 年，立志通过研究以及为弱势群体学生提供教育机会向教育不平等发起挑战。它还依托大学为非传统的大学申请者开设暑期学校。

有个学位。但是在那之前我确实没想过读大学。之前，我家里也没人读过大学。(露易丝)

9 岁的时候，我想当事务律师，但我真的对此一无所知……我告诉妈妈，长大后我想当律师，她非常惊讶，差点把车撞了。她问我，你说你想做什么？但我认为她知道我指的是什么。所以，对，我大概是小学的时候就有了这个想法。(林赛)

从七八年级开始，我也不知道为什么，我脑中就有一个想法，我以后要当一名大律师。现在我不确定以后是否会成为大律师，但是我很喜欢法律，我确实是从 12 岁起就有了这个想法。(杰米)

但是，尽管他们期望成为专业人士，显然，他们还没有开始获取大量的占据主导地位的文化资本。在某些方面，他们对教育系统的反应让人不得不联想到布迪厄提出的工人阶级的幸存者这个概念。他们所争取的特性(Distinction)，恰好是特性的反面，因为追求本身说明的往往是对匮乏的承认，以及对自我追求的公开宣称。① 他们放弃了对更广泛的文化成就方面的追求，对自身努力的目标极为坦率。他们要做的就是非常努力地学习、再学习，在他们所选择的领域内做到学业上的成功。林赛就在报告里提到，她在学校里除了努力学习，不会做其他任何事。对她而言，上大学本不是"我们这样的人应该做的事"。可以说，她所展示的是一种工人阶级的生存心态，所谓的学业上的成功，一定是通过看得见的勤奋和一心一意的付出来实现的。② 但当有人指出，因为林赛最终进入了南方大学，她一定得到过一些鼓励，她回答却是：

鼓励不是来自我就读的那所普通中学，它没那么好。我和另外两位同学从 30 多人中脱颖而出，进入大学。大多数同学在中学第 6 年退学，还有一些在 A-level的不同阶段退学。很多人读了几周就放弃了。

对于林赛和南方大学大部分的来自工人阶层的学生而言，学校的机构生存心态(Institutional Habitus)在鼓励他们发展出接受精英高等教育的认识方面发挥的作用相对较小；③ 相反，正如我们已经看到的，有助于他们的往往是单个老师的支持和努力。学生们谈到的往往是朦胧的梦想和渴望。尽管他们中的每个人从小学起就明确将来要念大学，然而对他们而言进入南方大学还仅能视为一个梦想。

---

① Bourdieu, P. (1990). *In Other Words: Essays Towards a Reflexive Sociology*. San Francisco, CA: Stanford University Press.

② Bourdieu, P., & Passeron, J. C. (1977). *Reproduction in Education, Society and Culture*. London: Sage.

③ Trust, S. (2008). *Wasted Talent? Attrition Rates of High-achieving Pupils Between School and University*. London: The Sutton Trust.

对于个体与未来的之间的关系，布迪厄做出过分类，一类可以叫做规划，在这种关系中，未来就是未来，就是构成未来的可能性，而另一类可以叫做预设，未来几乎就等于现在。① 对于很多中产阶级的白人学生而言，到南方大学读书就是"我们这样的人应该做的事"；这是一个从孩提时代开始就"几乎确定"的未来。相反，工人阶层的学生所经历的则是一种可以被称为顿悟的情形——往往是在他们中学的后期，某个偶然事件让他们突然意识到进入南方大学也是有可能的。

四、精英大学的冲击

刚进南方大学的时候，工人阶层学生有一种"生存心态之外"(Out of Habitus)的体验。但也许称之为"场域之外"(Out of Filed)更容易让人理解。中产阶级的学生都对高等教育这一场域比较熟悉，但对工人阶层的学生而言，他们要应对的则是一个非常陌生的场域。虽然布迪厄认为，大部分时间，生存心态之中所含的原则"超越了意识的范畴，因此不能实现自愿和有意的转变，甚至无法明确表达"，② 不过，他也承认，有些时候生存心态可以改变和适应。③ 对于理解来自中产阶级的学生的经历，"超越意识的"生存心态这个概念非常适用。然而，对于那些在大学这一不熟悉的场域奋斗的工人阶层学生而言，这个概念并不足以描述他们的切身经历。像林赛、裘德、吉姆和杰米这样的工人阶层学生，其特点是认真思考和意识。与那些来自中产阶级的同学不同，他们从事的是创造性的活动，或者更准确地说是革命性的活动——使梦想成真，而不是做我们这种人都会做的事。对南方大学的工人阶层学生而言，场域和生存心态的脱节意味着没有什么是理所当然的。工人阶层的生存心态与精英大学的中产阶级场域的结合使他们具有适应和批判性评估的能力，为重塑他们已获的学业成功增加了动力。④ 对于处于高等教育这一中产阶级场域的工人阶层学生而言，生存心态仍然会"既为客观的结构压力所塑造，也会持续地重组、改变"⑤：

你感觉你身处泡沫之中，而不是现实之中。我喜欢回家，你知道，就是因为

---

① Bourdieu, P. (1998). *Practical Reason*. Cambridge: Polity.

② Bourdieu, P. (1977). *Outline of a Theory of Practice*. Cambridge: Cambridge University Press.

③ Bourdieu, P. (2005). 'Habitus', in J. Hillier and E. Rooksby (eds). *Habitus: A sense of place*. Aldershot: Ashgate.

④ Cohen, R. M. (1998). Class Consciousness and Its Consequences: The Impact of An Elite Education on Mature, Working-class Women. *American Educational Research Journal*, 35(3): 353-375.

⑤ Bourdieu, P. (2005). 'Habitus', in J. Hillier and E. Rooksby (eds). *Habitus: A Sense of Place*. Aldershot: Ashgate.

那样才会感觉自己是正常人，过着正常的生活。你走在街上，听到人们在谈论正常的事情，而不是，你知道的，核物理之类的东西。这真是太奇怪了。我现在已经开始欣赏南方大学了，但你懂的，我不知道我会不会把它推荐给别人。(艾米)

生存心态的倾向和场域的需求之间不会有准确无误的匹配，布迪厄认为这是最常见的经验。我们可以明显地看到"精英大学的冲击"。这九个学生中有四个都用"泡沫"一词来形容南方大学，指的是那种让人无法喘息的氛围。其他有关精英大学中的工人阶层学生的研究曾提到，这些学生"将自我进行分割，保持各个部分的分离，但允许它们共存"。① 工人阶层学生所提到的这种分割由一些要素组成。正如我们看到的，林赛在家通常不会提起她在南方大学的经历。但与此同时，包括林赛在内的这些学生的采访录音的文字记录里也充满了对于家人和老朋友来访的描述。这些记录表明，不仅仅是他们的父母来参观了大学并留宿，兄弟姐妹、祖父母、甚至姑姑和叔叔也曾来访。这些学生可能在进行不断地自我塑造和再塑造，② 但是他们的生存心态仍然保持着工人阶层自身核心的价值观。弗里德曼(Friedmann)在有关向上的社会流动性的研究中写道，虽然生存心态显然不断受到精英高等教育场域的改变，却没有出现"大规模逃离生存心态"的情况。看来这些学生决定要在获得新的生活时，也要坚持以往的方方面面，而不是要过去消失、进入一个全新的世界。③ 所有的工人阶层学生都感觉南方大学代表的是"精英中产阶级泡沫"，而不是他们所谓的"真正的"或"典型的"世界。与此相关的问题，我们之后会进行探讨。

我们最初的预期是这种"来自精英的冲击"将主要产生于社交层面而不是学术层面，正如其他研究所指出的那样，④ 学生的当务之急是适应社会。所有学生都表达了一定程度的社会适应问题，这包括艾米本能地厌恶那些她称为"上流社会"的学生，以及极度担心社会差异。

我不喜欢南方大学这个地方，我所有的先入之见都是："噢，这是一个充满着上流阶层的寄宿制学校。"的确如此，你知道，就是那种"任何东西，爸爸都会

① Aries, E., & Seider, M. (2005). The Interactive Relationship Between Class Identity and the College Experience: The Case of Lower Income Students. *Qualitative Sociology*, 28(4): 419—443.

② Bourdieu, P. (1990). *In Other Words: Essays Towards a Reflexive Sociology*. San Francisco, CA: Stanford University Press.

③ Friedmann, J. (2005). Place-making as Project? Habitus and Migration in Transnational cities, in J. Hillier and E. Rooksby (eds). *Habitus: A Sense of Place*. Aldershot: Ashgate.

④ Kaufman, P., & Feldman, K. A. (2004). Forming Identities in College: A sociological Approach. *Research in Higher Education*, 45(5): 463—496.

帮我付钱”，我真的非常痛恨自己在这里的第一年……每个人都很奇怪……这就是一种文化冲突。（艾米）

这些学生最担心的其实是学业。他们有强烈的预感，认为到最后自己会因为对学业的倾向而得到认可和重视，但从A-level到本科学习这一“巨大的飞跃”，他们还是非常担心。所以杰米感叹，其他大学的学生还可以使用他们的A-level课程笔记，然而南方大学的学术水平是如此之高，使得这些笔记再也没有用武之地了。在面对一个完全陌生的教育场域，且周围都是看起来“聪明、更加自信的中产阶级”时，即使他们早期成绩优异、有正面的学业身份认同，仍无法弥补不可避免会出现的自我怀疑感。① 巴克斯特(Baxter)和布里顿(Britton)描述了工人阶层学生进入高等教育系统后，新旧生存心态之间“痛苦的错位”。在工人阶层学生对自己前几个学期的描述中，这种“痛苦的错位”体现的十分明显。② 然而在巴克斯特和布里顿的研究中，学生的注意力集中于社会经历方面，南方大学的这些学生却更加关注学业：

你不知道你和其他人比起来算不算聪明，所以这非常困难。因为以前在学校有一个班级的概念，你知道谁经常举手，谁回答正确，你就会知道你在考试时能得多少分。但在这里，一点线索都没有。所以你假定每一个人都比你聪明。如果有互相监督的学习伙伴，你可以把自己和他们进行比较，因为你对他们的情况有所了解。只有在这种情况下，你才能对自己的聪明才智进行明确定位。所以，如果你下意识的就认为自己很愚蠢，那是因为你假定其他人都比你聪明。嗯，我就是这么想的。有些人认为自己非常聪明。（妮可）

最初我非常想家，我觉得我真是疯了，才会那么努力来这里读书。你知道其他人都很聪明，观察着愚蠢而渺小的我。但我从来都没有真正想过放弃、退学回家。（林赛）

因此，尽管南方大学的学生已经在学校取得了优异的成绩，并在此过程中，培养起了自力更生、自律性和适应能力，但(尤其是在第一学年)他们依然经历了挣扎、挑战和困难。格兰菲尔德(Granfield)针对一所美国精英大学的研究发现，工人阶层学生的背景容易导致他们被定位为文化上的局外人，也导致了他们的能

---

① Aries, E., & Seider, M. (2005). The Interactive Relationship Between Class Identity and the College Experience: The Case of Lower Income Students. *Qualitative Sociology*, 28(4): 419-443.

② Baxter, A., & Britton, C. (2001). Risk, Identity and Change: Becoming a Mature Student. *International Studies in Sociology of Education*, 11(1): 87-104.

力危机以及对学业的担心。① 本研究中的几乎所有工人阶层学生在刚到南方大学时，都出现了自信心不足的问题。其中有些人的焦虑症状在第一学期末得到了缓解，另外一些人的症状则几乎延续了一整学年。下文的引述中，杰米和林赛都清楚地表明，他们需要调整心态来面对一个重要的转变——从原来所在学校的学术之星变成现在南方大学中众多有学术能力的学生中的普通一员。

如果你之前在中学是成绩最好的……你在这里肯定不是最好的。这里有很多，也许是非常多的人，他们和你一样用功，就算成绩没有超过你，也会和你一样好。所以，你只能习惯，尽力做到最好。(杰米)

第一学期特别困难。在第一学年取得好成绩之前，我都不知道自己是否足够聪明可以在这里读书。我不觉得我应该在这里，这非常的困难。我感觉因为我来自于一所公立普通中学，所以我不可能和他们一样聪明，他们会看不起我。我认为我用了一整年才认识到，别人根本不受这件事的影响。从某些方面来看，如果你来自于一所普通中学，他们会认为你肯定比他们聪明。但是我却想着他们会认为我很愚蠢，花了一整年才克服这种想法，认为自己与他们是平等的。(林赛)

但艾米不适应新的社会环境，也不喜欢所学课程，这两者导致了严重的问题，她甚至考虑要离开：

我的问题是不仅我不喜欢这里，我的男朋友更讨厌这里。因此，为了说服他留下，我强迫我自己留下来。但是，我认为如果我是一个人的话，我真的会考虑离开这里去一个别的地方。但是，我不能退学，这就像是社会的耻辱。我父母会非常伤心，因此，离开不是一个容易的决定。现在好一些了，我真的很享受现在所做的，我的课程也有进步。

艾米是这些学生中唯一一个认真考虑过退学的人。在田野调查结束时，这九名学生有的顺利毕业，其余的则升入大学三年级——相比整个大学范围内工人阶层学生的升级与毕业率，这九名学生的表现要更好。② 需要注意的是，在所有三份引述中，压力与焦虑都是主题词，它们贯穿于学生对不熟悉场域的调整和适应过程的始终。尽管这些学生取得了学业上的成功，但他们却仍在摸索中前进，还

---

① Granfield, R. (1991). Making It by Faking It: Working-class Students in An Elite Academic Environment. *Journal of Contemporary Ethnography*, 20(3): 331—351.

② Christie, H., Munro, M., & Fisher, T. (2004). Leaving University Early: Exploring the Differences Between Continuing and Non-continuing Students. *Studies in Higher Education*, 29(5): 617—636.

没有把握住“游戏的感觉”。① 他们似乎不是通过“信念上的顺从”②而是通过批判性的评估让自身在这一场域内身处更有利的位置。位置的获得是通过两种方式来实现的：首先，要非常努力地工作；其次，正如我们看到的，对场域进行重新评估。他们都以不同的方式，对南方大学的重要性进行质疑。

五、在精英白人中产阶级的“泡沫”中学习

这些学生在接受完“精英大学的冲击”并渐趋平静之后，进入第二和第三学年的学习。但很明显，对于所有这九位学生来说，南方大学的环境并不意味着常态和平衡。正如巴夫顿(Bufton)研究中的工人阶层学生一样，他们将“现实世界”和学术世界区别开来。③ 即便是像林赛这样的学生——她说在南方大学学习是解放自我的经历——也把南方大学描述为：

很多人沉迷于小众领域，这让我感到愉快和安心。因为这会让我的爱好看起来也显得正常——尽管我不喜欢其中的一点。虽然每个人看起来都有点奇怪，但他们的行事方式也不算特别古怪。有些人非常有自控力，他们有明确的日程安排，知道自己一天里每一分钟要做些什么，不浪费每分每秒。有些人沉迷于捕蝇草或某个等式，或者还有很多怪人，他们都有自己的怪癖。但好的一方面就是每个人都知道其他人有奇怪之处，这一点上每个人都不同，但是每个人都可以宽容他人的不同之处，因为他们都知道每个人都有特别之处。(林赛)

这种过度的表现性、神秘的做法和轻微孤僻的行为的感觉在妮可的叙述中也十分明显：

我们把这种非常强烈的时间观念称为南方大学的泡沫，因为你从南方大学能获得的最好经历就是离开……当我意识到我离开了那座城市，我瞬间就觉得如释重负，就像是我终于到了外面的真实世界。就算没写完论文，也会在第二天早晨醒来。就算没完成阅读，心脏也会继续跳动。就算没写完作业，也不是世界末日。这就是南方大学的泡沫，一种歪曲的时间观念，这实在是太奇怪了，人们受到最后期限的严格控制。(妮可)

这里没有人讨论学术才华和成为“聪明人中最聪明的那个”，但却讽刺性地认可强迫症式的工作狂性格——高度成功的学术生存心态的组成部分。这些学生在很大程度上对于南方大学及其代表的事物都有批判性的反思和质疑的态度。这与

---

① Bourdieu, P. (1990). *In Other Words: Essays Towards a Rreflexive Sociology*. San Francisco, CA: Stanford University Press.

② Bourdieu, P. (1997). *Pascalian Meditations*. Cambridge: Polity.

③ Bufton, S. (2003). The Lifeworld of the University Student: Habitus and Social Class. *Journal of Phenomenological Psychology*, 34(2): 207－234.

我们对身处不熟悉教育场域的白人中产阶级学生的研究的发现有所不同——在遇到不熟悉的场域时，他们更有可能产生一种对原有生存心态的保护和巩固，而不会轻易改变和转换。① 相关的批评有很多，例如，从妮可和艾米认为南方大学太过高高在上、脱离了现实世界，到杰米强烈要求"南方大学需要招收更多非传统学生，还应主动减少招收私立学校和公立重点中学的学生。"有了这样的观点，我们也就不会奇怪，这九个学生中会有四位积极地参与到非重点中学的拓展性工作中，他们鼓励其他非传统学生申请(南方大学)。有些学生考虑从事具有社群主义性质的职业。杰米想当工会律师，林赛正在读硕士研究生，她考虑以后在人权领域继续读博士深造，欧文想通过教师优先计划受训成为老师。

虽然他们都表达出了一种批判的自反性，也广泛批评了南方大学的社会局限性，但却很少有斯凯格斯(Skeggs)提到的"反抗生存心态"的迹象。② 他们在学术场域内付出了很多，以此代替对现状的愤怒和抵抗。即使工人阶层学生在南方大学培养出了一种批判性的态度，他们的精力似乎更多地指向为了能在学业上取得成功而认可中产阶级的教育规范。之前读中学时，大多数工人阶层学生因为努力学习而受到嘲笑。相比之下，在南方大学，他们得到了学术认同与服从的安慰。林赛在中学里被欺负得最多，她宣称"南方大学解放了我。"我们也在克洛伊的话语中强烈地感受到了解放与获得权力的感觉。

> 我完成了。现在，唯一的限制就是我自己。这就是我的感觉。我可以去任何地方，在任何地方生活。因为我已经完成了学业，所以我可以离开了，去做任何自己想做的事。也许有点夸张，但这是一种真正的成就感。

六、结论

本文的数据揭示了过往学习经历和情意的巨大影响力，也同时显示了它与学生现时身处的学术环境之间的互动关系。这两股力量都推动着我们研究中的这群南方大学的学生成为"好学生"——"理想中的学生"。他们已经有了超出常人水平的积极性、适应能力和决心，有时候也为此而牺牲了同龄人的认可。作为学生，他们取得了相当大的成功，随着他们迎难而上，取得学业上的成功，他们也获得了自信心和自律性。四名本科三年级的学生中有两位获得了一等荣誉学士学位(两位都是女性)，另外两名获得了二等上荣誉学士学位。南方大学的教学方法、

---

① Reay, D., Hollingworth, S., Williams, K., Crozier, G., Jamieson, F., & James, D., et al. (2007). 'A Darker Shade of Pale?' Whiteness, the Middle Classes and Multi-ethnic Inner City Schooling. *Sociology*, 41(6): 1041－1060.

② Skeggs, B. (2004). Exchange, Value and Affect: Bourdieu and 'The Self'. *Sociological Review*, 52(s2): 75－95.

学术支持系统和资源，都培养和加强了他们"掌握"知识的意识。

他们中的大多数学生面临过"如鱼离水"的矛盾情形——他们就读的公立中学里大部分都是工人阶层的学生，但他们却在那里培养出了极高的学术倾向，很难与那种工人阶层学生为主的学校教育场域相适应。具有讽刺意味的是，作为学生，他们更容易适应精英高等教育机构，而不是之前就读的中学——虽然那时周围都是"我们这样的人"。他们可能是"乐园里的陌生人"，但他们是"熟悉的陌生人"，尽管有阶层差异，但却以学生的身份适应了新环境。正如研究所指出的，"他们至少部分地反映和复制了霸权规范自我形象"。① 这样看来，把学生身份认同与社会身份认同分开，并了解个人能在多大程度上在不同的身份定位中转换变得尤为重要。这些学生从小就开始处理生存心态和场域之间的紧张关系，并逐步地发展出新的情意，其中"个体的自反性指向的不再是生存心态和场域间的错位，它成为个体的一种习惯"。② 亚当斯(Adams)曾阐述说"自反能力"很少能对大多数工人阶层起到提升希望和流动性的动力作用。③ 相反，社会意识和自我意识往往会导致宿命论和对自身成功几率的无奈认可。然而，布迪厄和帕瑟仑(Passeron)研究中的这些工人阶层学生却成了例外。他们有着良好的学术倾向，发展出了自反性生存心态，这两者的结合为他们创造了机会，让他们获得了学业上的成功。④ 布迪厄：

> ……教育学的行为可以……因为尽管其蕴含了象征暴力，它也开启了解放的可能性，这基于对现时社会条件的认识和知识，也基于为了应对其影响而设计强加的新的社会条件。⑤

通过本研究的数据我们看到了学生的反思，它体现在学生对他们学校经历的思考当中，体现在他们对南方大学这个社会空间的批评当中，体现在他们对勤奋和努力学习的坦率当中，更是直接体现在克洛伊和林赛所说的话当中，"解放的可能性"。斯威特曼(Sweetman)认为，对于一些人，自反性和灵活性是他们生存心态的特色。对于那些显示出灵活性或自反性生存心态的人而言，生存心态重

---

① Puwar, N. (2004). *Space Invaders: Race, Gender and Bodies Out of Place*. Oxford: Berg.

② Sweetman, P. (2003). Twenty-first Century Disease? Habitual Reflexivity or the Reflexive Habitus. *Sociological Review*, 51(4): 528—549.

③ Adams, M. (2006). Hybridizing Habitus and Reflexivity: Towards an Understanding of Contemporary Identity? *Sociology*, 40(3): 511—528.

④ Bourdieu, P., & Passeron, J. C. (1977). *Reproduction in Education, Society and Culture*. London: Sage.

⑤ Bourdieu, P. (1999). Scattered Remarks. *European Journal of Social Theory*, 2(3): 334—340.

塑——不论其解放与否——也许是第二天性，而非难以实现之事。看来这九个学生正是如此。

在传统的学术层级中，诸如南方大学之类的大学都被定义为"最好"的大学。有趣的是，我们研究的这群学生，针对南方大学的描述却并不尽然。在某个层面，他们承认自己在学术上获得了"增值"，也对此表示感谢，对南方大学有强烈的忠诚，然而这些学生对自己到南方大学这样的学校念书的得与失都会有反思性的批判。这些批评指向或这样或那样的同质性；对这里的所有学生来说，诸如南方大学这样的学校有太多的千篇一律，缺乏多样性。

这项研究正在进行的时候，一家全国性的报纸在头版发表了一篇文章，题为"教育种族隔离：私立学校学生涌入精英大学"。① 学业成功的工人阶层学生在诸如南方大学之类的高等院校收获颇丰、不断发展、在学业和社交方面建立起了信心。同时，上述研究中的九名学生也保持了对家庭和家庭背景的忠诚度。但是大学的收益却往往被忽略。如今，裘德，林赛、艾米和杰米这样的学生进入南方大学的机会越来越少。我们认为，在文化多元的 21 世纪，南方大学此类院校要想进行自我复兴和振兴，成为完全有能力"回报"全球社会的一员，就非常需要招收这些现在正在不断被减少录取机会的学生。正如阿切尔(Archer)和里斯伍德(Leathwood)所认为的那样，人们总是认为"工人阶层的人必须自我适应和改变，才能适应和参与(不变的)高等教育制度文化"。② 另外一件具有讽刺意味的事是，当前关于增加入学机会的辩论赛，其失败之处在于，如同这些非传统学生需要精英大学一样，精英大学也需要他们。两者都需要依靠对方来实现发展，学生需要在学业上不断进步，而大学需要提升其社会地位。在当前，大量的工人阶层学生被排除在外，无法实现他们的学术潜力。然而，同样令人担忧却未受到充分重视的情况是，精英大学尚未能意识到只有在学术的卓越与社会的多样性相结合时，它们的潜力才能得到充分的发挥。

---

① Paton, G. (2007). Education Apartheid as Private Schools Flood Elite Universities. *The Daily Telegraph*, 27 November.

② Archer, L. and C. Leathwood (2003). Identities, Inequalities and Higher Education, in L. Archer et al. *Higher Education: Issues of Inclusion and Exclusion*. London: Routledge Falmer.

舒适的特权：私立精英大学中的社会阶级和校园生活*

The Privilege of Ease: Social Class and Campus Life at Highly Selective, Private Universities

纳森·马丁(Nathan D. Martin)
亚利桑那大学社会变革学院
(School of Social Transformation Arizona State University)
王筱菂(译)(Wang Xiaodi)
西南交通大学(Southwest Jiaotong University)
李晓亮(校对)(Li Xiaoliang)
西北师范大学(Northwest Normal University)

摘要：积极参与校园活动会影响到包括个人成长、成就和满意度等一系列的学生发展结果。然而迄今为止，很少有研究关注到社会阶级如何影响到学生参与校园活动。通过分析一所精英高校学生的调查数据及私立精英大学的全国性样本，我研究了阶级出身与校园活动参与度及校园社会生活满意度之间有何关联。虽然明显的阶级碎片化有助于掩盖整个大学期间的显著差距和区别，一名典型的精英高校学生出身于富裕家庭，这仍然反映出高校在阶级基础上的排斥历史。支配阶级的学生将大量的时间用于社会和文娱活动，中产和从属阶级的学生则很可能要做兼职赚取大学费用。正是这种校园生活参与模式导致中产和从属阶级的学

* 原文载 Research in Higher Education，(Volume 53：426－452)，已获原作者授权翻译出版。

生在毕业时满意度偏低。

关键词：社会阶层；精英教育；课外活动参与；大学满意度

Abstract：Active involvement in college activities is linked to a host of student development outcomes，including personal growth，achievement and satisfaction. Yet，to date there has been too little attention to how social class shapes campus involvement. Through an analysis of survey data of students attending a single elite university and a national sample of students at highly selective，private universities，I consider how class back-ground is associated with participation in college activities and satisfaction with campus social life. Reflecting a history of class-based exclusion，the typical elite university student enters college from an affluent household，although distinct class fractions help conceal significant gaps and differences across the college years. Dominant class students devote considerable time to social and recreational activities，while middle and subordinate class students are more likely to have a part-time job to pay for college expenses. This pattern of campus involvement explains middle and subordinate class students' lower levels of satisfaction upon graduation.

Key words：social class；elite education；extracurricular participation；college satisfaction

在第二次世界大战后的几十年里，美国高等教育体系经历了大规模扩张。自1960年起，高中毕业生的升学率从45%上升到了69%，高校数量增加了两倍多。① 随之而来的是扩大上大学机会及催生社会流动的美好承诺。② 大学文凭通常被视为克服不利家庭出身的影响并进入繁荣的中产阶级的门票。然而，固有的差距依然存在，在四年制高校(特别是精英高校)中，工人阶级和下层社会的学生仍然无法占到与其人口比例相应的席位。③④

---

① National Center for Education Statistics.（2010）. *Digest of Education Statistics*：2009. Tables 200 and 265. Washington，DC：Institute of Education Sciences.

② Attewell，P.，Lavin，D.，Domina，T.，& Levey，T.（2007）. *Passing the Torch*：*Does Higher Education for the Disadvantaged Pay Off Across the Generations*？. New York：Russell Sage Foundation.

③ Alon，S.（2009）. The Evolution of Class Inequality in Higher Education：Competition，Exclusion，and Adaptation. *American Sociological Review*，74(5)：731—755.

④ Rosenbaum，J. E.（2001）. *Beyond College for All*：*Career Paths for the Forgotten Half*. New York：Russell Sage Foundation.

在名校中，这种持久的阶级排斥构成了对高等教育公正公平的挑战。虽然招生名额相对不多，精英大学却影响非常大，它们是获得高薪工作和权势职位的重要渠道。如果出身于富裕家庭或者人脉广的家庭，学生在私立精英大学的录取过程中会有优势。例如，他们可以聘用私人辅导老师、教育咨询师；或者高校青睐本校毕业生的子女以及家庭能提供大量捐款的学生。①② 更进一步讲，中上层家庭普遍拥有的非正式文化知识对成功升入大学发挥着至关重要的作用。③ 如同我在本研究中展示的那样，社会阶级不只能够预见私立精英大学入学机会的不公平，也与整个大学期间明显不同的校园生活参与模式息息相关。

大量文献指出，积极参加校园活动对于大学生发展有各种益处。④ 参加课外活动，频繁与老师、同学在课外互动，可以带来一系列的学术和发展成果。另外，学生参与校园活动越多，他们对大学的学术和社会体验满意度越高。⑤ 最近对精英高校学生的重要研究表明，积极参与校园活动能够提高满意度，⑥⑦ 但在整个大学期间长期存在的阶级不平等问题却没有受到足够重视。本研究检验了社会阶级如何影响到学生参与学术、课外和文娱活动，以及社会阶级如何调节了校园活动参与度和学生满意度之间的关系。

本文的结构如下：首先，我回顾了有关大学生校园活动参与度和校园生活满意度的已有文献。其次，我描述了我的研究设计。我分析了面向一所精英大学的学生以及基于全国私立精英大学学生样本所采集的长期调查数据。两个数据库中包含了一系列相似的内容，共同向我们展示了学生从刚入学的几个星期到大四结

---

① Martin, N. D. , & Spenner, K. I. (2009). Capital Conversion and Accumulation: A Social Portrait of Legacies at an Elite University. *Research in Higher Education*, 50(7): 623—648.

② Stevens, M. L. (2007). *Creating a Class: College Admissions and the Education of Elites*. Cambridge, MA: Harvard University Press.

③ Lareau, A. , & Weininger, E. B. (2008). Class and the Transition to Adulthood. In A. Lareau & D. Conley (Eds.), *Social Class*. New York: Russell Sage Foundation.

④ Pascarella, E. T. , & Terenzini, P. T. (2005). *How College Affects Students, Volume 2: A Third Decade of Research*. San Francisco, CA: Jossey-Bass.

⑤ Astin, A. W. (1999). Student Involvement: A Developmental Theory of Higher Education. *Journal of College Student Development*, 40: 518—529.

⑥ Charles, C. Z. , Fischer, M. J. , Mooney, M. A. , & Massey, D. S. (2009). *Taming the River: Negotiating the Academic, Financial, and Social Currents in Selective Colleges and Universities*. Princeton, NJ: Princeton University Press.

⑦ Espenshade, T. J. , & Radford, A. W. (2009). *No Longer Separate, Not Yet Equal: Race and Class in Elite College Admission and College Life*. Princeton, NJ: Princeton University Press.

束时如何分配时间和精力。最后，我介绍了研究结果，包括对社会阶级与各种校园活动参与度的描述性分析，以及预测校园社团和社会生活满意度的回归分析。与支配阶级的学生相比，中产和从属阶级的学生半工半读的比较多，参与社会和文娱活动的时间比较少。正是这种校园活动参与模式导致了各阶级学生在毕业时的满意度差异。在结论部分，我讨论了研究的局限性、未来研究的方向和政策指向。

一、学生的校园生活参与度和满意度

学生进入高校不只要获得学业知识和职业技能，也想要结交朋友、找到伴侣和参与课外社团活动。① 在过去的半个世纪中，一名典型的大学生花在学习和作业上的时间在稳步减少，这表明校园文化的重点转移到了社会和休闲活动上。②然而，精英大学长期以来以培养"大学人"的亚文化著称，鼓励学生既注重学业成就，又积极参与社会活动。③④ 20 世纪早期，在哈佛、普林斯顿和耶鲁，投入社团活动通常比取得优秀的学业成绩更为重要。这种全面发展的完美学生形象（不厌学即可）——以"过得去的分数"作为典型——将品质和领导力纳入了评估，构成了青睐已有精英的正当理由。⑤

支配阶级所拥有的资源恰恰符合精英高校的奖励标准。因此，如果学生家庭富足并且父母受教育程度高，他们能在大学中享受更高的舒适度。⑥ 校园生活满意度能够有效衡量学生的期望与实际的大学体验契合度，主要有以下几个理由。学生的满意度从主观角度评估了高校怎样达到了他们的目标，并为他们知识水平提升和个人成长提供了舒适的环境。⑦ 高度满意与一系列积极的发展成果有关，

---

① Arum，R.，& Roska，J.（2011）. *Academically Adrift：Limited Learning on College Campuses*. Chicago：The University of Chicago Press.

② Babcock，P.，& Marks，M.（2011）. The Falling Time Cost of College：Evidence From Half a Century of Time-use Data. *The Review of Economics and Statistics*，93：468－478.

③ Ellis，R. A.，Parelius，R. J.，& Parelius，A. P.（1971）. The Collegiate Scholar：Education for Elite Status. *Sociology of Education*，44：27－58.

④ Ellis，R. A.，& Manderscheid，R. W.（1974）. A Further Note on the Collegiate Scholar：The Question of Value Congruence. *Sociology of Education*，47：379－387.

⑤ Karabel，J.（2005）. *The Chosen：The Hidden History of Admission and Exclusion at Harvard，Yale，and Princeton*. New York：Mariner Books.

⑥ Bourdieu，P.（1996）. *The State Nobility：Elite Schools in the Field of Power*. Stanford，CA：Stanford University Press.

⑦ Astin，A. W.（1993）. *What Matters in College? Four Critical Years Revisited*. San Francisco，CA：Jossey-Bass.

包括学生参与度、学习和学业表现。① 另外，学校管理者和老师都想尽量提高学生的满意度，因为这预示着学生能不能坚持学校学习、拿到学位。②③ 对大学体验满意度越高，校友也越会向母校投入时间和金钱。④⑤

已有文献表明，学生满意度是学生积极参与校园活动(如在课室外频繁地与教师和其他同学互动等)的结果。⑥⑦ 对高校学生的研究发现，大学体验满意度与校内住宿⑧、师生关系⑨、与教师及同辈定期接触⑩⑪、拥有校园社会支持网络⑫、参与宿舍学习类社团⑬和校际体育活动等因素正相关。

针对精英高校的研究发现，大部分学生的学术和社会体验满意度很高，⑭ 这

---

① Kuh, G. D., Kinzie, J., Schuh, J. H., & Whitt, E. J. (2005). *Student Success in College: Creating Conditions That Matter*. San Francisco, CA: Jossey-Bass.

② Brown, T. L. (2000). Gender Differences in African American Students' Satisfaction with College. *Journal of College Student Development*, 41: 479－487.

③ Lohfink, M. M., & Paulsen, M. B. (2005). Comparing the Determinants of Persistence for First-generation and Continuing-generation Students. *Journal of College Student Development*, 46: 409－428.

④ Clotfelter, C. T. (2003). Alumni Giving to Elite Private Colleges and Universities. *Economics of Education Review*, 22: 109－120.

⑤ Weerts, D. J., & Ronca, J. M. (2008). Characteristics of Alumni Donors Who Volunteer at Their Alma Mater. *Research in Higher Education*, 49: 274－292.

⑥ Astin, A. W. (1999). Student Involvement: A Developmental Theory of Higher Education. *Journal of College Student Development*, 40: 518－529.

⑦ Lamport, M. A. (1993). Student-faculty Informal Interaction and the Effect on College Student Outcomes: A Review of the Literature. *Adolescence*, 28: 971－990.

⑧ Astin, A. W. (1993). *What Matters in College? Four Critical Years Revisited*. San Francisco, CA: Jossey-Bass.

⑨ Sax, L. J., Bryant, A. N., & Harper, C. E. (2005). The Differential Effects of Student-faculty Interaction on College Outcomes for Women and Men. *Journal of College Student Development*, 46: 642－657.

⑩ Endo, J. J., & Harpel, R. L. (1982). The Effects of Student-faculty Interaction on Students' Educational Outcomes. *Research in Higher Education*, 16: 115－138.

⑪ Pike, G. R. (1991). The Effects of Background, Coursework, and Involvement on Students' Grades and Satisfaction. *Research in Higher Education*, 32: 15－30.

⑫ Brown, T. L. (2000). Gender Differences in African American Students' Satisfaction with College. *Journal of College Student Development*, 41: 479－487.

⑬ Zhao, C. M., & Kuh, G. D. (2004). Adding Value: Learning Communities and Student Engagement. *Research in Higher Education*, 45: 114－138.

⑭ Bowen, W. G., & Bok, D. (1998). *The Shape of the River: Long-term Consequences of Considering Race in College and University Admissions*. Princeton, NJ: Princeton University Press.

正是他们积极参与校园活动的结果。通过分析在 20 世纪 80 年代和 90 年代进入精英高校者的回顾调查数据，伊斯帕谢德(Espenshade)和雷德福(Radford)发现，半工半读的学生对校园社会生活的满意度较低。另外，女生对于学术体验满意度较高，而男生对于社会体验满意度较高。① 通过一项针对 28 所精英高校学生的长期研究，查尔斯(Charles)和他的同事发现，与白人和拉丁裔学生相比，黑人和亚裔学生的校园体验满意度较低；② 而且，黑人学生满意度偏低大多是因为他们学业成绩差、自信心不够和参与校园活动较少。另外，频繁与老师互动能够预测出各阶级学生的满意度。③ 在一项针对私立精英高校校友的研究中，克劳特费尔特(Clotfelter)发现，大学期间拥有一位学业导师与整体的大学体验满意度相关。④

到目前为止，很少有研究关注不同社会阶级的学生有什么不同的校园体验。⑤⑥ 作为一个明显的例外，沃波尔(Walpole)分析了面向全国四年制高校学生的纵向调查数据。他发现，与优势家庭的学生相比，出身于劣势家庭的学生参加课外活动的时间比较少，在大学期间半工半读的情况比较多，最终拿到毕业证的可能性比较低。⑦ 之前，面向精英高校学生的研究发现，社会经济出身对大学

---

① Espenshade, T. J., & Radford, A. W. (2009). *No Longer Separate, Not Yet Equal: Race and Class in Elite College Admission and College Life*. Princeton, NJ: Princeton University Press.

② Mooney, M. (2010). Religion, College Grades, and Satisfaction at Elite Colleges and Universities. *Sociology of Religion*, 71: 197—215.

③ Fischer, M. J. (2007). Settling into campus life: Differences by Race/ethnicity in College Involvement and Outcomes. The Journal of Higher Education, 78: 125—156.

④ Clotfelter, C. T. (2003). Alumni Giving to Elite Private Colleges and Universities. *Economics of Education Review*, 22: 109—120.

⑤ Pascarella, E. T., & Terenzini, P. T. (2005). *How College Affects Students, Volume 2: A Third Decade of Research*. San Francisco, CA: Jossey-Bass.

⑥ Paulsen, M. B., & St. John, E. P. (2002). Social Class and College Costs: Examining the Financial Nexus Between College Choice and Persistence. *The Journal of Higher Education*, 73: 189—236.

⑦ Walpole, M. (2003). Socioeconomic Status and College: How SES Affects College Experiences and Outcomes. *The Review of Higher Education*, 27: 45—73.

结果的影响微弱或不确定。①②③ 本研究检验了社会阶级如何影响到学生在就读私立精英高校期间的校园生活及一系列的活动参与。这填补了现有文献的一个空白。

二、社会阶级、文化资本和学有所成

皮埃尔·布迪厄(Pierre Bourdieu)是教育社会学领域的重要人物之一。他非常关注高等教育中的阶级不平等问题。在关于法国高等教育体系的研究中，布迪厄发现，工人阶级的学生住在家里的比较多，半工半读的比较多，因此参加校园活动比较少。在教室外面，工人阶级的学生和支配阶级的学生互动很少。④ 在分析自己经历时，布迪厄提到，他虽然成绩优异，但在就读精英寄宿学校和大学时感到格格不入，甚至充满了反感，因为自己只是个乡村邮递员的儿子。即使对于天赋异禀、上进心强的学生来说，精英大学的求学经历也会放大其阶级出身的特征，这是因为一种“高学术奉献和低社会出身之间的强烈反差，也就是充斥着紧张和矛盾的分裂生存心态”。⑤

在教育研究领域，布迪厄最大的贡献之一是文化资本这个概念，即用于社会排斥的上流社会物品、标准和证书等。⑥⑦ 如同经济资本和社会资本一样，文化资本也可以随着时间积累并转化为其他资源。重要的是，个体在社会空间中的地

① Bowen, W. G., & Bok, D. (1998). *The Shape of the River: Long-term Consequences of Considering Race in College and University Admissions*. Princeton, NJ: Princeton University Press.

② Charles, C. Z., Fischer, M. J., Mooney, M. A., & Massey, D. S. (2009). *Taming the River: Negotiating the Academic, Financial, and Social Currents in Selective Colleges and Universities*. Princeton, NJ: Princeton University Press.

③ Espenshade, T. J., & Radford, A. W. (2009). *No Longer Separate, Not Yet Equal: Race and Class in Elite College Admission and College Life*. Princeton, NJ: Princeton University Press.

④ Bourdieu, P., & Passeron, J. C. (1979). *The Inheritors: French Students and Their Relation to Culture*. Chicago: The University of Chicago Press.

⑤ Bourdieu, P. (2007). *Sketch for a Self-analysis*. Chicago: The University of Chicago Press.

⑥ Lareau, A., & Weininger, E. B. (2003). Cultural Capital in Educational Research: A Critical Assessment. *Theory and Society*, 32: 567－606.

⑦ Sallaz, J. J., & Zavisca, J. (2007). Bourdieu in American Sociology, 1980－2004. *Annual Review of Sociology*, 33: 21－41.

位与他获取及拥有的物质资源、象征资源相关。① 也就是说，进入大学时，支配阶级的学生不仅拥有很多的经济资本，而且拥有大量的文化资本。

扑克牌游戏这个隐喻有助于描述社会阶级和资本形式之间的关系。② 支配阶级的学生有更多的赌博筹码(即资本形式)，在众多玩家和各类游戏中，他们可以采取更加激进的策略，额外增添几分胜率。就如同经验老道的扑克玩家会坐在后面的位置一样，出身于支配阶级的学生拥有更多信息来评估成功的可能性，这样他们的下注(即部署身体化的文化资本)会更有效。在另一个极端，从属阶级的学生像是扑克游戏中的菜鸟，他们必须小心翼翼地遵守基本规则，无法掌握一轮轮游戏和一众玩家传递下来的微妙暗示。这样，支配阶级的优势翻倍：首先，他们拥有大量的各类资本；其次，他们从自己拥有的资本中攫取更大的收益。

因为文化资本和经济资本的分配并不完美一致，学校得以打着择优录取的旗号青睐支配阶级的学生。另外，因为拥有的资本形式相对不同，支配阶级又可划分为相互竞争的几个分支群体，③④ 这样也就使大家不会注意到教育机构在再生产社会不平等过程中发挥的作用。⑤ 例如，人们会认为专业技术人员和企业管理者分属两个阶级，因其分别有文化资本和经济资本。精英大学更为看重支配阶级当中“文化”群体的体验，这就对“经济”群体构成了挑战，但这并不阻碍后者将来通过其他途径取得成功。然而，从属阶级的学生既缺少文化资本又缺少经济资本，他们在求学过程中的劣势在不断累积。因此，在代际之间(通过遗赠或继承)直接传递财富的再生产策略越来越没有效力，但是，通过嘉许与特定背景和家庭环境相关的文化资本，学校在维护社会经济不平等当中发挥了越来越多的作用。

三、研究问题

基于布迪厄的研究和理论，本研究检验了学生的阶级出身如何影响到他们的校园生活。通过分析针对私立精英大学学生的调查数据，本研究回应了三个主要问题：

---

① Lin, N. (2001). *Social capital: A Theory of Social Structure and Action*. New York: Cambridge University Press.

② Bourdieu, P., & Wacquant, L. J. D. (1992). *An Invitation to Reflexive Sociology*. Chicago: The University of Chicago Press.

③ Bourdieu, P. (1973). Cultural Reproduction and Social Reproduction. In R. Brown (Ed.), *Knowledge, Education, and Culture Change*. London: Tavistock.

④ Bourdieu, P. (1984). *Distinction: A Cocial Critique of the Judgement of Taste. Cambridge*. MA: Harvard University Press.

⑤ Bourdieu, P. (1996). *The State Nobility: Elite Schools in the Field of Power*. Stanford, CA: Stanford University Press.

（一）私立精英大学的基本阶级结构是怎样的

近几十年来，工人阶级和从属阶级学生升入大学的比例一直在提升。然而，提升的总体幅度并不大，不单比不上种族不平等降低的幅度，①② 更比不上女性在大学入学和获得学位中日益上升的优势。③④ 另外，现在的研究仍然按照传统的方式来宽泛地界定阶级（如下层、中产或上流），忽略了支配阶级中潜在的异质性。为了更加细致描述学生的阶级出身，为了探讨布迪厄的模型在多大程度上适用于美国的精英教育，我检验了学生背景多种特征之间的关联。

（二）不同的校园参与模式在多大程度上反映了各阶级在升学机会上的差异以及他们在大学期间兴趣上的差异

有没有证据显示，出身于弱势阶级的学生在校园生活中受到排斥，或者他们所处的环境与他们期待的校园生活不一致？在学业优异不如积极参与社会生活重要的校园环境中，工人阶级学生在多大程度上感到迷茫或格格不入？为了回答这些问题，我探究了前人研究中已经强调过的各阶级在学术、课外及文娱活动方面的差异，包括时间分配规律、社团成员身份及与教师的互动等。

（三）社会阶级如何影响到大学期间的满意度

我找出了各阶级对于大学社区、社会生活及课程与教学质量等方面满意度的差异。通过回归分析，我检验了这些差异能否通过校园参与及时间分配模式来加以解释。另外，为了确定校园活动的效果是否受到社会阶级的影响，我检验了一些重要的互动关系。我发现，与支配阶级的学生相比，其他学生花在社会和文娱活动上的时间比较少，他们做兼职赚取大学费用的情况比较多，这种校园参与度的差别导致其他学生在毕业时满意度较低。另外，我还发现，做兼职与满意度低之间的关联只适用于中产和从属阶级的学生，不适用于支配阶级的学生，因为后者做兼职并非为生计所迫，而是出于自主选择。

四、研究设计

《校园生活和学习》项目（以下简称 CLL 项目）对一所精英大学的学生进行了

---

① Gamoran, A. (2001). American Schooling and Educational Inequality: A Forecast for the 21st Century. *Sociology of Education*, 74: 135－153.

② Karen, D. (2002). Changes in Access to Higher Education in the United States: 1980－1992. *Sociology of Education*, 75: 191－210.

③ Buchmann, C., & DiPrete, T. A. (2006). The Growing Female Advantage in College Completion: The Role of Family Background and Academic Achievement. *American Sociological Review*, 71: 515－541.

④ Hamilton, L., & Armstrong, E. A. (2009). Gendered Sexuality in Young Adulthood: Double Blinds and Flawed Options. *Gender & Society*, 23: 589－616.

回顾性的定群追踪调查；《合作学院研究项目》(以下简称 CIRP 项目)对美国高等教育系统进行了全国性的长期纵向研究。我对这两个项目收集的数据做了二级分析。CLL 项目从杜克大学 2001 届和 2002 届新生当中抽取了具有代表性的样本，在他们读大学期间进行了四轮跟踪调查，时间分别为他们入学前的暑假及大一、大二和大四的春季学期。① 另外，几乎所有 CLL 项目的受访者同意我们查阅他们的学校记录、入学文件和正式成绩单。杜克大学位于北卡罗来纳州达勒姆县，是一所私立的研究型大学，共有本科生约 6 000 人。与大多数高校相比，杜克大学的入学筛选更严格，在每年秋季收到的大约 20 000 份申请中，只有不到 1/5 的人会被最终录取。尽管如此，CLL 项目还是为我们详细描绘出了一所典型的精英高校的学生生活。②

作为 CIRP 项目的实施者，高等教育研究院收集了 50 多年来高校学生的大量数据。③ 它每年都会在几百所高校里面对大一新生开展《大学新生调查》。少量高校还会对大四学生进行《大学高年级调查》。基于受访者在这两项调查中提供的数据，我把全国性样本限定为 1999 年进入私立高校、SAT 平均成绩不低于1 300 分并且 2003 年春季仍就读于同一高校的全职学生。

总体来说，私立精英大学的学生都胸怀大志，家人为他们的大学计划提供了大量支持。而且，学业成绩非常差的人很少。在 CLL 项目中，只有不到 2%的学生最终平均成绩(GPA)低于“C+”(即 4 分制中的 2.3 分)，在入学后的 5～6 年内，只有 4%的学生没有在杜克大学获得学位(包括转学、开除和退学的学生在内)。在全国样本中，不到 1%的学生在《大学高年级调查》中反映，他们的平均成绩低于“B－或 C+”。

杜克样本(CLL 项目)和全国样本(CIRP 项目)在一些内容上非常相似，但也有一些明显的不同。与全国样本相比，杜克样本具有更多的种族多样性，家庭也

---

① 基于学生在入学申请表上的信息，CLL 项目在每届学生当中都随机抽取了 1/3 的白人学生、2/3 的亚裔学生、所有的非裔和拉丁裔学生以及 1/3 混血学生。对 CLL 项目数据的所有分析都运用了概率加权来反映抽样框架。抽样中大约 77%的学生(1 181 人)完成了入学前的首轮调查。在完成首轮调查的学生当中，77%的人完成了大一时的调查(910 人)，75%的人完成了大二时的调查(891 人)，67%的人完成了大四时的调查(793 人)。

② Spenner, K. I., Buchmann, C., & Landerman, L. R. (2005). The Black-white Achievement Gap in the First College Year: Evidence from a New Longitudinal Case Atudy. *Research in Social Stratification and Mobility*, 22: 187－216.

③ Higher Education Research Institute. (2011). Cooperative Institutional Research Program. UCLA Graduate School of Education & Information Studies. www.heri.ucla.edu/index.php. Accessed 24 June 2011.

更为富裕。① 然而，在私立精英大学，一名典型学生的家境只是相对于平均家庭水平更为优越。举例来说，CLL 项目中 71%的学生和 CIRP 项目中 59%的学生，其父母至少有一方获取得了大学学位或者专业技术证书，而在全国四年制高校大学生当中，这一比例仅为 30%。② CLL 项目中 48%的学生和 CIRP 项目中 26%的学生说，进入大学前家庭年收入超过 15 万美元，即相当于全国家庭收入分布中前百分之五的水平。③ 另外，CLL 项目学生的 SAT 成绩比 CIRP 项目学生稍高，尽管两个样本中都有 95%的学生成绩排在全国前 25%的水平。④

(一)测量社会阶级

根据特定的研究问题与理论观点，社会阶级这一概念有很多种不同的定义。⑤⑥ 社会科学研究经常采用主观标准(即个人把自己归入的类别)或客观标准(即描述个人在市场和社会中的位置)来界定社会阶级。主观标准有助于理解个体成员的想法，但客观标准更适合于考察阶级地位如何影响到未来的生活机遇、体验和福祉。⑦ 尽管主观的阶级认同经常与社会科学家所指定的标签相关，但最贫穷和最富有的个体则倾向于把自身归入与其收入或受教育水平不相称的类别。⑧ 另外，鉴于大学期间涵盖了从依靠家庭的少年到独立自主的青年这一过渡阶段，学生的主观阶级身份可能指向他们父母的社会阶级、他们现在的社会地位或者期

① 在确定 CLL 项目受访者的种族类别时，会像人口普查那样，首先询问受访者是否为西班牙裔，之后再问种族类别。所有"西班牙裔"受访者都认为自己属于白人，但这一群体实际被归为拉丁裔。在 CIRP 项目中，学生种族基于他们在《大学新生调查》或《大学高年级调查》中的回答来确定。

② Arum, R., & Roska, J. (2011). *Academically Adrift: Limited Learning on College Campuses*. Chicago: The University of Chicago Press.

③ DeNavas-Walt, C., & Cleveland, R. (2002). *Money Income in the United States*, 2001. US Census Bureau, Current Population Reports. Washington, DC: US Government Printing Office.

④ CLL 项目学生的 SAT-I(数学和语言测试)平均成绩为 1405 分，CIRP 项目学生的相应成绩为 1343 分。在所有准备上大学并于 2001 年参加 SAT-I 考试的高三学生当中，平均成绩为 1020 分，前 75%的临界值为 1170 分(College Board 2001)。

⑤ Lareau, A., & Conley, D. (Eds.). (2008). *Social Class: How Does It Work?*. New York: Russell Sage Foundation.

⑥ Wright, E. O. (Ed.). (2005). *Approaches to Class Analysis*. New York: Cambridge University Press.

⑦ Wright, E. O. (1997). *Class Counts: Comparative Studies in Class Analysis*. New York: Cambridge University Press.

⑧ Stuber, J. M. (2006). Talk of Class: The Discursive Repertoires of White Working and Upper-Middle Class College Students. *Journal of Contemporary Ethnography*, 35: 285—318.

望获得的地位或职业。

基于对家庭背景特点的潜在聚类分析(LCA)，① 本研究运用了客观标准来测量阶级。② 简言之，LCA测试了一些观察变量之间的联系是否能用一个基础变量来加以解释。③ 我用LCA来确定需要多少阶级类别来解释父母受教育程度、职业地位和收入变量之间的关联。④ 采用适合模型的最简方案，我将学生划分到了他们最有可能归入的潜在阶级类别。⑤ 两个样本的LCA结果高度一致。这表明，私立精英大学的阶级结构可用四个类别来描述，其中包括支配阶级的两个分支("专业技术阶级"和"管理阶级")，"中产"阶级和"从属"阶级。

专业技术阶级的学生占杜克大学学生样本的33%，占全国样本的22%。专业技术阶级通常地位高，从事像医生、律师、工程师和大学教授这样的高收入行业。专业技术阶级的所有学生至少父母一方拥有本科学历；90%的学生家庭收入排在全国前25%。在升入大学时，专业技术阶级的学生拥有最为抢眼的高中成绩，招生委员会对他们的评价也最好。

管理阶级的学生占CLL样本的1/8，占CIRP样本的1/5。管理阶级通常与企业老板和经理这样的职位相关。在所有群体中，管理阶级的学生上大学前家庭收入最高。但是，与从事专业技术行业的父母相比，作为管理者的父母拥有高等学历的数量稍低。⑥ 与其他学生相比，管理阶级的学生更有可能上过私立中小学、咨询过大学招生顾问或者父母为同一所大学的校友。虽然专业技术家庭和管

① LCA使用了Latent Gold 4.0统计软件来完成(Statistical Innovations 2005)，其他分析则使用了Stata/SE 10.1软件来完成(StataCorp 2008)。

② Martin, N. D. (2009). Quantifying Social Class: A Latent Clustering Approach. In K. Robson & C. Sanders (Eds.), *Quantifying Theory: Pierre Bourdieu*. New York: Springer.

③ Birkelund, G. E., Goodman, L. A., & Rose, D. (1996). The Latent Structure of Job Characteristics of Men and Women. *American Journal of Sociology*, 102: 80-113.

④ 父母受教育程度以家庭中现有的最高学历(高中、大专或本科学历)来衡量。职业地位得分应用于三位数的《1990年职业代码分类索引》并分为地位普通、地位高和地位非常高三类。如果有父亲和母亲的两个得分，职业地位的编码使用了较高的那个得分。高三学生的税前家庭年收入共分为四类：低于42000美元(全国中位数)、介于42000～72999美元(前25%的标准)、介于73000～149999美元和150000美元及以上。在运用了各种其他具体界定方法(如把职业地位和家庭收入作为连续变量并加入商业所有权变量)后，结果也是一致的。

⑤ Hagenaars, J. A., & McCutcheon, A. L. (2002). *Applied Latent Class Analysis*. New York: Cambridge University Press.

⑥ 杜克大学样本中所有出身于管理阶级的学生和全国样本中56%的同类学生反馈，他们的家庭年收入超过150 000美元，或属于全国的前5%的水平。在CLL样本和CIRP样本中，分别有78%和56%出身于管理阶级的学生父母一方拥有本科学历。

理者家庭拥有类似的经济资源，但是专业技术家庭拥有更多的文化资本(如精英大学学历及家庭曾在高校学有所成等)。

在校园中，其他两个群体的特征是，上大学前拥有的总体资源不多。中产阶级和从属阶级的学生分别占到杜克大学样本的37%和17%。在全国样本中，47%的学生来自中产阶级家庭，14%的学生为从属阶级出身。与支配阶级相比，中产阶级在父母受教育程度、职位地位和收入等三个方面的水平都比较低，从属阶级的处境更为不利。另外，中产和从属阶级呈现出更多的种族多样性。① 我用“从属”这一名称强调的是，这种劣势只是相对于学校其他学生而言，在整个社会当中并不一定如此。所有中产阶级的学生和大概半数从属阶级的学生至少父母一方获得了四年制大学学位。在精英大学中，很少有学生出身于贫苦或者工人阶级家庭。出身于传统“蓝领”家庭(即父母从事熟练或半熟练的体力劳动行业)的学生只占到杜克大学样本的2%和全国样本的4%。

(二)变量和策略

本研究把两个数据集放在一起加以考量，弥补了他们各自的缺陷，得以深入研究社会阶级在精英场域中是怎么运作的。如前所述，综合运用学生在四轮访谈中的反馈结果及他们的入学记录和正式成绩单，杜克(CLL 项目)样本非常细致地描绘了校园生活。相比而言，全国样本(CIRP 项目)缺乏学生在大学期间的细节信息，仅限于他们在大四时的报告和回顾。不过，CIRP 样本量大且覆盖了很多高校，拥有更强的统计效力，有助于把结果推广到其他私立精英高校。另外，CLL 项目和 CIRP 项目都为我们提供了机会去联系现有文献，重新考量社会阶级如何影响到校园生活参与。杜克大学长久以来一直属于全国本科著名高校之一，已有研究也把它列为一所典型的精英大学。② 在确定积极的校园参与有益于个人发展和成功方面，CIRP 项目发挥了重要作用。

请参阅附录中的测量注释和本研究中所有变量的描述性统计数据。除非另有说明，有关家庭和高中背景的资料来源于 CLL 项目的入学前首轮调查或 CIRP 项目的《大学新生调查》。杜克大学学生的学期成绩、毕业荣誉和最终主修专业等信息来源于正式成绩单。在全国样本中，大学成绩和主修专业来源于学生在《大学高年级调查》中的反馈。学生满意度以探索性因子分析的尺度进行测量，为学生

---

① 在 CLL 样本中，白人占到专业技术阶级学生的74%和管理阶级学生的85%，在中产阶级和从属阶级学生当中，这一比例分别为66%和44%。在 CIRP 样本中，87%的专业技术阶级、91%的管理阶级、85%的中产阶级和72%的从属阶级是白人。

② Bowen, W. G., & Bok, D. (1998). *The Shape of the River: Long-term Consequences of Considering Race in College and University Admissions*. Princeton, NJ: Princeton University Press.

对校园社区和社会生活、课程与教学及校园设施等的总体满意度。这些指标在大四末期收集，要求学生回顾自己的大学生涯后作出回答。本研究中所有变量的缺失值都不超过2%，缺失值由均值替换。

接下来，我检验了大学四年期间各阶级在每周时间分配和校园活动参与方面的差异。在描述性统计表格中，我对连续变量和有序变量做了单向方差分析(ANOVA)，并对分类变量做了卡方检验，由此注意到了阶级之间的显著差异。接下来，我做了OLS回归分析来检验校园参与模式如何预测取学生在大学毕业时的满意度。对两个样本进行分析得出的结果高度一致，仅有的几处不同已在文中或脚注中标出。为利用每个数据集的优势并强调最为清晰的结果，我用杜克(CLL项目)样本来呈现大学期间的参与模式，用全国性样本(CIRP项目)来检验校园活动参与和满意度之间的关系，并考量校园生活的效果如何受到了社会阶级的影响。

五、结果

初到校园时，各社会阶级的学生就对大学四年抱有不同的计划和期待。在私立精英大学中，所有出身的学生强烈希望学有所成并培养各种技能。然而，同专业技术阶级和管理阶级学的学生相比，中产和从属阶级的学生更注重个人成长，不太看重社会生活和人际关系。① 另外，后两个群体的学生更需要依靠补助金、贷款和奖学金来支付大学费用，打算半工半读的比较多。在大一开学时，全国样本中接近半数从属阶级的学生就打算做兼职来赚取部分大学费用，不到1/4专业技术阶级的学生和不足1/3管理阶级的学生有这种想法。

(一)时间分配和校园活动

每周时间分配和校园活动参与模式反映出了各阶级在大学入学前的不同期待。② 表1描述了杜克大学学生在大学四年期间用于各项活动上的平均时间。通过分析四项全国高校学生调查所采集到的六轮数据，巴布科克(Babcock)和马克斯(Marks)发现，学生每周花在课程或者学习上的平均时间由20世纪60年代早

---

① CLL项目的《大学入学前调查》中，学生回答了他们希望在杜克大学的学习经历中有什么收获的问题。大约3/4出身于中产阶级和从属阶级的从属阶级学生觉得个人成长和认识非常重要，然而不足2/3出身于支配阶级的持有这种观点支配阶级。大约68%专业技术阶级的学生和76%管理阶级的学生觉得社交关系非常重要，然而只有67%中产阶级的中产阶级学生和58%从属阶级的从属阶级学生持有这种观点。

② CLL项目和CIRP项目对时间使用变量进行了重新编码，由8个离散类别改为每个类别范围的中点，对于最高的类别(“20小时及以上”)采用了线性插值。

期的 40 小时缩减到了 2004 年的 26 小时。① 与这一最近数据一致，杜克大学学生的反馈显示，他们大一期间每周花在学习上的时间为 24 小时(包括上课或做实验、学习或做作业等)，大四期间为 20 小时。值得注意的是，各阶级花在学业上的时间并无显著差异。

表 1 各阶级每周用于特定校园活动的时长

	支配阶级		中产阶级	从属阶级
	专业技术阶级	管理阶级		
上课与做实验				
大一	13.50	13.21	13.84	13.20
大二*	13.15	11.44	12.77	13.07
大四	10.28	10.30	10.16	10.85
与朋友交际				
大一**	11.90	12.47	11.27	10.21
大二*	10.32	11.53	10.44	9.20
大四	10.49	11.19	10.37	9.54
学习和做作业				
大一	11.11	10.60	10.66	10.93
大二	11.01	10.05	10.62	10.88
大四	9.74	10.15	9.56	9.43
健身和运动				
大一	5.32	6.02	5.46	5.27
大二	4.96	5.46	5.31	5.28
大四	4.84	5.57	4.22	4.36
聚会				
大一***	5.24	6.03	4.33	3.72
大二**	5.05	5.85	4.36	3.66
大四	5.13	5.33	4.77	4.13

① Babcock, P., & Marks, M. (2011). The Falling Time Cost of College: Evidence From Half a Century of Time-use Data. *The Review of Economics and Statistics*, 93: 468—478.

续表

	支配阶级		中产阶级	从属阶级
	专业技术阶级	管理阶级		
打工(赚钱)				
大一***	1.80	0.94	3.12	4.29
大二***	2.90	2.09	4.49	4.71
大四***	3.90	4.30	6.35	6.80
参加学生社团				
大一**	3.18	2.79	3.01	2.21
大二	3.79	3.13	3.70	3.36
大四	4.62	3.85	4.49	3.61
与老师(在办公时间)会面				
大一	0.81	0.82	0.88	1.01
大二	1.06	0.76	1.01	1.11
大四	1.34	1.42	1.24	1.21
与老师(在其他时间)互动				
大一	0.55	0.50	0.56	0.43
大二	0.55	0.39	0.62	0.50
大四*	0.98	1.05	1.38	0.80

来源：CLL 项目($n=793-910$)

注：阶级间显著区别标注为 *** $P<0.001$；** $P<0.01$；* $P<0.05$(双尾测试)。

除了正式课程外，各阶级参与校园社会生活的模式明显不同。与支配阶级相比，中产阶级特别是从属阶级的学生较少参与校园社会和文娱活动，更有可能边上课边做兼职。在大一时，从属阶级的学生每周用于朋友交往或者聚会的时间比管理阶级的学生少 5 小时；用于参加课外社团的时间比专业技术阶级的学生少 1 小时。在大学四年期间，中产阶级和从属阶级的学生每周要比支配阶级的学生多做 2～3 小时的兼职。另外，从属阶级的学生最不可能加入兄弟会(或女生联谊会)和校内运动队，而在整个大学期间，这两项活动在专业技术阶级和管理阶级的学生当中最为盛行(表 2)。①

精英高校不仅体育活动参与度比较高，而且有必修的体育课程，并为学生提供了最先进的体育馆和健身中心来鼓励学生健身。② 史蒂文斯(Stevens)描述说，精英高校高度重视保持身体健康和体格魅力。③ 在杜克大学，从属阶级的学生在大一、大二期间更有可能参加校际运动队，但他们参加校内运动队或社团的情况不多。在全国样本中，从属阶级的学生说，与专业技术阶级或管理阶级的学生相比，他们每周少花一小时运动或者健身，较少参加校内运动队。

在私立精英大学里，从属阶级的学生较少参加支配阶级学生最为喜爱的另外两项活动：海外游学和喝酒。海外游学体验近年越来越流行。历史上，美国有把年轻人送到欧洲去汲取文化教养的传统。海外游学体验可被视为这种美国精英传统在当代的拓展。④ 在杜克大学，53%专业技术阶级的学生会在大三时去海外游学一段时间，管理阶级和中产阶级的学生这一比例是 45%，从属阶级的学生是 31%。另外，对于专业技术阶级和管理阶级的学生说，喝酒对他们享受校园生活较为重要，在他们参加的社会活动中也比较常见。举例来说，在大一时，大多数学生还差两岁才到法定饮酒年龄。在杜克大学，28%管理阶级的学生和 26%专业技术阶级的学生觉得，喝酒对于他们享受大学生活非常重要或者极其重要，只有 16%中产阶级的学生和 12%从属阶级的学生认同这一看法。大约 81%管理阶级的学生和 77%专业技术阶级的学生说，喝酒经常或总是出现在他们所参加的

---

① 每周时间分配和校园参与模式与其他私立精英大学高度一致。在大四时，CIRP 项目的学生每周用于学业活动的时间为 25 小时。支配阶级的学生每周花 21 小时参加聚会和社会活动，大致比中产阶级的学生多 2 小时，比从属阶级的学生多 4 小时。从属阶级的学生每周做 7 多小时的兼职，相对而言，专业技术阶级和管理阶级的学生每周做 5 小时，而中产阶级的学生每周做 6 小时。另外，在全国样本中，超过 1/3 从属阶级的学生说，有时兼职会影响到学习和课业，只有 1/4 的其他学生如是反馈。在全国样本中，32%专业技术阶级的学生和 30%管理阶级的学生说他们加入了兄弟会或女生联谊会，只有 23%中产阶级的学生和 20%从属阶级的学生如是反馈。

② Bowen, W. G., & Levin, S. A. (2003). *Reclaiming the Game: College Sports and Educational Values*. Princeton, NJ: Princeton University Press.

③ Stevens, M. L. (2007). *Creating a Class: College Admissions and the Education of Elites*. Cambridge, MA: Harvard University Press.

④ Stevens, M. L., Armstrong, E. A., & Arum, R. (2008). Sieve, Incubator, Temple, Hub: Empirical and Theoretical Advances in the Sociology of Higher Education. *Annual Review of Sociology*, 34, 127—151.

社会活动中，66%中产阶级的学生和61%从属阶级的学生如是反馈。①

表 2　各阶级参与校园活动百分比

	支配阶级		中产阶级	从属阶级
	专业技术阶级	管理阶级		
海外游学项目**	53.4	44.8	45.2	31.3
兄弟会或女生联谊会				
大一***	45.4	38.3	32.3	22.2
大二**	46.1	47.4	34.1	30.6
大四*	42.7	45.5	34.2	28.8
校内运动队				
大一***	36.9	42.2	39.0	15.8
大二	34.4	24.5	30.5	22.1
大四	31.9	27.8	27.6	23.9
社区服务社团				
大一	29.9	27.7	25.4	24.1
大二	25.7	26.5	18.5	22.1
大四	28.3	24.7	19.6	22.4
校运动队				
大一*	7.0	14.4	8.3	16.2
大二*	5.6	11.7	9.7	15.6
大四	5.2	9.0	4.6	7.8
学生会				
大一	7.7	3.4	9.4	5.6
大二	6.5	8.0	7.7	4.7
大四	8.0	9.7	6.7	7.0

来源：CLL 项目(n=793－910)

注：阶级间显著区别标注为*** $P<0.001$；** $P<0.01$；* $P<0.05$(双尾测试)。

① 在全国样本中，53%专业技术阶级的学生参加了海外游学项目，只有46%管理阶级的学生、45%中产阶级的学生和37%从属阶级的学生有此体验。在大四时，55%专业技术阶级的学生和58%管理阶级的学生说经常喝啤酒、红酒或白酒，只有50%中产阶级的学生和42%从属阶级的学生如是反馈。

总的来说，中产阶级和从属阶级的学生很少花时间参加支配阶级的学生喜爱的一些活动。这是因为各阶级的经济能力和受到的时间限制不同，他们也对大学四年抱有不同的计划、目标和期待。升入大学以前，支配阶级的学生较为强烈期待建立社会关系并积极参加社会活动。为了支付大学费用，中产阶级和从属阶级的学生则更有可能边上学边做兼职。因为在兼职上多花了时间，他们没有那么多时间与朋友交际、参加课外活动(尤其是兄弟会、女生联谊会和校内运动队)或者参加经常喝酒的聚会。私立精英大学与最近全国高校的趋势一致，学生花在社会活动上的时间不少于他们花在学业活动上的时间。在上课、学习、与老师互动或参加社区服务和志愿者活动等方面，各阶级花费的时间没有实质区别。然而，在整个大学期间，中产阶级特别是从属阶级的学生较少参加校园社会和文娱活动。

(二)学业成绩和成就

如前所述，本研究中的学生学业成绩突出，符合升入精英大学的标准。与专业技术阶级的学生相比，从属阶级的学生考试分数稍微低一点。在杜克大学，98%专业技术阶级和管理阶级的学生 SAT－I 成绩排在所有准备考大学的高三学生的前 1/4，96%中产阶级的学生和 91%从属阶级的学生也是这样。在全国样本中，95%专业技术阶级和管理阶级的学生、94%的中产阶级和 88%从属阶级的学生成绩高于这个标准。

在整个大学期间，专业技术阶级的学生和从属阶级的学生一直在学业成绩上存在差异。出人意料的是，这一差异也存在于支配阶级的两个分支当中，即专业技术阶级的学生和管理阶级的学生之间。管理阶级的学生在社会经济背景方面与专业技术阶级的学生相似，但在学业成绩上却与从属阶级的学生更为相似。在杜克大学，专业技术阶级的学生几乎每个学期都能获得最高的分数，中产阶级的学生成绩略低，从属阶级的学生平均学期成绩最低，管理阶级的学生成绩略高于从属阶级的学生。在毕业时，27%管理阶级的学生和 23%从属阶级的学生获得了官方的荣誉认证，而中产阶级的学生和专业技术阶级的学生获此荣誉的比例分别为 32%和 39%。①

在全国样本中，20%专业技术阶级的学生说，他们的大学成绩为“A”或以上，17%中产阶级的学生、14%管理阶级的学生和 13%从属阶级的学生如是反馈。

---

① 毕业荣誉见于正式成绩单，包括拉丁学位荣誉(总结性论文、优等生、优异学业成绩)和院系荣誉或表彰。在毕业时，杜克大学专业技术阶级的学生最终平均分数(累积)为 3.44(满分为 4 分)，中产阶级的学生为 3.41 分，管理阶级的学生为 3.35 分，从属阶级的学生为 3.31 分。

其他人已经注意到，学生满意度和学习成绩之间的关系错综复杂。①② 现在尚不清楚分数高是否意味着校园体验满意度更高。由于数据有限，仅有的大学满意度指标于大四末期采取，我无法检验可能存在的因果关系。在已有文献基础上，我的策略是将学业成就与学生的沮丧感、总体生活满意度及主修专业一道作为控制变量。③④⑤ 在下一部分，我要探究的是，在控制成绩及其他重要变量后，校园生活当中的哪些活动和方面可以预测在学术和社会生活领域的满意度。

(三)校园生活满意度与大学体验

总的来说，在私立精英大学，绝大多数学生达到了中等以上的满意程度。然而，在校园生活的几个方面，专业技术阶级的学生所反馈的满意度都处在最高水平(表 3)。与管理阶级、中产阶级和从属阶级的学生相比，专业技术阶级的学生对校园社区、社会生活、课业和教学质量的满意度更高。⑥ 值得注意的是，对于跟本科教育其他领域相关的校园服务和设施，各阶级的满意度并没有显著差异。

为了检验校园体验和活动如何影响到在大学毕业时的满意度，表 4 呈现了预测校园生活总体满意度的嵌套回归模型。结果变量是个尺度，综合了学生对表 3 中有关校园社区和社会生活七个项目的所有反馈。⑦ 基线模型只包括了有关阶级出身的虚拟变量(模型 1)。与专业技术阶级的学生相比，其他学生在大学毕业时

① Bean, J. P., & Bradley, R. K. (1986). Untangling the Satisfaction-performance Relationship for College Students. *The Journal of Higher Education*, 57: 393—412.

② Pike, G. R. (1991). The Effects of Background, Coursework, and Involvement on Students' Grades and Satisfaction. *Research in Higher Education*, 32: 15—30.

③ Astin, A. W. (1993). *What Matters in College? Four Critical Years Revisited*. San Francisco, CA: Jossey-Bass.

④ Charles, C. Z., Fischer, M. J., Mooney, M. A., & Massey, D. S. (2009). *Taming the River: Negotiating the Academic, Financial, and Social Currents in Selective Colleges and Universities*. Princeton, NJ: Princeton University Press.

⑤ Pilcher, J. J. (1998). Affective and Daily Event Predictors of Life Satisfaction in College Students. *Social Indicators Research*, 43: 291—306.

⑥ CLL 项目《大学高年级调查》要求学生排列他们对本科阶段几个方面的满意度。与专业技术阶级的学生相比，中产阶级和从属阶级的学生对他们在杜克大学的总体体验、住宿生活、社会生活、兄弟会或女生联谊会体验、专业领域、班额及指导老师等满意度较低。然而，由于样本量小，这些差异大多没有达到显著水平。

⑦ CIRP 项目《大学高年级调查》要求学生就他们对大学 28 个不同方面的满意度打分(1＝不满意，4＝非常满意)。几乎 1/3 的学生表示，他们没有接受过经济资助，因此我没对这一项进行分析。在最大方差法下(平均负载为 0.59，最小负载为 0.40)，通过主成分分析法，我找出了三个容易解释的因素。基于最大方差法，这些项目合并成了描述校园社区和社会生活满意度(alpha＝0.82)、课程和教学质量满意度(alpha＝0.79)以及校园服务满意度(alpha＝0.76)的三个标尺。

的满意度显著较低。在增加其他社会人口变量后，阶级出身的影响仍然显著，基本没有变化(模型 2)。与男生相比，女生的满意度比较高；与其他学生相比，黑人学生对校园社区和社会生活的满意度较低。

大学成绩、专业领域和沮丧感都与满意度有极大关系(模型 3)。简言之，高分学生和非工程学专业的学生满意度比较高，在前一年当中经常感到沮丧的学生对校园社会生活的满意度显著较低。控制这些变量后，从属阶级与专业技术阶级学生的满意度差异降低了 41%，中产阶级与专业技术阶级学生的满意度差异降低了 21%，然而阶级出身的系数仍然显著(模型 3 vs 模型 1)。换句话说，即使在控制专业技术阶级学生的优异成绩以后，其他学生在大学毕业时对校园社区和社会生活的满意度仍然显著较低。

多个有关时间分配和校园活动参与的变量与学生满意度显著相关(模型 4)。每周与朋友交际的时长(beta＝0.08)、学习或做作业的时长(beta＝0.08)、健身或参加体育活动的时长(beta＝0.04)以及参加课外社团的时长(beta＝0.12)都对满意度有相对中等或强烈的积极影响，然而做兼职的时长则有负面影响(beta＝－0.04)。① 另外，参加校内体育活动、社区服务、学生会和海外游学等活动的学生对校园社会生活满意度较高，经常在课外与老师互动的学生满意度也比较高。这些有关校园活动参与和与老师互动的变量可以解释从属阶级学生剩余满意度差异的 41%，中产阶级学生剩余满意度差异的 29%(模型 4 和模型 3)。

表 3 各阶级学生对大学生活特定方面感到非常满意的百分比

	支配阶级		中产阶级	从属阶级
	专业技术阶级	管理阶级		
社区与社会生活				
整体大学体验***	53.4	42.7	45.1	41.8
对校园社区的感受*	45.0	39.3	42.4	37.2
与其他学生互动**	46.0	40.1	38.6	37.2
社区服务的机会*	43.5	38.9	37.3	41.2
文娱设施	33.1	32.3	28.8	27.9
领导力发展机会*	28.1	23.4	23.3	20.4
学生住宿	17.8	14.7	18.5	18.3

① 先前的调查曾经发现，校内兼职对学生满意度有积极影响(如，Astin 1993)。基于其他有关学生兼职的变量，我发现，与其他学生相比，从属阶级的学生更有可能在校内外兼职或全职打工。用相应变量代替表 4(模型 4)中每周工作时长的变量后，我发现校内打工能产生显著的积极影响，而校外全职打工却能造成显著的消极影响。

续表

	支配阶级		中产阶级	从属阶级
	专业技术阶级	管理阶级		
课程和教学				
主修专业课程**	53.6	48.6	46.4	45.1
整体教育质量***	45.3	34.4	35.4	34.3
班额*	36.8	34.7	30.7	31.2
与老师接触量**	37.9	29.0	31.7	32.9
社会科学课程***	36.8	25.3	29.2	31.2
找到导师的能力*	31.5	25.3	27.7	25.4
人文课程***	33.5	22.9	25.9	25.8
通识课程***	32.8	23.9	24.7	23.3
科学和数学课程***	22.3	15.0	16.5	12.3
课程与日常生活的关联	16.9	15.6	15.1	15.4
校园服务				
互联网连接	59.0	58.0	58.9	64.5
电脑设施	43.2	39.7	40.1	41.6
图书馆设施*	40.5	36.9	34.2	36.2
实验室设施和设备**	28.8	23.6	22.2	22.9
计算机培训/辅助质量	14.5	16.7	13.8	14.8
学业咨询	14.6	12.1	12.6	14.1
辅导或学业辅助*	14.8	11.2	10.7	13.1
职业咨询和建议	12.1	10.5	11.2	11.9
学生就业服务	10.4	11.3	9.0	12.5
校园医疗服务	11.5	10.2	8.2	10.6

来源：CIRP 项目(n=3，174)

注：阶级间显著区别标注为 *** $P<0.001$；** $P<0.01$；* $P<0.05$(双尾测试)。

表 4 预测学生对校园社区和社会生活满意度的 OLS 回归模型

	模型 1	模型 2	模型 3	模型 4
	系数(标准误差)	系数(标准误差)	系数(标准误差)	系数(标准误差)
社会阶级(以专业技术阶级作为参照)				
管理阶级	−0.58 (0.21)**	−0.59 (0.21)**	−0.52 (0.21)*	−0.47 (0.19)*
中产阶级	−0.43 (0.18)*	−0.44 (0.18)*	−0.34 (0.17)*	−0.22 (0.17)
从属阶级	−0.74 (0.23)***	−0.67 (0.23)**	−0.44 (0.22)*	−0.26(0.22)
种族(以白人作为参照)				
黑人		−1.29 (0.40)***	−.99 (0.40)*	−.85 (0.38)*
拉丁裔		0.13 (0.32)	0.15 (0.31)	0.22 (0.30)
亚裔		−0.51 (0.28)	−0.38 (0.27)	−0.30 (0.26)
女性		0.88 (0.13)***	0.76(0.14)***	0.59 (0.14)***
专业领域(以工程学作为参照)				
自然科学			1.13 (0.26)***	0.90 (0.25)***
商学			1.27 (0.26)***	1.19 (0.25)***
社会科学			1.03 (0.25)***	0.67 (0.24)**
艺术与人文科学			1.12.71 (0.25)**	(0.25)***
其他			0.67 (0.30)*	0.48 (0.29)
大学成绩：平均“A”			0.79 (0.18)***	0.41 (0.17)*
经常感到沮丧			−2.48(0.26)***	−2.31(0.24)***
每周时长				
与朋友交际				0.05 (0.01)***
学习或做作业				0.05 (0.01)***
健身或运动				0.03 (0.01)*
打工(赚钱)				−0.03 (0.01)*
学生社团				0.10 (0.01)***
校园活动：				
兄弟会、女生联谊会				−0.97 (0.15)***
校内运动队				0.61 (0.15)***
社区服务				1.10 (0.17)***
学生会				0.94 (0.18)***

续表

	模型 1	模型 2	模型 3	模型 4
	系数(标准误差)	系数(标准误差)	系数(标准误差)	系数(标准误差)
海外游学				0.54 (0.13)***
经常与老师接触				
在老师家做客				0.99(0.25)***
在办公时间见老师				0.55 (0.15)***
恒量	22.02 (0.14)***	21.63 (0.16)***	20.66 (0.25)***	18.67 (0.32)***
R^2	0.01	0.02	0.07	0.17

来源：CIRP 项目（n=3，174）

注：显著系数标注为 *** $P<0.001$；** $P<0.01$；* $P<0.05$(双尾测试)。

在最后一个模型中，中产阶级和从属阶级的系数变得不再显著，但管理阶级的系数依然强劲。中产阶级和从属阶级的学生满意度低可以归因于他们不同的校园活动参与模式，但是专业技术阶级和管理阶级学生之间的满意度差异则表明，支配阶级的两个分支群体有不同的学术取向。与专业技术阶级家庭相比，管理阶级家庭不能提供同样多的文化资本(诸如精英大学学历以及家人在高校中学有所成的经历)。管理阶级的学生不符合在校园中和课堂上最受青睐的“大学人”的完美形象，这就导致他们整个大学期间在成绩和满意度上持续落后于专业技术阶级的学生。因此，管理阶级的学生在精英大学场域中相对处于劣势，尽管这个群体几乎所有的学生都会从精英大学毕业并拿到学位。

在符合要求的结果中，我检验了社会阶级和表 4 中列出的所有变量之间显著关系。控制阶级出身后，大多数校园活动参与的变量(包括大学成绩、与朋友交际、参加课外社团、提供志愿服务、出国游学和与教师互动等)都对所有学生有积极影响。然而，用于打工赚取大学费用的时间只对中产阶级(beta=－0.05)和从属阶级(beta=－0.12)的学生有显著的负面影响。这项结果凸显出，有些人自主选择做兼职或为了保持积极的社会生活而做兼职，有些人为了支付学费、食宿费及其他费用而不得不工作，这二者之间存在很大区别。

在其他未呈现的结果中，我进行了预测课程与教学质量满意度和校园服务满意度的平行分析。我发现了在课程满意度方面存在类似但较弱的结果模式。与专业技术阶级的学生相比，从属阶级的学生对于课程质量的满意度较低，这一差异可以通过校园参与的差异来加以解释。如前所述，对从属阶级的学生而言，用于打工赚钱的时间与课程满意度之间显著负相关，然而这一相关性不适用于其他学生。形成对比的是，社会阶级与对校园服务满意度的差异无关。如上所述，学生使用学校设施(如健身房、图书馆和学生中心等)越频繁，他们对校园生活中的这一方面就越满意。然而，这一模式不适用于兄弟会和女生联谊会的成员。与其他学生相比，兄弟会和女生联谊会的成员花在社会和课外活动上的时间比较长，他们去海外游学的情况较多，反馈的沮丧感较少。然而，兄弟会和女生联谊会的成员花在学习上的时间较少，成绩较低，对大学体验的所有三个方面满意度都比较低。查尔斯和他的同事也发现，参加兄弟会和女生联谊会对满意度的影响并不确定，虽然成员身份与满意度正相关，但是住在希腊学会则会有消极影响。①②

总的来说，在私立精英大学，不同阶级的学生对校园社会生活抱有不同的期待，也有不同的体验。支配阶级的学生在社会和文娱活动(如与朋友交际、健身或参加体育活动等)上投入了大量时间，而这些活动都与在毕业时的满意度较高相关。相比之下，在升入大学时，中产阶级和从属阶级的学生对支配阶级学生喜爱的一些校园活动并不太感兴趣。在上学期间，中产阶级和从属阶级的学生更有可能得做兼职赚取部分大学费用。半工半读导致中产阶级和从属阶级的学生毕业时满意度较低，然而这一相关性不适用于支配阶级的学生。尽管在大学期间学业成绩差距长期存在，但各阶级在学业期待上或用于上课或学习的时长上并无显著差异。相反，中产阶级和从属阶级的学生满意度较低可以通过他们参与社会和课外活动的不同来加以解释。

六、讨论

在现有文献的基础上，本研究发现，积极参与校园活动促使学生在毕业时满意度较高。在私立精英大学，学生用于与朋友交际、健身或运动、参加课外活动(如加入校内运动队、志愿者组织和学生会)的时间越长，他们对校园社区和社会生活的满意度就越高。参加海外游学项目以及经常与老师互动的学生对大学体验的满意度比较高，而半工半读的学生满意度比较低。

本研究指出了各社会阶级在校园参与方面的差异，揭示出阶级出身调节了半工半读对学术与社会生活满意度的影响。这是本研究的一个主要贡献。伊斯帕谢

---

① Charles, C. Z., Fischer, M. J., Mooney, M. A., & Massey, D. S. (2009). *Taming the river: Negotiating the academic, financial, and social currents in selective colleges and universities*. Princeton, NJ: Princeton University Press.

② CLL 项目数据(n=793)呈现出一致但较弱的结果模式。用于预测校园社会生活满意度(alpha=0.68)和学术满意度(alpha=0.78)的 OLS 模型中，中产阶级和从属阶级背景的参数都是负的，但没有达到显著水平。在杜克大学，学生花在与朋友交际、学习和参加课外活动上的时间越长，他们对校园社会生活就越满意，花在学习上的时间对课程满意度有积极影响。全国样本的结果与此相反，兄弟会和女生联谊会的成员都对校园社会生活更为满意。

德和雷德福提出，在精英高校，低收入家庭的学生社会体验满意度较低，因为他们不仅会受到经济能力和时间的双重限制，而且他们对于精英环境大体感到不适。① 运用收集于整个大学期间的详细调查数据，本研究为这一见解提供了实证支持。中产阶级和从属阶级的学生更有可能打工赚取部分大学费用，因此，在大学期间参加校园社会和文娱生活的时间较少。不同的校园参与以及不同的大学成绩、不同的幸福感解释了中产阶级和从属阶级的学生对社会和学术体验的满意度较低。另外，仅对中产阶级和从属阶级的学生来讲，打工赚钱和大学满意度之间显著负相关。也就是说，支配阶级学生在大学期间打工是出于自主选择而非生计所迫，因此并不影响他们对于大学生活的满意度。

在关于法国教育和社会的经典研究中，布迪厄构建了一个独特甚至有点非常规的社会阶级模型：在机构场域中，各阶级的位置依其拥有的经济资本和文化资本的总量及构成而定。简言之，与中产阶级、工人阶级或从属阶级相比，支配阶级拥有的各类资本往往都比较多。但在这些广泛的阶级类别下，尤其是在支配阶级内部，因为经济资本和文化资本的不同构成而产生了存在竞争关系的阶级分支。这些阶级分支拥有不同的生活方式，对待教育的态度也不相同。例如，布迪厄发现，法国商业管理人员因为拥有大量的经济资本而居于支配地位，他们通过购买奢侈品来展示社会地位，他们把学校教育当作跨代传承自身优势和特权有效途径。另一方面，老师和艺术家经常参加一些不太昂贵但更考验智力的活动(如参观画廊或欣赏戏剧)，他们最为看重教育成功。虽然拥有的经济资本相对不多，这些阶级分支因为拥有大量受学校青睐的文化资本而居于支配地位。医生、律师和工程师利于这两类阶级分支之间，他们拥有经济资本和文化资本的双重优势，既能享受昂贵的奢侈品，也可以展示在处世方面的教养。②③

很多人批评说，布迪厄的理论只适用于法国。④ 这项研究表明，布迪厄社会阶级模型能够用于研究美国的精英人口，即在私立精英大学读书的学生。通过对家庭出身进行潜在聚类分析，我们找到了支配阶级中的两个明显分支，这是其他有关社会经济出身的模型或者变量所无法做到的。在研究精英高校学生时，其他

① Espenshade, T. J., & Radford, A. W. (2009). *No Longer Separate, Not Yet Equal: Race and Class in Elite College Admission and College Life*. Princeton, NJ: Princeton University Press.

② Bourdieu, P. (1973). Cultural Reproduction and Social Reproduction. In R. Brown (Ed.), *Knowledge, Education, and Culture Change*. London: Tavistock.

③ Bourdieu, P. (1984). *Distinction: A Social Critique of the Judgement of Taste*. *Cambridge*. MA: Harvard University Press.

④ Sallaz, J. J., & Zavisca, J. (2007). Bourdieu in American Sociology, 1980－2004. *Annual Review of Sociology*, 33: 21－41.

研究使用的经济社会出身变量掩盖了支配阶级中的异质性。举例来说，博文(Bowen)和博克(Bok)把社会经济地位分为三大类。他把父母(至少一方)具有大学学历的学生和高收入家庭的学生混为一组，结果发现对大学满意度的影响微弱且不一致。①《全国大学新生纵向调查》的数据把家庭收入作为独立的控制变量(表示年收入超过75000或100000美元的虚拟变量)，结果一直没有发现对大学满意度的显著影响。②③④ 实际上，这种传统的社会经济背景测量方式把专业技术阶级的学生和管理阶级的学生混为一谈，模糊了二者在校园生活满意度和参与度上的阶级差异。

专业技术阶级的学生既追求优异的学业成绩又积极参与社会与课外活动。他们体现了美国精英教育培养"大学人"的传统，即为未来的领导与权力职位准备全面发展的人才。⑤⑥ 专业技术阶级和管理阶级的学生均由经济资本丰富的高收入家庭升入大学，但是管理阶级家庭没有那么多像高等学历这样的文化资本。支配阶级的两大分支在积极参与校园社会和文娱活动方面比较相似，但是管理阶级的学生学业成绩和校园生活满意度都比较低。金钱或许可以带来幸福，但在私立精英大学，带来满意度的是高水平的文化资本。

相反，从属阶级学生在经济资本和文化资本两方面相对都不具有优势。与专业技术阶级相比，从属阶级家庭收入要低很多，家人拥有本科或高等学历或为精英高校校友的情况也比较少。对于专业技术阶级的学生来说，既积极参与校园生活又获得优异的学业成绩非常自然，因为他们入学成绩傲人，又对培养社会关系抱有很高的期望。在整个大学期间，从属阶级的学生都被排斥在一些流行的社会和文娱活动之外。这一方面是出于他们自己的选择(如前所述，他们在入学前对大学抱有不同的期待)，另一方面是为生计所迫(时间、经济条件的限制以及更多

---

① Bowen, W. G., & Bok, D. (1998). *The Shape of the River: Long-term Consequences of Considering Race in College and University Admissions*. Princeton, NJ: Princeton University Press.

② Charles, C. Z., Fischer, M. J., Mooney, M. A., & Massey, D. S. (2009). *Taming the River: Negotiating the Academic, Financial, and Social Currents in Selective Colleges and Universities*. Princeton, NJ: Princeton University Press.

③ Fischer, M. J. (2007). Settling into Campus life: Differences by Race/ethnicity in College Involvement and Outcomes. *The Journal of Higher Education*, 78: 125—156.

④ Mooney, M. (2010). Religion, College Grades, and Satisfaction at Elite Colleges and Universities. *Sociology of Religion*, 71: 197—215.

⑤ Ellis, R. A., Parelius, R. J., & Parelius, A. P. (1971). The Collegiate Scholar: Education for Elite Status. *Sociology of Education*, 44: 27—58.

⑥ Karabel, J. (2005). *The Chosen: The Hidden History of Admission and Exclusion at Harvard, Yale, and Princeton*. New York: Mariner Books.

的兼职工作量）。因为父母为他们支付的大学费用比较少，从属阶级的学生半工半读的情况比较多，留给社会和文娱活动的时间比较少。再者，做校内兼职赚取的那点收入也不足以让他们去豪华餐厅、品味昂贵的调酒或去海外做春季休学旅行。① 除了学费和基本的生活费用，精英高校学生每月用于服装、就餐、娱乐及其他与学业无关的自由项目上的费用是825美元，这一数字比全国大学生的平均标准高出了27%。②

当然，本研究的一些局限性也有待在将来的研究中加以改进。首先，主要因变量和自变量都是在同一轮调查中收集的，从而无法做出因果关系的明确说明。虽然两个数据集的检验结果一致，相关性在不同模型下也都稳定，但是，也有可能是学生满意度高导致了校园活动参与度高（而非校园活动参与度高导致了学生满意度高）。其次，受到数据的限制，本研究无法认真检验贫困或传统的工人阶级学生。在两个样本中，父母双方均没有获得大学文凭的学生只有不足10%，来自传统蓝领工人阶级家庭的学生甚至不足4%。这一数据上的限制指出了在高等教育特别是精英高校中长期存在的阶级不平等。最后，本研究的结果并不适用于所有高校。历史上，私立精英大学在精英阶级的形成及再生产跨代的特权地位当中发挥了重要作用。③ 与其他层次的高校系统相比，精英大学更加强烈地迎合了支配阶级的兴趣和倾向，这并不出人意料。另一方面，精英大学雄厚的财富可以为学生提供更多的经济资助，并缓解学生在读书期间需要长时间工作的压力。与精英大学的学生相比，其他四年制高校的学生需要做兼职的情况更多，这一趋势在过去几十年里愈加强化。④⑤ 对全国高校的学生来说，每周工作超过20小

① Stuber, J. M. (2010). Class Dismissed? The Social-class Worldviews of Privileged College Students. In A. Howard & R. A. Gaztambide-Ferna ? ndez (Eds.), *Educating Elites*. Lanhan, MD: Rowman & Littlefield.

② Kaufman, J. (2001, June 8). Campus Currency: At Elite Universities, a Culture of Money Highlights Class Divide. *Wall Street Journal*, pp. A1, A6.

③ Stevens, M. L., Armstrong, E. A., & Arum, R. (2008). Sieve, Incubator, Temple, Hub: Empirical and Theoretical Advances in the Sociology of Higher Education. *Annual Review of Sociology*, 34: 127-151.

④ Riggert, S. C., Boyle, M., Petrosko, J. M., Ash, D., & Rude-Parkins, C. (2006). Student Employment and Higher Education: Empiricism and Contradiction. *Review of Educational Research*, 76: 63-92.

⑤ Stern, D., & Nakata, Y. (1991). Paid Employment Among U. S. College Students. *The Journal of Higher Education*, 62: 25-43.

时、在校外和父母或亲戚同住等都与在大一时退学相关。① 我们需要更多的研究来检验，在公立非精英高校，从属阶级出身和经济需求如何影响到了校园生活和学生参与度。

2008 年的金融危机和之后的经济衰退给高等教育带来了诸多挑战。更加低迷的经济前景给招生委员会增添了不少压力，他们录取的学生不仅要有助于实现优化学业成绩、增进社会公平的目标，还要有助于应对学校对财政稳定和校园增长等方面的直接关切。②③④ 针对最近预算不足的情况，许多精英高校已经背弃了不考虑学生支付能力的招生政策，或接收了更多的国际学生(这些学生通常不能申请各种经济资助)。⑤ 公立名校已经扩大了州外招生规模，因为需要缴纳更高的学费，州外的学生更有可能来自富裕家庭。⑥

本研究的结果表明，在新生当中提高那些家庭能够支付全额费用的学生比例，这样的招生策略有两个缺陷。这种策略在多大程度上扩大了管理阶级学生的升学机会，它就在多大程度上与高校的其他目标和任务相冲突。在所有群体当中，管理阶级学生的种族多样性最低，约 9/10 的管理阶级学生都是白人。与其他家境富裕的学生相比，管理阶级的学生学习动力不足，对大学的满意度也比较低。另外，这一策略可能会扩大阶级差距，把从属阶级的学生越发排除在校园社会生活之外。中产和从属阶级的学生不得不打工赚取部分大学费用，没有足够的时间参加社会和课外活动，他们因此对学校体验的满意度比较低。我们需要更多的研究来检验大学期间打工的影响，尤其是工作的类型及其与学生课程或专业的相关性。重要的是，已有研究指出了校内和校外兼职之间的区别。这项研究的初步结论是，为了解决整个大学期间持续的社会阶级不平等问题，私立精英大学应当增加经济资助，使所有学生都不必半工半读。

---

① Bozick, R. (2007). Making it Through the First Year of College: The Role of Students' Economic Resources, Employment, and Living Arrangements. *Sociology of Education*, 80: 261—285.

② Bowen, W. G., Kurzweil, M. A., & Tobin, E. M. (2005). *Equity and Excellence in American Higher Education*. Charlottesville, VA: University of Virginia Press.

③ Espenshade, T. J., & Radford, A. W. (2009). *No Longer Separate, Not Yet Equal: Race and Class in Elite College Admission and College Life*. Princeton, NJ: Princeton University Press.

④ Stevens, M. L. (2007). *Creating a Class: College Admissions and the Education of Elites*. Cambridge, MA: Harvard University Press.

⑤ Brint, S. (2010, January 10). Amid Recession, Some College Admissions Policies Look at Students' Wealth. *The Washington Post*.

⑥ Lewin, T. (2008, November 7). Tough Times Strain Colleges Rich and Poor. *The New York Times*. www.nytimes.com/2008/11/08/education/08college.html. Accessed 10 Sep 2010.

致谢：《校园生活和学习》数据(CLL 数据)由 A. Y. 布赖恩特、克劳迪娅·布赫曼和肯尼斯·史宾纳(首席研究员)收集，安德鲁·W·梅隆基金会和杜克大学为此提供了大力支持。《合作学院研究项目》(CIRP 项目)的数据由加州大学洛杉矶分校高等教育研究所收集。在此，我想感谢以下人士给我提出的建设性意见和建议：戴夫·布雷迪、肯·兰德、林楠、安吉·奥兰德、吉尔·鲍尔斯、阿德里安娜·桑佩尔、杰西·索泰、苏珊·沙纳汉和肯·史宾纳，以及编辑约翰·斯马特、罗博·托特寇释安和其他匿名评审。我承担文章内容的全部责任。

七、附录

见表格 5。

表 5 各数据集的描述性统计与测量注释

变量	测量注释	均值(标准偏差)	
		CLL 项目	CIRP 项目
社会阶级			
专业技术阶级	阶级位置由对父母教育、职业地位和收入等变量进行潜在聚类分析而确定(详见“测量社会阶级”一节及脚注 4)	0.33(0.47)	0.22(0.41)
管理阶级		0.13(0.34)	0.20(0.40)
中产阶级		0.37(0.48)	0.43(0.49)
从属阶级		0.17(0.37)	0.15(0.36)
对大学满意度			
CIRP 项目			
团体与社交生活	尺度由对《大学高年级调查》中的 27 个项目进行主成分分析后确定(详见“校园生活满意度与大学体验”一节及脚注 14)	—	21.60(3.79)
教学与课程		—	30.54(4.73)
校园设施		—	30.40(4.88)
CLL 项目			
团体与社交生活	尺度由对《大学高年级问卷》中的 17 个项目进行主成分分析后确定(详见脚注 16)	40.96(8.04)	—
教学与课程		42.29(9.18)	—
控制变量			
种族群体			
白人	CLL 项目中，缺失信息查阅了学生在《入学前调查》中提供的信息或者官方记录；CIRP 项目中，缺失信息查阅了学生在《大学新生调查》中提供的信息(详见脚注 2)	0.67(47)	0.84(36)
黑人		0.08(0.27)	0.03(0.17)
拉丁裔		0.08(0.27)	0.05(0.21)
亚裔		0.14(0.34)	0.06(0.24)
其他		0.03(0.17)	0.02(0.14)

续表

变量	测量注释	均值(标准偏差)	
		CLL 项目	CIRP 项目
女生	1=女生，0=男生	0.50(0.50)	0.51(0.50)
主修领域			
工程学	1=是，0=否 类别及主修专业见正式成绩单(CLL 项目)或《大学高年级调查》(CIRP 项目)	0.16(0.37)	0.11(0.31)
自然科学		0.18(0.39)	0.16(0.37)
商学		—	0.18(0.38)
社会科学		0.45(0.50)	0.23(0.42)
艺术与人文科学		0.20(0.40)	0.23(0.42)
其他		—	0.10(0.29)
大学成绩			
荣誉	1=(成绩单上的)拉丁荣誉或官方荣誉	0.32(0.47)	—
平均“A”	1=学生反馈的平均成绩为“A”	—	0.16(0.37)
时间分配			
上课与做实验			
大一	每周每项活动的时长。用时变量进行了重新编码，由 8 个离散类别改为每个类别范围的中点，对于最高的类别(“20 小时及以上”)采用了线性插值。	13.54 (3.81)	—
大二		12.78 (4.12)	—
大四		10.33 (4.17)	12.04 (4.84)
与朋友交际			
大一		11.46 (5.16)	—
大二		10.32 (5.29)	—
大四		10.38 (5.29)	13.23 (6.32)
学习与做作业			
大一		10.84 (5.10)	—
大二		10.72(4.98)	—
大四		9.68 (5.24)	12.79 (6.54)
健身或运动			
大一		5.46 (4.84)	—
大二		5.21 (4.89)	—
大四		4.64 (4.23)	6.31 (5.74)

续表

变量	测量注释	均值(标准偏差)	
		CLL 项目	CIRP 项目
聚会			
大一		4.75 (4.46)	—
大二		4.63 (4.59)	—
大四		4.87 (4.54)	6.40 (5.46)
打工(赚钱)			
大一		2.60 (4.34)	—
大二		3.74 (4.83)	—
大四		5.29 (6.42)	5.76 (5.85)
参加学生社团			
大一		2.90 (3.02)	—
大二		3.60 (3.76)	—
大四		4.31 (4.25)	3.03 (4.52)
与老师(在办公时间)会面			
大一		0.87 (1.32)	—
大二		1.01 (1.27)	—
大四		1.29 (1.68)	—
与老师(在其他时间)会面			
大一		0.53 (0.90)	—
大二		0.55 (1.08)	—
大四		1.10 (1.79)	—
校园活动			
海外游学	1=参加，0=未参加	0.46 (0.50)	0.46 (0.50)
兄弟会或女生联谊会	1=成员，0=非成员		
大一	CIRP 项目指的是大一开学时	0.36 (0.48)	—
大二		0.39 (0.49)	—
大四		0.38 (0.49)	0.26 (0.44)
校内运动队	1=成员，0=非成员		

续表

变量	测量注释	均值(标准偏差)	
		CLL 项目	CIRP 项目
大一	在 CRIP 受访者中，包括在大一刚开学就“经常”参加校内运动队的学生	0.35 (0.48)	—
大二		0.30 (0.46)	—
大四		0.28 (0.45)	0.25 (0.43)
社区服务社团	1=成员，0=非成员		
大一	在 CRIP 受访者中，包括在大四“经常”参加志愿服务的学生	0.27 (0.44)	—
大二		0.22 (0.42)	—
大四		0.24 (0.43)	0.18 (0.39)
学生会	1=成员，0=非成员		
大一	CIRP 项目指的是大一开学时	0.07 (0.26)	—
大二		0.07 (0.25)	—
大四		0.08 (0.27)	0.16 (0.36)
与老师接触	1=经常接触，0=偶尔接触或没接触		
在老师家做客		—	0.08 (0.26)
在办公时间见老师		—	0.26 (0.44)

生存心态转变与隐性伤害：获得成功的工人阶级大学生*

Habitus Transformation and Hidden Injuries: Successful Working-Class University Students

沃尔夫冈·莱曼(Wolfgang Lehmann)
西安大略大学(University of Western Ontario)
王筱菂(译)(Wang Xiaodi)
西南交通大学(Southwest Jiaotong University)
李晓亮(校对)(Li Xiaoliang)
西北师范大学(Northwest Normal University)

摘要：大学里，工人阶级出身的学生人数不断上涨。我们需要更好地了解他们如何应用不同的方法，使自己的工人阶级生存心态与学术场域中的中产阶级文化相融合。我在加拿大一所研究型大学对工人阶级出身的学生进行了为期四年的纵向质性研究。利用该项研究的数据，我重点考察了那些彻底接受和融入大学生活并学有所成的参与者的经历。他们谈到，在大学里不仅获得了新的知识，也实现了自我成长，改变了人生观，拓展了文化资本，还在食物、政治及未来职业等诸多领域养成了新的性情与品位。然而，许多参与者承认，这一转变的过程使得他们更难处理与父母或以前的朋友及同龄人之间的关系。由此，访谈也反映出一种复杂的情结，他们既对想忠于又想逃离自己的工人阶级出身。工人阶级出身的

* 原文载 Sociology of Education，(Volume 87 (1)：1—15)，已获出版方 Sage 授权翻译出版。

学生离自己从小所接受的阶层文化越来越远，但当他们成年后，仍然有可能发现自己被视为文化上的外来者。本文的结论部分对此进行了探讨。

关键词：工人阶层学生；高等教育；生存心态；转变；社会不平等

Abstract: As the number of working-class students attending university grow, we need to gain a better understanding of the different ways in which they consolidate their working-class habitus with the middle-class culture of the academic field. Drawing on data from a four-year longitudinal, qualitative study of working-class students at a large, research-intensive Canadian university, I focus on the experiences of those participants who fully embraced, became integrated, and achieved academic success at university. They not only spoke about gaining new knowledge, but also about growing personally, changing their outlooks on life, growing their repertoire of cultural capital, and developing new dispositions and tastes about a range of issues, from food to politics and their future careers. Yet, the interviews also reflect a complex and complicated mix of allegiances to and dismissal of their working-class roots, as many recognize this transformative process as having made relationships with parents or former friends and peers more difficult. The article concludes with a discussion of the implications for working-class students who increasingly distance themselves from the class culture in which they grew up, but who are still likely to find themselves in adult situations in which they are perceived as cultural outsiders.

Key words: working-class students, higher education, habitus, transformation, social inequality

一、导言

对教育和劳动力市场中的成就而言，社会阶层仍是一项最“可靠”和最稳定的预测指标。研究者发现，任何有关父母社会地位的指标——无论是收入、职业还是最重要的教育水平——总是与子女的教育路径以及学业成绩休戚相关。此外，过去几十年的教育扩张和改革基本没有降低阶层和学业成就之间的联系。

不过，越来越多工人阶级出身的年轻人也能够克服这些障碍，升入大学，并学有所成。在加拿大一所大规模的研究型公立大学，我跟踪调查了一群这样的年轻人，了解了他们四年的本科学习经历。在这篇文章中，我会展示该研究的一些数据。我将会描述这些年轻人如何看待自身作为工人阶级大学生的身份，如何看待自身的学业成功。同时，我也会描述这一成功如何可能使他们感觉"卡在中间"，① 如同"乐园里的陌生人"②或"骑墙者"③。我还会描述当这些学生需要在他们原有的社会圈和新的社会圈之间达成一种不稳定的平衡时，他们遭受了森尼特(Sennett)和科布(Cobb)所称的"阶层的隐性伤害"。④

二、社会阶层与高等教育

在升入大学前，工人阶级出身的年轻人仍会在经济、地理或文化等方面遭遇巨大的障碍。不过，工人阶级出身的大学生的绝对数量已经增加了。研究他们经历的文献越来越多。既往的研究显示，工人阶级出身的学生带着忧虑和高度不确定性进入大学，⑤ 在高校这一"异质"环境中，他们经常觉得自己是文化上的外来者。⑥⑦⑧ 很多研究人员已经调查了年轻人如何看待高等教育的价值，⑨⑩ 他们如何选择大学⑪

---

① Grimes, M. D., & Morris, J. M. (1997). *Caught in the Middle: Contradictions in the Lives of Sociologists From Working-class Backgrounds*. Westport, CT: Praeger.

② Ryan, J., & Sackrey, C. (1984). *Strangers in Paradise: Academics From the Working Class*. Boston, MA: South End Press.

③ Lubrano, A. (2004). *Limbo: Blue-collar Roots, White-collar Dreams*. Hoboken, NJ: Wiley.

④ Sennett, R., & Cobb, J. (1972). *The Hidden Injuries of Class*. New York: Knopf.

⑤ Lehmann, W. (2007). *Choosing to Labour?: School-work Transitions and Social Class*. Montreal and Kingston: McGill-Queen's University Press.

⑥ Lehmann, W. (2007). " I Just Didn't Feel Like I Fit in": The Role of Habitus in University Dropout Decisions1. *The Canadian Journal of Higher Education*, 37(2): 89.

⑦ Lehmann, W. (2009). Becoming Middle Class: How Working-class University Students Draw and Transgress Moral Class Boundaries. *Sociology*, 43(4): 631—647.

⑧ Lehmann, W. (2009). Class Encounters: Working-class Students at University. *In Canadian Perspectives on the Sociology of Education*, Edited by C. Levine-Rasky. Don Mills, ON: Oxford University Press.

⑨ Archer, L., Hutchings, M., & Ross, A. (2005). Higher Education and Social Class: Issues of Exclusion and Inclusion. London and New York: RoutledgeFalmer.

⑩ Walpole, M. (2003). Socioeconomic Status and College: How SES Affects College Experiences and Outcomes. *The Review of Higher Education*, 27: 45—73.

⑪ Reay, D., David, M. E., & Ball, S. J. (2005). *Degrees of Choice: Class, Race, Gender and Higher Education*. Stoke-on-Trent: Trentham Books.

以及他们在大学里的各种经历。①②③ 例如，伯杰(Berger)和米勒姆(Milem)曾提出，社会经济地位(SES)较高的学生从大学退学的可能性更低，其主要原因是他们更容易融入大学生活，在学术和社交方面都是如此。④ 沃波尔(Walpole)进一步发现，社会经济地位偏低的学生花在学习上的时间更少，在校外打工的时间更长，最终导致参与度和成绩都相对更低。⑤ 此外，奥斯托罗维(Ostrove)和朗(Long)发现社会阶层与大学归属感显著相关，这又转而与参与度、融入和成绩相关联。⑥ 在精英大学，在诸如法律或医学这样的精英专业，成为文化上的外来者的风险尤为显著。⑦ 尽管存在上述不利条件与困难，也有证据显示，工人阶级出身的学生取得了卓越的学术成绩，也成功融入了大学的社交生活。⑧ 但是，有时候他们必须运用独特的适应策略才能成功，例如，借助一些关于工人阶级价值和伦理的道德话语，包括勤奋、独立性和毅力等。⑨⑩ 本研究专注于工人阶级出身的学生的大学经历，从布迪厄(Bourdieu)的研究成果中获益颇多。布迪厄的思想可以比较简单地概括如下：我们的社会环境从很多重要的方面塑造了我们的性

---

① Baxter, A., & Britton, C. (2001). Risk, Identity and Change: Becoming a Mature Student. *International Studies in Sociology of Education*, 11(1): 87—104.

② Quinn, J. (2004). Understanding Working-class 'Drop-out' From Higher Education Through a Sociocultural Lens: Cultural Narratives and Local Contexts. *International Studies in Sociology of Education*, 14(1): 57—74.

③ Reay, D., Crozier, G., & Clayton, J. (2010). 'Fitting in' or 'Standing Out': Working-class Students in UK Higher Education. *British Educational Research Journal*, 36(1): 107—124.

④ Berger, J. B., & Milem, J. F. (1999). The Role of Student Involvement and Perceptions of Integration in a Causal Model of Student Persistence. Research in Higher Education, 40(6): 641—664.

⑤ Brooks, R. (2003). Young People's Higher Education Choices: The Role of Family and Friends. *British Journal of Sociology of Education*, 24(3): 283—297.

⑥ Ostrove, J. M., & Long, S. M. (2007). Social Class and Belonging: Implications for College Adjustment. *The Review of Higher Education*, 30(4): 363—389.

⑦ Aries, E., & Seider, M. (2005). The Interactive Relationship Between Class Identity and the College Experience: The Case of Lower Income Students. *Qualitative Sociology*, 28(4): 419—443.

⑧ Lehmann, W. (2012). Working-class Students, Habitus, and the Development of Student Roles: A Canadian Case Study. *British Journal of Sociology of Education*, 33(4): 527—546.

⑨ Lehmann, W. (2009). Becoming Middle Class: How Working-class University Students Draw and Transgress Moral Class Boundaries. *Sociology*, 43(4): 631—647.

⑩ Stuber, J. M. (2006). Talk of Class: The Discursive Repertoires of White Working and Upper-middle-class College Students. *Journal of Contemporary Ethnography*, 35(3): 285—318.

情；反之，离开我们感到舒适的社会环境，进入一个新的场域，则可能会引起困惑、矛盾和挣扎。①②

与此不同的是，格兰菲尔德(Granfield)证实，在美国精英法学院，工人阶级和低收入家庭的学生最初通过模仿他们那些更有权势的同学来适应新的精英环境的要求，他们在品位和性情上逐渐与这些同学越来越像。③ 尽管格兰菲尔德将这些策略认定为污名管理的方式，但生存心态和场域仍是理解这一逐步转变过程的有效原理。例如，李(Lee)和克莱默(Kramer)阐述了在美国一所精英大学就读的工人阶级学生如何想法设法整合他们新获得的大学身份与他们在工人阶级原生社区的身份。李和克莱默的研究认为，生存心态在特定场域和特定条件下会发生转变。但是，当工人阶级出身的学生开始养成中产阶级的生存心态时，他们并非简单地甩掉自身的工人阶级身份。相反，李和克莱默认为，当这些学生在大学里获得新型的文化和社会资本时，他们往往需要面对自身与家庭和同伴的关系日益恶化的结果。④

赫斯特(Hurst)进一步证实，我们需要考虑工人阶级出身的学生采用的不同适应策略。他在美国一所大型公立大学开展了一项研究，将21位获得成功的工人阶级学生分为忠诚者、背叛者和双重身份者。这些学生要么仍然高度忠于自己的工人阶级出身，要么疏远了他们的工人阶级出身，欣然接受了中产阶级文化和目标，要么在两个世界之间摇摆。⑤ 换言之，在赫斯特的研究中，学生运用了不同的策略来应对巴克斯特(Baxter)和布里顿(Britton)提到的生存心态错位。⑥ 他们把生存心态错位这种经历定义为"旧有生存心态与新生生存心态——二者有等级之分，含低劣与优越之意——之间的痛苦错位"。

在回忆录和传记中，那些得以通过教育实现社会流动的人士生动呈现了发生

---

① Bourdieu, P. (1977). *Outline of a Theory of Practice*. New York: Cambridge University Press.

② Bourdieu, P. (1990). *The Logic of Practice*. Cambridge: Polity.

③ Granfield, R. (1991). Making it by Faking it: Working-class Students in an Elite Academic Environment. *Journal of Contemporary Ethnography*, 20(3): 331—351.

④ Lee, E. M., & Kramer, R. (2013). Out with the Old, In With the New? Habitus and Social Mobility at Selective Colleges. *Sociology of Education*, 86(1): 18—35.

⑤ Hurst, A. L. (2010). *The Burden of Academic Success: Loyalists, Renegades, and Double Agents*. Lanham, MD: Lexington Books.

⑥ Baxter, A., & Britton, C. (2001). Risk, identity and Change: Becoming a Mature Student. *International Studies in Sociology of Education*, 11(1): 87—104.

在大学里的上述阶层挣扎。①②③④⑤⑥ 许多成年人出身于工人阶级，但已经实现了社会流动。他们记得，自己在整个大学期间感到深深的困惑；在那些读万卷书、行万里路、上私立学校、谈吐优雅、能言善辩、家世优势的同学面前，他们还有种自卑感。他们谈到了学业上的挣扎、失败的开始、重新来过、与教师的偶遇以及费尽周折的学业成功之路。这些故事凸显了文化资本的重要性，⑦ 那些拥有文化资本的人能够毫不费力地驾驭大学生活，那些文化资本达不到学术界期待的人则所感受到了符号暴力。当他们努力适应并获取新型的文化与社会资本时，他们也开始感到更加难以维系与父母、兄弟姊妹及老朋友的关系。此外，这些叙事表明，成为中产阶级并不能化解这些困难。恰恰相反，工人阶级出身的学者、记者和其他专业人士谈到，他们仍然感到自己是局外人，失去了真我，像是冒牌货或者江湖骗子。一些文集或著作包含了工人阶级成员向上流动的回忆录或经历。它们的标题体现了这种在学业追求中得失交织的情感，例如他们"卡在中间"，像"乐园里的陌生人"，永远处于"两难"状态。

已有文献大多认为，工人阶级地位代表了一种独特而又明显的劣势，要么因为工人阶级出身的学生在经济上处于劣势(大学学费上涨以及消费压力)，要么因为他们在文化上处于劣势(不够了解大学的规定和标准)，要么因为他们的生存心态与高等教育场域有冲突，要么因为他们缺乏社会网络结果不能充分利用他们上大学的机会。尽管如此，在本文中，我希望重点研究那些在大学里克服了这些不利条件，不同寻常学有所成的学生。我提出了下列研究问题：

研究问题 1：获得成功的工人阶级大学生如何描述他们的大学经历？

研究问题 2：他们在多大程度上将自己的成功归因于自己的社会出身？

---

① Dews, C. L., & Law, C. L. (1995). *This Fine Place So Far From Home: Voices of Academics From the Working Class*. Philadelphia: Temple University Press.

② Grimes, M. D., & Morris, J. M. (1997). *Caught in the Middle: Contradictions in the Lives of Sociologists From Working-class Backgrounds*. Westport, CT: Praeger.

③ Lubrano, A. (2004). *Limbo: Blue-collar Roots, White-collar Dreams*. Hoboken, NJ: Wiley.

④ Muzzatti, S. L., & Samarco, C. V. (Eds.) (2006). *Reflections From the Wrong Side of the Tracks: Class, Identity, and the Working Class Experience in Academe*. Lanham, MD: Rowman and Littlefield.

⑤ Ryan, J., & Sackrey, C. (1984). *Strangers in Paradise: Academics From the Working Class*. Boston, MA: South End Press.

⑥ Welsch, K. (Ed.) (2005). *Those Winter Sundays: Female Academics and Their Working-class Parents*. Lanham, MD: University Press of America.

⑦ Bourdieu, P. (1986). "The Forms of Capital." in *Handbook of Theory and Research for the Sociology of Education*, Edited by J. Richardson. New York: Greenwood.

研究问题 3：在大学里的成功是否必须使他们转向中产阶级生存心态？

研究问题 4：成功是否改变了他们与父母、旧友和同龄人等之间的关系？

三、方法论

本文数据来源于在加拿大安大略省一所大型研究型大学对工人阶级出身的学生开展的一项为期四年的纵向研究。该研究获得了加拿大社会科学和人文研究委员会(SSHRC)资助。在他们本科阶段的第一年、第二年和最后一年，研究参与者先后接受了三轮访谈。第一阶段，从2005年9月初到10月中旬，新生刚开学不久，75位工人阶级出身的新生接受了访谈。为了招募这些学生，我们在校报上刊登了广告，在校园和寝室楼层张贴了海报，又在大学一年级各专业的课堂上进行了宣传。尽管在抽样过程我们无法做到随机抽样，但依赖于仔细构建的判断抽样，我们所获得的样本还是有一定的代表性。例如，第一阶段的样本包括了70%的女性和30%的少数族裔(绝大多数为东印度裔和东南亚裔)。根据现有的大学数据可以知道，这一构成合理地反映了大学里工人阶级出身的新生群体的构成状况。在接受第一轮访谈时，参与者的年龄介于17岁到21岁之间，年龄的中位数为18岁，大多数都是高中毕业后直接升入大学。他们都是自己的大家庭里的第一位大学生。更确切地说，大约有65%的父母仅仅上完了高中。此外，绝大多数父亲受雇于蓝领(如工厂工人、卡车司机)、销售或低层次的服务职位。一小部分父亲进入了工厂中的管理层或者成为了个体户。他们的母亲大多受雇于低层次的服务职位或在工厂干活。有一小部分是家庭主妇或者个体户。没有任何一位父母受雇于大家公认的中产阶级职位，如专业人士或高层管理者。

我们对所有访谈进行了录音，之后转成文字，再用质性分析软件进行分析。尽管这一研究是在一系列研究问题的引导下进行的，但我还是按照斯特劳斯(Strauss)和科尔宾(Corbin)提出的分析指南，① 先对通过访谈和焦点小组收集的数据进行初始编码，将其编入相对开放的类别以建立更具体的编码层次，最终制定出更具选择性的实证和理论类别(如下文所描述的转变方式)。

虽然75名学生参与了第一阶段的访谈，本文中的分析限定于包括其中22名参与者的子样本。鉴于我主要是把大学阶段作为一个生存心态转变的过程，这个子样本代表的是那些连续四年完整参与了这项研究的学生。在学业与融入大学生活方面，他们也可以称得上是非常成功的学生。学业成功界定为在学业上远远超出平均学业水平，社交成功的表现包括建设性地参与大学里的各种俱乐部或组织

① Strauss, A., & Corbin, J. M. (1990). *Basics of Qualitative Research: Grounded Theory Procedures and Techniques*. Newbury Park: Sage Publications.

以及欣然接受大学生活和文化。在认定学业和社交成功时，我依靠学生的叙述而非像平均分数(GPA)这样的官方数据。

本文的重点是这些学生在学业和社会融入上的共性。虽然他们在其他方面也有一些异同点，但本文不会详细讨论这些学生在四年本科学习期间经历过的各种人生轨迹。在其他文章中，我已经更详尽地讨论过学生类型①以及人生轨迹②。我的研究数据揭示出了一个清晰的趋势，即那些最终成功融入且无比坚定的学生，他们带着远大而又现实的职业目标升入大学，他们对不同的大学及专业做过不少研究。此外，对于那些能够及早适应大学生活的人来说，长期融入也会更容易一些。在这些文章当中，我所关注的学生也有个共性，即他们都欣然接受了大学生活当中能够转变生存心态的一些方面。在这一点上，他们不同于参与研究的其他人。面对中产阶级文化或大学的要求，其他人更有可能主动抵抗或陷入困惑当中。

如表1所示，这22名参与者大多决定读研，继续到专业学院(如法学院、医学院或教师教育领域)深造，也有人获得了向上流动的就业机会(如成为见习管理人员)。

下文的分析在引用访谈内容时，我尽可能使用了原录音的文字记录，做了几处细微的编辑修改以使其更具可读性。我全文使用了化名来保护参与者的隐私和身份。最后，我要强调，我不愿把这些数据推广到这所或其他任何一所大学的所有工人阶级学生。相反，我的目标是提供一些有益的见解和解释，希望能启发更进一步的研究和调查。

表1　参与者个人资料

姓名	父亲受教育程度	母亲受教育程度	父亲职业	母亲职业	大学专业	未来教育和职业规划
艾格尼丝	高中	高中	工厂工人	家庭主妇	人体运动学	教学
艾莉森	高中	高中	邮政工人	暂缺	地质学	油田地质学家
安德里亚	高中	高中	门卫	银行职员	生物科学	医学院
安德鲁	高中以下	高中以下	退休(厨师)	门卫	生物科学	医学院

① Lehmann, W. (2012). Working-class Students, Habitus, and the Development of Student Roles: A Canadian Case Study. *British Journal of Sociology of Education*, 33(4): 527—546.

② Lehmann, W. (2013). In a Class of Their Own: How Working-class Students Experience University. *In Contemporary Debates in the Sociology of Education*, Edited by R. Brooks, M. McCormack, and K. Bhopal. Basingstoke: Palgrave.

续表

姓名	父亲受教育程度	母亲受教育程度	父亲职业	母亲职业	大学专业	未来教育和职业规划
安娜	高中	上过一段社区大学	水车间技工	助教	人体运动学	教学
布兰登	高中	高中	建筑材料销售	家居装饰工	古典文学	教学
布赖恩	高中	高中	湖区船坞经理	与丈夫一起工作	经济学	研究生院
布兰妮	暂缺	高中	暂缺	职员	信息学	研究生院
卡罗尔	高中	高中	邮政工人	美容师	商学	见习管理人员
克里斯蒂娜	高中以下	高中以下	工厂工人	家庭主妇	哲学	研究生院
达伦	高中	高中	保安	职员	生物科学	医学院
埃德	高中以下	高中以下	赌场职员	农场工人	生物科学	医学院
希拉里	高中以下	高中以下	卡车司机	超市员工	社会学	研究生院
伊恩	高中以下	高中以下	电工	美发师	健康科学	牙医学校
吉尔	高中	高中	钻石镶嵌工人	工厂工人	健康科学	研究生院
约翰	高中	高中	建筑工人	工厂工人	化学	研究生院
克里斯汀	高中以下	高中	工厂工人	工厂工人	历史	大学管理
莱斯利	高中	高中	建筑工人	自助餐厅员工	人体运动学	教学
麦琪	高中	高中	餐厅老板	餐厅老板	健康科学	教学
梅利莎	高中	高中	邮政工人	美容师	商学	见习管理人员
莫妮卡	高中	高中	仓库工人	美发师	法语	教学
坦贾	高中	高中以下	工厂工人	超市员工	生物化学	医学院

四、研究发现

(一)成功

本文关注的是一些工人阶级出身的学生，他们在大学的过渡和经历比较轻松和成功，也取得了突出的学业成就。因此，我首先会探讨这种成功如何通过参与者的访谈数据得到印证。例如，埃德这名学生在大学期间的学业和社会成就都很突出。他保持着非常高的平均成绩，还积极参与各种课外活动，特别是参加了学校军乐队。他来自典型的工人阶级家庭，他母亲是农场工人，他父亲在老家的赌场打零工。在接受访谈时，埃德这样思考了自己的成功：

远离家乡，去做家里还没人做过的事情，这样的经历很神奇，非常棒。因为我每次回家跟家人团聚，我过得怎么样好像都成了全家的热门话题。

此外，与许多同学一样，埃德强烈感受到，工人阶级出身是他迈向成功的有利条件而非障碍：

我想大家有一种成见，觉得这里有很多被惯坏的孩子，因为你的社会阶层低，他们就会嘲笑你。但我从来都没有这种经历……我发现，要是你的家庭背景有意思，跟他们接触到的不一样，他们会比较接受你。因为很多上层社会的人住在上层社区，所以从小到大周围的人都和他们情况差不多。他们周围能有几个不同背景的人也不错。我跟周围的朋友就有过这种经历……是的，所以……我想……以前大家都知道朋友的父母是医生或……牙医，这种改变还不错。

在三轮访谈中，埃德都谈到，大学过渡相对简单，自己与大学里同学、家乡的同伴及家人的关系都不太复杂。同样，安德里亚谈到，大学比她预期的情况要好。同埃德一样，安德里亚不仅学业成绩突出，她也完全融入了大学生活：

我觉得我对来到这里(大学)有过很多期待，我来之前就知道，这个学校很大，也能教给我很多东西，但是，我认为，它给予我的已经超出了我的预期。比如，我在这里期间干过几份兼职，也有机会拓展自己的学习。我刚来的时候都不知道这些东西。

学生们还进一步谈到，在对大学的态度上，他们逐渐从相对功利、注重就业转变为更加注重学习。在第一轮访谈时，绝大多数参与者都提到将来想从事法律或医学职业。但是，表1显示，很多成功的学生最终把兴趣转向了更加学术型的研究生教育。正如布兰妮所说：

大一大二的时候，我一直都觉得，我只要拿到毕业证就会直接工作。到了大三，我开始考虑读硕士，我就开始更加努力学习，跟教授、助教的互动更多……我觉得已经完全准备好了读研。我确实去了，因为我觉得已经有了信心……但是那天我去问我申请的那个研究生课程的教授，想要见见她，因为我看了她的研究兴趣，觉得非常有吸引力，所以我就想去见她，跟她聊聊。她给了个评价："哇，你一定会成为研究生。"

最后，学业和社会融入也与在校园里积极参与学生活动或做兼职息息相关。莫妮卡非常享受大一时候的宿舍生活，因此她现在还在做楼长。她认为，这一职位让她获得个人成长：

我本来没有期待宿管老师能那么赏识我，给我提供这样的机会，所以感觉特别好。我了解了其他文化、多样性和宗教。我的视野开阔了许多，这让我想要知道外面的世界还有多少新事物。从文化上来看，我觉得自己有了成长。

克里斯汀与父母一起住在校外。大一期间，她想方设法跟校园团体建立联系。她先是兼职做了校园导游，后来又加入了大学招生团队，最终融入了大学生活：

大一期间没什么意思，我就是专注在学业上，住在家里。我觉得，大二的时候，申请那份兼职(校园导游)是我的转折点。那是我第一次真的通过努力把自己放在了那里，我想，也就是参与进来。我本来想，我在学业方面会做不好，我会累垮。要不是参与进来，我不会认识那么多人，也不会在离开的时候还有这么深厚的友谊，我也不会觉得这么快乐。

莫妮卡和克里斯汀的经历凸显出融入大学社交生活是他们转变生存心态的重要前提。无论是在描述他们本科期间的学业与社会融入还是在描述他们对读研萌生的兴趣时，这些引文都透露出，他们不仅获得了成就感，同时他们对大学里的过渡以及未来的教育和职业目标感到比较轻松。这些叙述与生存心态错位的故事或如鱼脱水的经历形成了强烈反差。很多人认为，布迪厄把生存心态视为相对静止的概念；当一个人面对不熟悉的场域时，生存心态会成为冲突的源泉。不过，布迪厄自己认识到，生存心态可以转变。①② 这样，在下一部分，我将会展示这些学有所成的工人阶级大学生如何叙述他们生存心态的转变。

(二)转变

大量研究已经探讨了这些学生的大学融入、学术成功③④以及他们生存心态与高等教育场域的关系。⑤⑥ 因此，这个研究有必要考察，当参与者在大学里学有所成时，他们的生存心态有没有发生相应的转变？刚升入大学时，他们基本带着工人阶级的生存心态，在大学毕业时，他们的生存心态是不是更接近中产阶级？

有些人(比如说安娜)觉得，这种转变需要有意识地去调整自己的外在形象：

是的。刚开始的时候，我觉得没有真正适应，但是后来我努力……我试着努力去……可能看起来有点像，有点更像(大学里的)其他人……就像我穿的衣服啊，我去的地方啊。可能主要也就是我穿衣服的风格之类的。

---

① Bourdieu, P. (1990). *The Logic of Practice*. Cambridge: Polity.

② Bourdieu, P., & Wacquant, L. J. (1992). *An Invitation to Reflexive Sociology*. Chicago: University of Chicago press.

③ Pascarella, E. T., & Terenzini, P. T. (1991). *How College Affects Students: Findings and Insights From Twenty Years of Research*. San Francisco: Jossey-Bass Publishers.

④ Tinto, V. (1987). *Leaving College: Rethinking the Causes and Cures of Student Attrition*. Chicago and London: The University of Chicago Press.

⑤ Reay, D. (2001). Finding or Losing Yourself?: Working-class Relationships to Education. *Journal of Education Policy*, 16(4): 333—346.

⑥ Lehmann, W. (2012). Working-class Students, Habitus, and the Development of Student Roles: A Canadian Case Study. *British Journal of Sociology of Education*, 33(4): 527—546.

这一发现比较像格兰菲尔德在一所精英法学院对工人阶级学生开展的研究。① 我的研究进一步显示出，在一所以中产阶级学生为主的高校中，个体需要包装外在形象，掩盖可能暴露其工人阶级出身的污点。然而，安娜快速补充道："这不会改变我是谁，我穿什么衣服，我依然拥有同样的价值观和想法。"这一限制性的声明已经暗示出，某种程度的冲突与安娜所描述的那种自觉转变相关；这种冲突从一个侧面反映了处于转型中的生存心态。

其他人(如布兰登)谈到了与过去的自己以及那些没上大学的朋友的区别。与此同时，他注意到自己从一个战战兢兢的新生转变成了一个学有所成、即将毕业的学生：

我对(来上大学)感到很恐惧。它很陌生，我真的不知道该期待什么……嗯，这真的改变了我的生活。我有段时间考虑过这个问题。我跟那些高中毕业后直接工作或者去读一个短期学院课程之类的朋友聊天，跟我在大学里遇到的相比，有点难以描述，但确实有区别。我觉得(我)也许思想更开放了，更能接受不同的观点，也更愿意欣赏不同的想法。

虽然安娜和布兰登更多关注于外在和学业的变化，布赖恩却更直接的指出，他个人文化资本的累积(例如，他开始对食物和城市嬉皮文化感兴趣)如何描绘了他在不远的未来的形象：

差不多四年以后我会在哪里？我会住在多伦多或者渥太华，你知道的，在市中心而不是城郊一类的地方。我将会西装革履的工作，做做研究，你懂的，整天写东西。我认为(我和女友)会有些可恶的都市人特质，比如我们最终可能会成为美食狂热分子——好吧，我们已经是了，我们将会去八个不同的农夫市场之类的地方买东西，成为那么一种人。所以，我的意思是，这与他们(父母)所做的有很大的区别。

布兰妮也谈到了类似的文化资本转变：

(当地的)博物馆周五有一个新的画廊开幕，时间是晚上 9 点到凌晨 2 点。(我和男朋友)去了，那里有免费的食物和酒，还有乐队在演奏，我们去看了乐队。确实，我们现在对那一类事物更感兴趣了。

同样地，吉尔描述了她生活方式的变化，她在大学里拥有多元的文化经历，也交了一些新朋友，包括她中产阶级背景的男朋友：

我开始喝很多的红酒之类的东西。我(更多地学到了)品尝红酒之类的。我不知道，但我说的改变就是指这些东西。我想，更多像这样的奢侈品。我会和(男

---

① Granfield, R. (1991). Making it by Faking it: Working-class Students in an Elite Academic Environment. *Journal of Contemporary Ethnography*, 20(3): 331—351.

朋友)一起去看戏剧。我认为，正是因为在大学里受到所有这些东西的影响，也就塑造了现在的我。

除了积累中产阶级形式的文化资本，参与者还谈到，他们已经调整了自己的政治观点或对他们所生活的世界有了不同的理解。更为重要的是，这常常涉及背离他们过去的生活。研究中的许多学生要么来自小城镇，要么来自大城市里基本同质的工人阶级居民区。因此，他们描述自身转变时，普遍谈到经历了多样性，对政治、欣赏不同文化、性取向和生活方式等有了更好的理解。正如下面的引文所描绘的：

在我们家乡，每个人都很像，没有很大的差异……但是在(大学)你非常自由(强调)，你知道的，这种自由令人惊讶……我了解了其他的文化、多样性和宗教。我的视野开阔了许多，这让我想要知道外面的世界还有多少新事物。从文化上看，我认为我已经成长了……要是我一直住在家里，我觉得不会这么好。

除了在多样性环境下的成长，莫妮卡说她喜欢在大学里的自由。在此，自由不单可以解释为逃离了父母监管的限制，也可以解释为脱离工人阶级生存心态的感受。她越来越觉得，工人阶级生存心态带有限制性和制约性。同样地，正如梅利莎在下面这段话所揭示的，学生不仅把大学的经历看作是解放性的，也认为大学给他们提供了一种过去没有的权力感，而且，他们觉得，他们已经落伍的父母和同龄人没有这种权力感。虽然这种新生的权力感是他们作为主体转变的一个重要方面，它也成为新旧生存心态间不断拉大的距离的一部分。例如，梅利莎在评论力量和变化的关系时提到：

是的。我认为是知识，就像是，知识带来了权力(强调)。(笑)所以，我们在大学里学到的东西真地帮助我们开放了思想，不管是政治还是其他什么方面；我之前根本不会关心这些，我不去看相关的东西，但是现在，我会去看了，我还会看商业和文化方面的东西。就像是这里有很多不同的事物。但这也显示出，我有很多权力去改变(强调)。

莫妮卡关心的是，她进入大学之前的生活缺乏多样性，她现在把这当作思想狭隘。与她相似，其他参与者谈到，他们与自己的高中同学选择了截然不同的人生道路。尽管大多数参与者避免对这些不同路径进行价值判断，他们在讲述中都流露出，对于拥有一个不同的人生轨迹，他们感到如释重负。正如坦贾在下面这段话当中所揭示的那样：

日日夜夜。我家乡的朋友，我这里的朋友。我依然和我家乡的朋友保持联系。我们现在住得远了，但是我们仍然，你知道的，会思念对方，我们会在即时通信软件上互发消息之类的。但是我必须要说，我已经变得完全不同了，当然不是往不好的方面变化。所以，我的高中同学，有件事儿特别荒谬，他们要不结婚了，要不就有了孩子，我觉得都是那种小镇上才有的情况。所以你懂的，一回家，他们都完全处在不同的人生阶段。比如说，我一个朋友刚刚和她男朋友一起买了房子。所以，和他们在一起，更多聊的是孩子的问题，我也搭不上话，他们告诉我谁谁谁怀孕了，跟我去见见某人的小孩儿……我觉得这儿完全不一样。而(在大学里)，我朋友的目标跟我一样，所以就更，你知道的，讨论哪个医学院打来电话让你去面试之类的，“噢，我去了这个大学面试，他们给了我一个职位”。你知道的，都是这种聊天。

在大学里，坦贾新朋友的目标与她的目标一致。这说明，她与这一研究中很多参与者一样，都认为自己已经开始或者可能完成了生存心态的转变。他们觉得离旧的自我、家人和同龄朋友越来越远，到达了一个更美好、更令人向往的目的地，拥有了一种中产阶级主人的感觉，他们由此可以继续成长。此外，作为生存心态转变的一部分，“旧”生存心态变得陌生和错位，而“新”生存心态现在却变得熟悉和安心。然而，这段转变的旅程并不是一帆风顺。

(三)隐性伤害：转变和冲突

对于本研究的很多参与者来说，实现上文描述的成功转变确实需要付出一定代价。例如，他们描述说，与父母和旧友之间的关系出现了变化，往往带有冲突。在某些情况下，旧友情谊的消散被描述为长大和分开的自然过程，正如吉尔在引文中所说：

我认为你需要有相似之处，或者像一个共同点或共同的兴趣来保持这种(与高中老朋友的)关系。像我现在有一个更加学术的背景，但他们不是。很难找到相似之处或者价值观，但是真正的朋友，我觉得，不会走远。真朋友就算你们已经一年没有见面，也可以聊得起来。

其他的研究参与者并不认为变化的友谊是不断成长、经历不同、逐渐分开的自然结果。他们描述与旧友和家人的关系时，更加直接提到了矛盾冲突。在下面这段话中，莫妮卡描述了她进入大学后与父母关系的变化。

他们(父母)对大学的认识方式有时候不是我所希望的那样。你知道，有时候我真的很苦恼，我不想什么东西都得解释，你知道的，一步步解释这件事是怎么回事，那件事是怎么回事，就为了让他们完全了解我在某事上遇到的挫折，不管是什么。……有时候，和我父母争执以后，我会觉得自己对他们不够耐心，因为……不是因为我觉得我比他们好，而是……我看到了他们不曾看过的世界，我也学到了不同文化和宗教的很多东西，他们对此也不了解——这不是他们的错，就像，我来这里之前我也不知道。所以，你懂的，他们的一点点意见就会让我发脾气。

与之前部分中叙述到的成功、进步和成长的故事不同，莫妮卡的这些话暗示了转变当中苦恼的一面，关系受到破坏，权力正在重组。虽然莫妮卡坚持认为她没有变得比父母更好，她却不再能完全接受他们的生活和观点。这种关系的破坏伤及双方，正如她所说的，在这样一种关系里，一方不再了解或者关心另一方。

安娜之前谈到自己改变外在形象，为了跟那些大学里处于主导地位的中产阶级同龄人的形象更加一致。此处，她说到了与家乡老朋友的关系如何变得困难以及她如何为此所困扰。

这可能听起来很糟糕，但是我觉得在学校待着就……你知道的，我可以回家，为自己成绩感到自豪，但同时，我又有点看不起那些人……不……我不想说我在评判那些没上大学的朋友，但是……同时，我知道我比他们有优势……你知道的，有时候想和他们聊一些特定的话题会很困难，比如世界大事之类的，因为他们就……不管他们是否关心，或者想要了解这些事，我发现，只要一聊到教育类的话题，我们就聊不下去了。你会看出来，他们不懂我在说什么，或者他们……他们觉得我在炫耀我知道得多。我感觉很不好，我尽量不让他们陷入那种境地，但是……我的意思是，有时候我是对的，你懂吧？……除了回去看家人，我真的不想再回去(家乡)看朋友了。

安娜最后的话可以从字面和隐喻两个层面来解释。她不再想回去的家可能正好反映出她已经超越了的并正在成为一种负担的工人阶级生存心态。布迪厄经常使用“游戏”作为隐喻来解释生存心态——场域的关系。① 简言之，如果一个人接受游戏的目的，并理解其规则，那么生存心态和场域之间的一致性就会存在。根据这个类比，我们可以解释为什么工人阶级学生可能会在大学苦苦挣扎。因为大学基本具有中产阶级机构的特征。工人阶级出身的学生不熟悉其管理规则，无论是涉及技术层面的选课和注册规则还是涉及文化层面的着装和说话规则。像莫妮卡和安娜这样的学生所遇到的状况就是，学生进入一个新的场域之后开始成功地转变生存心态，他们已经精通新游戏的规则，但是却在熟悉的旧场域中遇到了问题，因为他们已经不想再遵守旧场域的规则。

在访谈中，希拉里她花了很大篇幅在谈她成长的社会环境，可能更加深入地解释了这种冲突。下一段引文表明，她相当干脆地背离了自己的出身。但是她在访谈中却更多反映出，她挣扎着摆脱旧的社会圈，却又为此感到内疚。虽然希拉里原本非常自信而又善于表达，但这种感觉大多是通过非语言的方式透露出来的，如抱歉的笑容：

我觉得我无法和父母相处太久。我想说，我爱他们爱得要死，但是……嗯，

---

① Bourdieu, P., & Wacquant, L. J. (1992). *An Invitation to Reflexive Sociology*. Chicago: University of Chicago press.

他们的思想都很局限，没有接受过高等教育或者任何同等学力，就只是一辈子都在工作，我认为这时有发生，对吧？所以，我觉得我没办法和妈妈进行思想交流，只能肤浅地聊一下。她想听我说学习的事，我也想和她分享，但是我不能说得太深入，不然就会超出她的理解范围。没有人喜欢跟那种你明知道跟你无法沟通的人聊天。……我不知道是不是(我长大的地方)。我意思是，总之，他们都是工厂工人，对吧？就……所以就是一种低阶层的心态……所以就有一点落伍……在当地不算落伍，对不起，这样说有点太直接，但……就像他们都是种族主义者，(笑)你懂吗？几乎所有的妈妈都不工作，打扫房间，不做其他事，你知道吧？这也是我所有朋友家里的情况，所以这……从大学回家很难，你知道的，思想变得开明，也写了很多……种族歧视、性别歧视、女权研究之类的东西，(笑)……我不喜欢回家……没人做点不一样的事情……所以我很开心可以逃离那里。

希拉里的感触比莫妮卡和安娜更深，她描述摆脱旧有生存心态时带有如释重负的感觉，当作一种逃避的方式。正如前面讨论过的其他参与者，她在大学的转变使得“旧有”显得沉闷、落后、无法接受。

伊恩用非常生动的语言描述了他新老朋友之间潜在的冲突。希拉里至少在访谈中抵制旧有生存心态。与她不同，伊恩带有转变中的生存心态，新旧生存心态仍然在相互竞争，虽然哪一个最终会“获胜”已经非常明显：

我现在很少回家，因为我的朋友，他们几乎没什么变化，我不能说得再详细了，但是我无法与他们沟通，也没办法和他们相处……我觉得，我这里的朋友，可能……他们很上进、雄心勃勃、有远大的梦想，如果你愿意说的话，有职业规划，我觉得，这一点对我来说特别重要，所以我认为我更能和这里的朋友相处……我有一种感觉，他们(高中的朋友；强调)觉得我们(强调)，如果你愿意说的话，大学生比他们优秀。因为他们不断地向我解释他们的行为，我不喜欢这样。但他们不断地解释为什么他们要去工作，他们还总是把钱扔到我脸上，因为我没钱，他们很有钱，不是吗？我真的不喜欢这样，我希望不要有那种紧张的氛围，但是我不知道怎么摆脱掉。这就是我不回家的主要原因。

我要强调的是，伊恩谈到以前高中的朋友和现在大学的朋友时，分别使用了他们和我们，这个代词的细微变化反映了他在阶级归属上相当显著的转变。

本节中的所有叙事，其核心都围绕着变化与停滞这一主题。作为这些叙事主角的年轻人都透露出，他们还没有完全适应这种转变。虽然所有人都说，他们的生存心态已经发生了重大转变，但是他们却发现，自己处在一种不确定的状态中，其代价是他们要区分和重新考虑自己对“旧有”和“新生”生存心态的忠诚度。许多人认为自己成长的社会环境里文化狭隘、落后，他们对于逃离这种文化感到如释重负，但是，这种感觉又往往被一种失落感或者至少伴随着逃离的伤感所调和。然而，当直接问到，离开家乡，养成中产阶级生存心态，是否会有一种背叛工人阶级出身的感觉时，克里斯汀的回答完全可以反映出其他人的感受：

（我父母）总是希望我能有更美好的未来，所以我觉得，要是我还待在那里，他们会很失望。不，我一点都不觉得内疚。

五、讨论

本研究中的青年男女正走在一条向上流动的光明大道上。尽管我没有在研究发现中提及，但是本研究所访谈过的每位年轻人都进了大学，都不同程度地希望成为专业的中产阶级脑力劳动者。此外，所有人都认为他们决定读大学不仅实现了个人的教育愿望，也实现了他们父母的愿望。他们的工人阶级出身与其说是障碍，不如说是他们读大学和获得成功的原因。那些完全接受并融入大学生活的学生也经历了在大学的转变。他们谈到，不仅在大学里获得了新的知识，而且实现了自我成长，改变了人生观，拓展了文化资本，还在食物、政治及未来职业等诸多领域养成了新的性情与品位。在所选课程中接触到新观念，结交不同阶层、种族和性取向的朋友，这些都是这种转变的重要方面；他们认为，被他们“甩在后面”的父母和老朋友接触不到这些方面。还有一点值得记住，我在这篇文章中所关注的子样本仅仅包括了那些学有所成又完全融入大学社会生活的学生。所以我没有像赫斯特那样用忠诚者、背叛者和双重身份者来讨论工人阶级学生适应策略的不同类型，① 尽管这些区别在数据里已经非常的明显。

毋庸置疑，超越自己的父母和同龄人群体属于通往独立成年期的积极发展。然而这些年轻人的叙述，尽管有时候稍显夸大，也发映出他们严重“背离”了自己的生存心态。对于中产阶级学生而言，从父母那里获得独立、从家里搬出去住并不需要像本研究中工人阶级年轻人在访谈中所谈到的那样，与家乡的社群、生活方式基本决裂。

访谈也反映出一种复杂的情结，他们既想忠于又想逃离自己的工人阶级出身。参与者虽然与高中同学、家人保持联系，他们也愈发觉得这些人思想狭隘、胸无大志。他们运用个人动机、毅力、勇气等个体化的概念来解释，他们不同于那些看起来缺乏动力和天赋的人，不同于那些还在工人阶级环境中“浪费”生命的人。他们已经继续前进、提升自我，可老朋友（或许还有家人）看起来“被困住了”。这些叙述并没有什么恶意。他们只是在描述，有时候是在说明，并没有讲

① Hurst, A. L. (2010). *The Burden of Academic Success: Loyalists, Renegades, and Double Agents*. Lanham, MD: Lexington Books.

规范或者说教。但他们却潜在描述了正在形成或者扩大地位差距。比如，与受过教育、获得证书、更有教养之类的成功相比，那些“落后”人士所获得的成功(早期从事蓝领工作；有了孩子，买了房子等)显得不足或不值一提。尽管从纯粹功利的角度来看，那些“落后”人士可能收入更高、消费能力更强、负债更少。因此，当参与者谈到父母或者旧友思想狭隘时，他们确实认为自己的新知识更加重要、更有价值，使自己不同于教育程度偏低的家人和旧友。森尼特和科布称这是一种可能有意无意使他人感到不足的权力。他们讲述了波士顿一名工人把自己的几个孩子送进大学的故事。他们总结说，这位工人父亲“看着自己的几个儿子往高处走，他们读大学就是在完成他赋予他们的使命。但这意味着他们将拥有高出他的权力，可能会对他‘摆架子’……的确，如果这位父亲的牺牲得以成功改变了孩子的生活，他就会成为他们的负担，令他们难堪”。①

这种阶层的隐性伤害是森尼特和科布最为关注的，当然他们聚焦于父母和他们的牺牲。然而，同样可以说，学生本身也经历了阶层的隐性伤害；一种他们也许还无法领悟到的伤害。随着这些学生渐渐远离自己的工人阶级出身，他们也失去了原来的社交网络和社会资本。对于他们实现跻身于白领阶层的目标而言，工人阶级的社会资本可能没有直接的价值。但是，这种社会资本却能给他们带来吉登斯(Giddens)所称的本体安全。② 这些参与者尚不清楚在大学里交到的新朋友和构建的新社交网络的价值。上述的学生生活仍是他们的常态，这可以保护学生免受劳动力市场上仍旧存在的地位等级的影响。在美国、加拿大和英国，大量证据显示，虽然教育规模在不断扩大，以阶层为基础的等级依然存在，特别是在本研究中许多参与者所追求的高层专业技术领域。③④⑤⑥⑦ 本研究中的工人阶级

---

① Sennett, R., & Cobb, J. (1972). *The Hidden Injuries of Class*. New York: Knopf.

② Giddens, A. (1991). *Modernity and Self-identity: Self and Society in the Late Modern Age*. Stanford: Stanford University Press.

③ Brown, P., Lauder, H., & Ashton, D. (2011). *The Global Auction: The Broken Promises of Education, Jobs, and Incomes*. Oxford and New York: Oxford University Press.

④ Collins, R. (1979). *The Credential Society: An Historical Sociology of Education and Stratification*. San Diego: Academic Press.

⑤ Lehmann, W. (2012). Extra-credential Experiences and Social Closure: Working-class Students at University. *British Educational Research Journal*, 38(2): 203-218.

⑥ The Panel on Fair Access to the Professions. (2009). *Phase 1 Report: An Analysis of the Trends and Issues Relating to Fair Access to the Professions*. London: The Panel on Fair Access to the Professions.

⑦ Wanner, R. (2004). Social Mobility in Canada: Concepts, Patterns and Trends. *In Social Inequality in Canada: Patterns, Problems, and Policies*. 5th ed., edited by E. Grabb and N. Guppy. Toronto: Pearson Prentice Hall.

学生已经开始疏远他们从小所接受的阶层文化，如果在真实生活中不是如此，至少在他们的讲述中是这样。但是，他们在成年环境中仍然有可能发现自己被视为文化上的外来者。除了学历证书外，要想在传统的中产阶级专业技术领域(如法律和医学)取得成功，仍然有赖于个人拥有特定形式的文化、社会以及个人资本。本研究中的年轻人也有可能因此难以成功。结果，他们可能困在“旧有”和“新生”的之间，觉得自己不再属于前者，但是又未被后者所接受。他们新养成的生存心态带有忧虑和不确定性，或许可以从以下事实中表现出来：他们中的大多数人在进大学时计划要成为律师和医生，但是很多人最终改变了自己的计划，选择了攻读相关领域内更加注重学术的研究生。留校深造让这些学生可以继续转变，同时还可以受到大学这一文化中止间某种程度的保护。

然而，就算是那些已经成功跻身上层的人也依然会感到不安，觉得像本文所描述的那样卡在了两个世界之间。赖安(Ryan)和萨克雷(Sackrey)研究了工人阶级出身的学者写的随笔，他们记录了很多这样的学者因为感到自己是学术界的外来者而挣扎，他们也必须要不断寻找方法来协调和融合自己的出身和归宿。① 格兰姆斯(Grimes)和莫里斯(Morris)运用调查和访谈数据证实，工人阶级学者的挣扎不仅仅体现在感觉自己与他人不同，而且体现在一些真实可见的方面，例如职业起步晚以及在级别较低的大学和学院任职。② 卢布拉诺(Lubrano)讲述了自己向中产阶级流动的故事，附上了对很多骑墙者的访谈。他把这些出身于蓝领工人阶级而从事中产阶级职业的人称为骑墙者。他精彩而深入地解释了这些人因往返于两个世界之间而挣扎，他们的工人阶级的价值观、规范和技能也成为他们过上中产阶级生活的优势。③ 在其他文章中，我也论证过，很多工人阶级学生将自己的成功归功于为他们拥有的工人阶级的独特美德，例如极强的职业道德和独立性。

从政策角度来看，这些发现提出了一个有趣的难题。我们可以轻而易举地说，大学应当为工人阶级学生在大学里的转变提供帮助，比如提供辅导课程或者咨询和支持服务。工人阶级学者的经历表明，通过教学以及充当积极的榜样或导师，这些教职工可以成为帮助在读工人阶级学生的重要资源。然而，正如布鲁克(Brook)和米歇尔(Michell)所指出的那样，工人阶级的学生和学者或许都“过渡”

---

① Ryan, J., & Sackrey, C. (1996). *Strangers in Paradise: Academics From the Working Class*. Boston, MA: South End Press.

② Grimes, M. D., & Morris, J. M. (1997). *Caught in the Middle: Contradictions in the Lives of Sociologists From Working-class Backgrounds*. Westport, CT: Praeger.

③ Lubrano, A. (2004). *Limbo: Blue-collar Roots, White-collar Dreams*. Hoboken, NJ: Wiley.

地太成功了，他们无法识别出对方。①

此外，工人阶级学生在大学的成功融入也产生了一种情况，即他们越来越疏远家人和以前的同龄人，可他们学有所成并不能保证他们事业有成。通过增加服务学习、实习机会和合作学习机会，使工人阶级学生在读书期间能够形成社交网络并积累职业相关的就业经验，大学可以应对后一个问题。而前一个问题更难以解决，因为这需要重新思考很多人所认为的高等教育之中产阶级属性。这是一个很高的要求，但这个要求首先需要拷问我们教育社会学家自己提出的假设。尽管现在有把工人阶级地位浪漫化的趋势，我们仍认为通过教育实现向上流动非常重要，而工人阶级的社会再生产是个问题。虽然这一假设关心了工人阶级的生活和抱负，却也否定了工人阶级生活经历自身的价值。本研究中的年轻人认为，他们的工人阶级出身意味着思想狭隘、局限性强、种族歧视、性别歧视和反同性恋。这恰恰证明，我们的大学未能在其他形式的压迫的大环境中定位工人阶级的生活。在界定大学的中产阶级霸权下，我们学者通过赋予特定形式文化资本更高的价值，当然助长了这一成败观念。因此，在完成大学学业时，他们不能更加批判性地理解他们以前或他们父母和老朋友所处的结构和文化条件，反而像中产阶级一样认为工人阶级的知识和经验就算不是病态的，也存在着不足。

① Brook, H., & Michell, D. (2012). Learners, Learning, learned: Class, Higher Education, and Autobiographical Essays From Working-class Academics. *Journal of Higher Education Policy and Management*, 34(6): 587—599.

教育与社会政策调查

教师“县管校用”政策执行研究
——以S省P县为例

Study on the Implementation of Teachers' "Job Rotation" Policy—Take P County of S Province as an Example

王海纳(Wang Haina)
顺德一中附小(Primary School Attached Shunde No.1 High School)

邬志辉(Wu Zhihui)
东北师范大学(Northeast Normal University)

摘要： 县管校用政策在我国处于起步阶段。2013年，县管校用政策在P县实施，促进了县域内教师资源的均衡配置，推动了义务教育的均衡发展，解决了农村某些学科教师配备不足、不能开齐课程的问题。通过城镇教师带动、引领乡村教师，P县整体教育水平都有所提高。但是，县管校用政策在执行的过程中也出现了一系列问题，影响了政策目标群体的行动热情。本文运用史密斯的政策执行模型，从政策文本、政策执行主体、政策目标群体、政策环境四个维度对P县县管校用政策执行状况进行分析，找出P县执行县管校用政策时取得的积极效果和存在的问题。并分析出原因：一是政策本身的原因，选派规则、考核结果和选派人选存在局限性和模糊性。二是政策执行主体受困于人力、物力、财力而执行乏力，甚至出现政策执行变通的问题。三是从政策执行目标群体对政策认识和看法进行分析，发现校长本位意识严重，激励机制不相容。四是，从政策环境进行分析，主要是关联政策存在冲突，政策宣传不够，以及财政对教育的支持有限。因此，针对政策执行困境提出一些建议。

关键词：县管校用政策；农村学校；评估

Abstract: Teachers' "Job Rotation" Policy as a new policy arrangement in China is in the initial stage. in 2013, "Job Rotation" Policy is implemented by P county government, that promoted the balanced allocation of teachers' resources within the county, advanced the balanced development of compulsory education, and solved the problem of the incomplete in school curricula because of shortage of teachers in rural areas. Through town teachers to support the rural teachers, P County overall education attainment of progress have improved. However, there have been a series of problems during the implementation process, that effect the enthusiasm of the policy target groups.

In this study, I use the smith policy implementation model, from four relationship dimensions, including policy, implementators, targeted groups and environment. Research the implementation of "Job Rotation" Policy. Main research methods include: the literature method, survey method and so on. There are many positive effects and problems in the process of policy implementation. The causes of those problems being divided into four types are as follows: First, the policy itself is limited and unclear; Second, the implementators are trapped in administrative staffs, material and financial resources and weak in implementation and even make policy flexible. Third, analyzing the awareness and perceptions of the targeted groups to policy. I found that school's consciousness of the principal is serious and incentive incompatibility. Finally, from the analysis of environment, complementary policies conflicts and policy advocacy is deficient, as well as educational expenditure investment is limit. Therefore, I proposed advice of policy implementation difficulties.

Keywords: "Job Rotation" policy; rural schools; evaluation

一、研究背景与问题

(一)研究背景

教师是影响学生健康成长的关键性人物，是决定一切重大教育变革的核心力量。教育公平呼唤优质师资的均衡配置，我国城乡教育的改革与发展迫切需要一支素质优良、甘于奉献的教师队伍。近年来出现一系列向乡村倾斜的教师政策，但乡村教师队伍建设仍然存在结构不合理、编制不到位，留守意愿不强等问题。

为缩小城乡教育差距，促进义务教育质量均衡，国家出台了《乡村教师支持计划(2015—2020年)》，将乡村教师队伍建设作为实现教育现代化的重要战略基点，促进城乡教师合理有序流动，完善城乡教师交流机制，推进教师队伍的管理体制改革，真正促使教师在县域范围内科学、合理、有序流动。

与此同时，各地积极探索促进城乡教师均衡配置的有利方法，由于原有的“校管校用”制度条块分割了人事关系，教师资源存在校际不均衡的问题，阻碍教师合理有序的调动，导致优质教师资源均衡配置实效不足。为打破教师流动的政策壁垒，“县管校用”的制度改革正式在县域内推进。然而，任何改革都是一把双刃剑，改革的过程也势必会触碰到各方的利益。如何平衡教师、校长、教育局之间的利益关系，使各方达成共识，促进改革顺利进行、政策有效推进，仍是值得思考的问题。S省P县自2013年开始实行“县管校用”政策，在教师队伍合理配置方面进行了积极的探索，本文在实地调查本地政策执行情况的基础上，分析“县管校用”管理体制值得借鉴的经验与问题。深度思考教师管理体制改革之于义务教育均衡发展以及城乡教育一体化推进的价值与意义。

(二)研究问题

当前对“县管校用”的研究还不充足，且缺乏系统性和深入性，许多理论问题和实践问题还有待进一步分析：首先，“县管校用”政策在地方行政执行中，推行力度不大，如果没有上级强有力的推行，部门间关系难以协调、不好操作。P县作为试点地区，2012年就提出“县管校用”管理体制，为改革提供了实践基础，但仍需要进行理论探索。其次，关于政策的相关文献以新闻报道为主，相关学术成果也多是停留在突破教师交流轮岗的体制障碍范围，或从教师的角度对“县管校用”政策实施情况进行调查研究，缺乏相关理论支撑，多为就事论事的研究，缺乏政策执行背后的深度思考，仍未涉及“县管校用”管理体制执行背后的制约因素和困境，没有整体地从教师管理体制的内容、权责方面进行详细、深入的探讨。最后，现有研究中缺乏对执行群体和目标群体的权责表达和利益诉求的调查研究，该政策涉及教育局、校长、教师等多个主体，已有研究仅从教师交流意愿和利益保障的角度进行分析，没有触及“政策”与“执行”的深度关系。

基于以上认识，本文以托马斯·史密斯(Thomas B. Smith)的政策执行模型为切入点，探讨“县管校用”政策的具体操作内容、执行环境以及相关执行群体和目标群体对该政策的看法，针对执行过程中出现的问题进行分析，对政策执行提出改进建议。通过理论分析和实地调查、历史经验和现实情况有机融合，在问题研究和实地调查中深化理论，提高政策执行过程中的科学性，推进政策目标有效达成。

二、研究思路与概念界定

(一)研究思路

2001年国务院确定对农村义务教育实行“以县为主”的管理体制，县级政府承担了举办义务教育的责任，根据实际情况制定符合实际的政策措施，教师的招聘、调动、交流等人事管理权主要集中在县级政府部门。由此可见，“县管校用”政策是采取由上而下模式。政策执行是一个复杂的过程，在分析政策执行的过程中存在复杂化的问题。本文通过对史密斯政策执行过程模型的应用，使得政策分析思路更加清晰、明确，由繁到简，有利于从整体上把握政策执行各个因素并进行系统的分析。对“县管校用”政策执行过程进行全面的跟踪、反馈、调整，做出相应的政策改进策略，提升政策执行的效果。

史密斯认为影响政策执行的因素诸多，主要有以下四个因素：理想化的政策，即合理、可行的政策方案；目标群体，即政策对象，指由于某个具体的政策决策而必须调整其行为的群体；执行机构，指国家政府中具体负责执行的机构；政策环境，指影响政策执行的外部因素，包括政治环境、经济环境、文化环境和历史环境等。① (如图1)

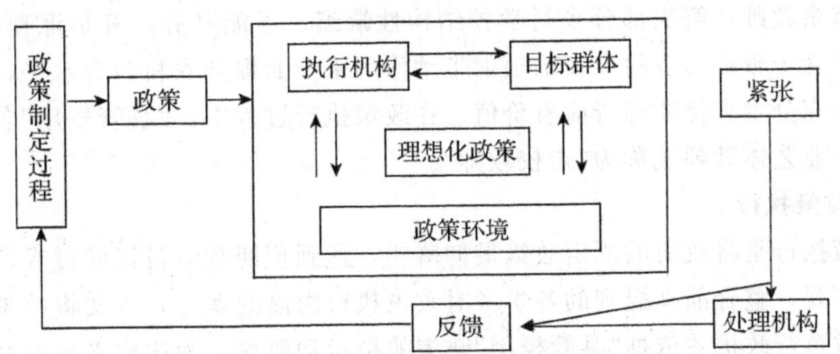

图1 托马斯·史密斯政策执行过程模型

因此，本文首先将相关文献进行整理归类，并且对S省P县“县管校用”政策执行情况进行田野调查，了解到S省P县教师管理政策执行现状以及存在的问题，再进行深入的分析和探讨，基于史密斯政策执行过程模型理论视角，从政策文本、执行主体、目标群体、政策执行环境四个维度，对政策执行过程中存在的问题提出对策和建议。

---

① Smith, T. B. (1973). The Policy Implementation Process. *Policy Sciences*, 4(2): 197—209.

(二)概念界定

1. “县管校用”

“县管校用”概念是相对于“校管校用”所引发的教师资源校际之间配置不均衡，教师流动无序、不合理问题所提出的。有学者认为，“‘县管校用’人事制度改革从横向上，打破区县编制部门、人事部门直管教师、事与权相分离和权与责相违背的人事管理体制，还权于教育行政部门，让教育行政部门宏观管理教师人事关系；在纵向上，改变传统的学校聘用与管理教师的体制，实行教师的‘无校籍管理’，收权于教育局成立的教师统管机构，统一管理教师人事关系，统筹配置教师资源”①。本文将“县管校用”界定为一项新的教师人事管理制度，形式上依托教师走校的方式，接收学校的教师与走校教师进行学习交流，促进接收学校的整体发展。实质上是教育行政部门通过行政调配将教师在县域内的学校中合理配置，达到义务教育均衡发展的目标。

2. 走校

走校作为教师合理流动的一种行政手段，根据《P县教育局关于县管校用名优骨干教师和专业艺体教师考核实施方案》将其定义为，教育行政部门调动县域内县级以上名优骨干教师和专业艺体教师，使他们在城镇和乡村中跨校任课，通过调配富余教师，解决部分乡村学校结构性缺编、不能开齐、开足课程的问题；通过名优骨干教师对乡村学校的辐射带动作用来全面提升农村教育水平，促进校际均衡并充分发挥优质师资应有价值。在政策执行过程中，“县管校用”名优骨干教师和专业艺体教师统称为“走校教师”。

3. 政策执行

政策执行是将政府的既定政策贯彻落实，达到预期政策目标的过程。基于本研究的需要，整合前文提到的各学者对政策执行内涵的观点，本文将政策执行界定为，教育行政机关依据“县管校用”政策的指示和要求，为达成义务教育均衡发展、教师资源合理配置的政策目标，整合各种资源，建立合理的实施方案，与目标群体互动过程中，贯彻、推行、落实方案的行动过程。

三、P县教师“县管校用”政策文本分析

近年来，在国家对义务教育均衡发展相关政策的指导下，S省于2013年出台了《关于加强教师队伍建设的实施意见》，其中提出加强教师交流，积极探索“县管校用”管理模式，大力推进县域内义务教育学校校长、教师定期轮岗交流，

① 邬志辉：《中国农村教育评论：教师政策与教育公正》，北京师范大学出版社2013年版，第20页。

实现城乡、校际之间的均衡发展。① 同年，在P县教育局出台了《关于名优骨干教师和专业艺体教师县管校用管理办法(试行)》和《P县教育局关于县管校用名优骨干教师和专业艺体教师考核实施方案》中，详细阐述了中小学教师走校的具体措施。

(一)“县管校用”教师参与的原则和形式

1. 参与原则

“县管校用”教师需要履行教师职责，敬业奉献，自觉学习进修，拓宽专业知识。原则上按标准工作量安排工作，名优骨干教师除在学校承担一定工作量的教学任务外，每学期还需要到帮扶学校上4节以上的示范课或研究课，组织多于4次的教研活动，召开至少3次的专题讲座，指导本学科2～3名青年教师。“县管校用”小学专业艺体教师每周课时标准工作量12～14节，初中专业艺体教师每周课时标准工作量10～12节。超出标准工作量的享受超课时补贴。

2. 参与形式

“县管校用”名优骨干教师主要用于帮扶薄弱学校、薄弱学科，通过上示范课、研究课、组织教研活动和开展讲座等形式开展帮扶工作，促进帮扶学校薄弱学科教学质量提升；专业艺体教师原则上在教育联盟内部跨学校任课。

(二)“县管校用”教师的待遇和考核

1. 待遇

“县管校用”教师到乡镇学校工作两年及其以上视为有支教经历，优先考虑职称评审和评优评先，业绩突出的，年度考核原则上为优秀。由学校推举成绩突出的“县管校用”教师给予专项表彰。“县管校用”教师参与绩效工资和专项资金发放。绩效工资的30%由教师管理中心统一考核发放，教育局还将另行拨付专项资金用于补贴奖励“县管校用”教师。

2. 考核

县教育局出台了《P县教育局关于县管校用名优骨干教师和专业艺体教师考核实施方案》以及《P县教育局2013—2014学年度上期县管校用名优骨干教师和专业艺体教师考核工作的通知》，以走校教师的岗位职责和所承担的工作任务为依据，全面考核其德、能、勤、绩、廉，重点考核工作实绩，并发放教师走校津贴。

考核子项分为教师职业道德、出勤和常态工作情况、工作量、教育教学能力、教育教学成效五大项目，共计100分。其中，对“县管校用”教师、走校教师

① 张菲菲、王迪：《四川教师6年或9年一轮岗》，《四川科技报》2013年11月22日第12版。

师德满意度的测评，由任教班级随机抽取20名学生、20名教师进行。在每学期末由教培中心对走校教师进行考核，教师管理中心依据接收学校和教培中心考核结果，并综合平时对走校教师的督查情况进行全面考核，依据考核结果发放走校专项经费。

(三)“县管校用”教师的管理

1. 产生

“县管校用”师资原则上在县级以上名优骨干教师和专业艺体教师中产生。“县管校用”名优骨干教师原则上从县内名优骨干教师相对集中的学校产生，“县管校用”专业艺体教师从专业艺体师资相对富余的学校产生。

2. 依据

为进一步深化事业单位人员聘用制管理改革，建设一支高素质专业化的教师队伍，为实现教育现代化提供人才支撑，根据《教师法》《教师资格条例》和有关法律、法规政策的规定，结合P县实际，制定《教师聘用合同书》《教师派遣协议书》《教师岗位协议书》，以及《教师退出办法(试行)》，逐步将全县教师纳入教师管理中心。

3. 方式

共同使用“县管校用”师资的学校双方要相互协调，拟定“县管校用”师资工作安排表，为“县管校用”教师提供不低于本校教师的工作和生活条件。“县管校用”教师要遵守工作学校的校规校纪，中途不得无故离校，如有师德失范或工作出现重大失误的，将按照相关规定对其进行处罚。教师管理中心和教培中心不定期到学校督查“县管校用”教师到岗和工作情况，并听取学校领导、同事、学生意见。“县管校用”教师每学年工作结束后，填写《县管校用教师考核表》，由工作学校给出日常管理考核分数，教培中心给出业绩考核分数，教师管理中心进行考核。

(四)“县管校用”政策内容分析

孙绵涛教授认为，教育政策内容分析建立在全面考察教育政策内容的基础上，运用确立的标准分析该政策内容，看其内容是否完整、科学和具有创新性，并且对该政策的不足之处或其本身存在的问题提出合理的建议。①

史密斯政策执行模型中的重要因素之一——理想化的政策，其中政策的“理想化”与孙绵涛教授提出的政策内容分析标准的“完整性”观点相吻合，“理想化”状态是一种基于现实却又高于现实的状态，是一种在实际执行过程中难以达到的状态；二是出于对教育政策制定及其实施环境复杂性的考量，受经济、政治和文

① 孙绵涛：《关于教育政策内容分析的探讨——以中国1978年后教育体制改革政策内容的分析为例》，《教育研究与实验》2007年第3期，第39～45页。

化的极大影响，教育政策环境呈现出复杂多变的现实情形，因此教育政策的制定和实施难以达到“理想化”的状态。就“县管校用”政策而言，其政策的制定和实施亦受到P县政治、经济及文化的深刻影响，很难解决教师的全部问题。故本文针对“县管校用”政策的目标、对象及措施是否理想来进行分析。

“县管校用”政策目标十分明确，为了进一步完善教师能上能下、能进能出的用人机制，建设一支师德高尚、业务精湛、结构优良、充满活力的高素质专业化教师队伍，实现教师资源优化配置和城乡教育均衡发展，《教师管理中心章程》明确提出“全县教师实行集中管理、县管校用”，可见“县管校用”政策的目标群体为全县教师。但是，政策实施过程中，与教师管理中心签订《教师聘用合同书》《教师派遣协议书》和《教师岗位协议书》的教师仅是从2013开始年聘用的新教师。

“县管校用”政策明确指出县级以上名优骨干教师和专业艺体教师由教师管理中心统筹安排，进行走校。但教师管理中心对教师的筛选和甄别方式并不清晰，会使得“行政机构经常是在宽泛的和模棱两可的办法下运行的，这就给他们留下了更多的空间去决定做什么或者不做什么。①”同时，城镇教师走校以“帮扶”来形容，政策逻辑前提是派出学校与接收学校之间的教师存在明显的差距，存在一种居高临下的姿态。走校教师经过接收学校、教培中心和教师管理中心三方评定，得到综合评价结果，教师管理中心根据评价结果对走校教师进行奖励。

基于以上分析，P县出台的“县管校用”政策的目标明确，涉及的管理对象全面，相关的政策措施对乡村学校具有相应的针对性，管理能力及专业程度更加规范，仅就教育政策内容分析的标准来看，达到完整性要求。

四、P县教师“县管校用”政策执行现状调查

(一)研究设计与样本选择

根据前文的分析，P县教育局作为“县管校用”教师管理体制改革的先行者，逐步探索出实施办法，故笔者选取了能为本研究提供最大信息量的P县为调研地点。并采用访谈法，收集访谈者的经验陈述，通过与访谈者的沟通对话，描述政策执行过程。

1. 研究设计

(1)工具选择

为了能全面了解政策执行情况，笔者收集了教育局相关的量化统计数据、各调研学校2014—2015年教育工作总结发言材料和走校教师的总结体会稿件。本文主要采用访谈方法，访谈对象包括走校教师、学校校长、教育行政领导和各科

① [美]詹姆斯·E. 安德森：《公共决策》，唐亮译，华夏出版社1990年版，第115页。

室人员。访谈提纲的问题设计以开放性原则为主，访谈过程中多采用追问的形式，针对“县管校用”政策执行过程中的不同群体遇到的一些具体问题，进行比较深入地挖掘和研究。

(2)拟定访谈大纲

本研究根据研究目的与文献探讨的结果，拟定访谈大纲，包括基本资料与访谈提纲两部分。基本资料包括受访者的性别、学历、工作地点、身份、年龄、职称、工作年限等相关资料。访谈提纲分为四个类别，分别是校长访谈提纲、教师访谈提纲、教育局各科室访谈提纲和教育行政领导访谈提纲。校长访谈提纲包括教师走校的基本情况、校长在政策执行过程中的作用、政策执行后发生的变化、政策执行过程中遇到的困难和相应的建议。教师访谈提纲包括对政策的了解程度、走校遇到的困难和发生的变化、希望获得的政策支持以及政策建议。教育局各科室访谈提纲和教育行政领导访谈提纲包括科室的工作职责、对“县管校用”政策的看法、政策执行过程中遇到的困难及推进政策的建议等。在访谈过程中，笔者注重询问受访者对有关“县管校用”政策的真实感受和实际经验，让受访者在轻松无压力的情境下，回忆并陈述他们的经验与感受。

2. 样本选择

根据调查和研究需要，根据《P县中小学素质教育督导评估实施办法》和关于对义务教育段学校实施《义务教育学校管理标准(试行)》情况进行考核评估的办法，并且参照P县教育局督导室的义务教育均衡发展情况督导检查抽样结果，笔者采用田野调查的方法，在教育局蹲点近一个月，协助统筹办主任处理一些日常事务，暂居在PJ中学实验学校的学生宿舍中。与笔者同住的是一名NJ小学的自聘教师，她对P县的城镇学校的情况比较熟悉，在平时的生活中，经常交流互动，使笔者更加深入了解了P县的教育情况。以分层抽样的方法选取了城关镇中心的小学和初中各一所，BY乡、CJ镇、GX镇和HS镇各一所学校，SA镇三所学校，各乡镇的学校类型分别为九年一贯制学校、单设小学和单设初中。

研究对象的选取关系着本研究的广度，笔者对以上学校的校长和教师进行了访谈或座谈工作。共计访谈校长10人，教师访谈11人。教育局访谈的科室有办公室、教师管理中心、督导室、教师研培中心以及统筹办，每个科室访谈1～2人，共计6人(见表1和表2)。之所以这样安排调研地点和对象，一方面，是参照教管中心安排走校教师的信息汇总表，筛选出接收教师的学校和派出教师的学校；另一方面，是因为地理位置在一定程度上决定了生源和教师水平，笔者经过与统筹办主任的商讨，最终形成调研安排。以所选的两个学校为例，BY乡地处山区，BY九年一贯制学校，学生总共有92人，教师14人，是P县唯一的一所山区学校，山区川字形地貌使得学校处于尴尬的境地，由于交通逐渐便利，川字型地貌两侧的居民逐渐将子女送到XN小学或CYH学校读书，即使居住在BY学校学区范围内，也不送子女到山上读书。这导致BY学校中学段仅有8年级一个年级，不到20人。小学段每个年级也只有一个班，学生数最多的是六年级，有18人。学校面临生源萎缩和教师流失的双重挑战。而位于县城内的BJ小学是典型的大规模学校代表。2010年，将原来的BJ小学和城郊的YH小学、CB小学三校整合，扩展为55个班。该校学生人数2 400多人，已占到全县小学生的1/4，学生几乎每个乡镇的都有，结构复杂。教职工近150人，其中学校自聘教师9人，BJ小学仍然面临结构性缺编问题。不论是BY学校还是BJ小学都存在教师队伍缺口的问题，艺体教师更是严重短缺。

笔者选择样本学校时，不仅需要共性，还需要各自的特性。这有助于理解和研究“县管校用”政策在各个学校执行过程中存在的共性困惑和特殊性问题，并且了解不同利益主体之间对“县管校用”政策执行的关注点和看法，从而为政策设计提出合理的路径。

表1 调研样本及进度安排进度表

时间	地点	单位	人员	形式	备注
9月11日	BY乡	BY九年一贯制学校	G校长、X校长	座谈	接收学校
9月15日 9月16日 9月17日 9月23日 9月26日	教育局	办公室 教师管理中心 督导室 研培中心 统筹办	W主任 Z主任 L主任 L主任 Z主任、W老师	访谈	管理单位
9月14日	CJ镇	CJ九年一贯制学校	H主任、Z教师	座谈	接收学校
9月17日	GX镇	GX九年一贯制学校	C校长 W主任、Y教师	访谈	接收学校
9月18日	SA镇	PTS小学	Y校长	访谈	接收学校
		CY小学	X校长、L老师	访谈	接收学校
		JYS小学	Z校张，L主任	座谈	接收学校
9月21日	HS镇	XN小学	Y校长等	座谈	接收学校
9月23日 9月24日	P县城	SY中学 BJ小学	Y教育局长兼校长 L校长、C主任等	座谈	派出学校

表 2 受访者资料编码一览表

编号	性别	工作地点	身份	受访时间	受访地点	文字量
1591101	男	BY 学校	校长	10:00～11:00	校长室	9205
1591402	男	CJ 学校	主任	14:10～15:00	办公室	5748
1591503	女	教育局办公室	主任	15:00～15:30	办公室	4493
1591604	男	教育局教管中心	主任	14:40～15:40	办公室	10564
1591705	男	GX 学校	校长	09:50～10:25	校园	6473
1591706	男	GX 学校	主任	10:30～10:55	办公室	4867
1591707	女	GX 学校	教师	11:00～11:25	会议室	4971
1591708	男	教育局督导室	主任	15:30～16:30	办公室	7793
1591809	女	CY 小学	校长	09:00～10:20	校长室	13727
1591810	女	CY 小学	教师	10:35～11:00	校园	3076
1591811	男	PTS 小学	校长	13:30～13:50	校园	2122
1591812	男	JYS 小学	校长	14:10～15:30	会议室	10297
1592113	女	XN 小学	校长	14:30～16:00	会议室	5136
1592214	男	BJ 小学	校长	14:30～16:00	校长室	12592
1592215	女	BJ 小学	教师	16:00～16:20	校园	1823
1592316	男	教育局研培中心	主任	09:40～10:40	办公室	6873
1592317	男	教育局人事科	主任	10:20～10:45	办公室	3705
1592418	男	SY 中学	校长	14:00～15:30	校长室	13292
1592619	男	教育局统筹办	主任	10:35～11:00	办公室	1808

(二)“县管校用”政策实施状况及积极效果

1. 调查对象基本情况

(1)政策目标群体的基本情况

“县管校用”政策的目标群体主要是走校教师。根据 2013 年和 2014 年《P 县教育局县管校用走校教师考核评价表》的内容汇总数据得知：2014 年参与“县管校用”走校的名优教师由 2013 年的 4 名教师上升到 6 名，占教培中心总研究员数的 30%，他们参与教学指导的农村学校有 CY 小学、CJ 学校、GX 学校等 6 所学校，任教学科有数学、语文、美术、信息技术、英语等。期末考核平均分数折算为百分制为 89.72。

2014 年参与“县管校用”走校的骨干教师和艺体教师数为 18 人，其中美术、语文、历史、物理、地理教师各 1 人，音乐教师 3 人、体育教师 3 人、生物教师 3 人、英语教师 4 人，派出学校主要为 SY 中学、BJ 小学等城镇学校，走校教师在派出学校平均任教周课时数为 11.4 节课，在接收学校平均任教周课时数为3.3。

由于"县管校用"政策辐射的学校距离城镇中心都不是很远，调研过程中最近的XN学校距离城镇开车大约10分钟，较远的GX学校和BY学校距离城镇开车将近40分钟。从其他学校开车到城镇单程所需时间在30分钟左右，学校与城镇的交通非常便捷。其中值得注意的是，在2013年走校的教师当中，有一名教师在派出学校做后勤工作，到接收学校中主要担任数学学科的教学，并且派出学校和接收学校的类别都属于第四类学校，两所学校的位置都在距离城关镇较远的农村学校。

P县教育局按照学校所在地的偏僻级别，将山区、偏僻地区、贫困地区设计成五类等级，形成农村学校教师补贴级差制度，从一类到五类学校每月农村教师补贴分别为0元、60元、120元、280元(四类、五类均为280元)。越是偏僻的贫困地区，津贴发放数额越高(见表3)。同时，由于SY中学为民办学校，所以并未列入教育局的补贴范围。

表3 农村各类学校教师补贴标准

学校类别	学校名称	每月农村教师补贴
第一类学校	BJ小学	0元
第二类学校	XN小学	60元
第三类学校	PTS小学、CY小学	120元
第四类学校	GX学校、CJ学校、JYS学校	280元
第五类学校	BY学校	280元

(2)政策执行主体基本情况

"县管校用"政策执行主体是指实施政策的地方政府、教育主管部门以及相关学校等，他们是进行教育政策活动的主要行为者，在政策执行过程中发挥着主导作用。同时，教师管理涉及教育系统内外多个部门，各部门如果没有形成有效的分工和合作，管理工作量必然增加，工作程序必然拉长。"县管校用"理顺了县编制部门、人事部门、教师管理中心、教师培训中心、学校等各自的工作职责及其与教职工的关系。使教师管理系统形成有效合力，进一步深化教师人事制度改革，有利于建设一支数量适当、结构优化、素质精良、敬业奉献、敢于创新的教师队伍。

本研究主要涉及的政策执行主体有：编制部门、人事部门、教师管理中心、教师培训中心、督导部门以及学校。其中，P县教师管理中心是在2012年应"县管校用"政策而成立的部门，配备编制10人。2013年全面展开工作，实际在岗工作人员1人，其工作宗旨是为全县教师实行集中管理、"县管校用"，实现教师资源优化配置和城乡教育均衡发展。教师管理中心的工作职责是：负责全县教师身份管理和档案管理，承担全县教师的培训规划、考核、评优和职称评聘工作；建立健全教师聘用制度，与教师签订聘用合同；与学校签订派遣协议，根据学校需求派遣相应教师到学校任教；建立健全教师交流和解聘、辞聘制度，负责学校未聘人员和不合格人员的考核鉴定、培训组织、转岗等工作。在2013年，P县实施走校工作以来，教管中心下学校督查四次，负责与教师建立聘用关系，实施对未聘教师的集中管理与培训，承办教师集中管理等事务性工作。

2."县管校用"政策实施的积极效果

(1)实现政策目标，教育质量均衡

政策目标是政策制定的出发点和政策执行的归宿，对政策执行效果的研究必须考量政策目标是否实现。"县管校用"管理体制改革，在全县实行教师编制无校籍管理，是统筹盘活用好编制资源的一次新的探索与实践。截至2015年年底P县已将84名教师纳入"县管校用"范畴，县域内义务教育学校校级干部交流任职人数达到30人，走校人数达到25人。优骨干教师和专业艺体教师到乡镇学校指导教师专业成长或进课堂上课，名师通过上示范课、研究课、组织教研活动和开讲座等形式对结对农村青年教师进行一对一指导；专业艺体教师实际到课堂上，促进帮扶学校薄弱学科教学质量提升，让农村孩子真正享受到了教育均衡所带来的实惠，取得了显著成效。

"县管校用"的目的就是充分发挥现有编制资源的最大效益，从源头上促进城乡教育资源的均衡配置，促进城乡教师资源的合理有序流动。同时，P县围绕统筹城乡教育一体化发展战略目标，按照"以城带乡、以乡促城、城乡联动、共同发展"的方针，通过教师走校，推进县域内义务教育基本均衡发展，缩小城乡办学差距，进一步推动城区优质教育资源向农村义务教育薄弱学校辐射，以促进农村薄弱学校管理、教师发展、教育教学效果、学校文化建设等方面进步，提升农村学校的教育质量和办学水平，让"弱校"变"强校"。从督导办公室发布的《义务教育均衡发展的监测报告》可知，城乡教育差距逐年缩小，2015年P县的义务教育均衡总指数为0.28，由此可以看出P县城乡教育差异不明显，基本达到均衡水平。

(2)发挥政策作用，名师引领示范

2014年8月，教育部、财政部、人力资源和社会保障部《关于推进县(区)域内义务教育学校校长教师交流轮岗的意见》启动实施，全面推进义务教育教师队伍管理体制改革，2015年6月《乡村教师支持计划(2015—2020年)》中同样提到，推进教师管理体制改革，形成城镇教师到乡村学校任教的制度保障。由中央统筹实施政策来带动地方政策出台和经费投入，增强了地方政府履行提高义务教育阶段教师素质任务的责任感，为农村教育的发展营造了良好政策环境。在中央政策的带动下，P县深入实施“县管校用”政策，并大力支持教师走校，发挥了专业骨干教师对农村教师的引领和示范作用，切实起到了辐射带动农村学校发展的目的。从对教师管理中心主任的访谈中可以看出，“县管校用”政策作用明显。

比如，教研员、名师每周都下去，每周、每期讲座不得少于几次，然后上课不得少于几次，我们是有数量规定的，要保质保量……他们个人交的东西，往期的那个材料、备课啊、听课啊、记录啊，每个人都这么厚，那个肯定是没有虚假的。(编号：1591604)

骨干、名师，在眼界上、方法上，还有一些思路上肯定比乡村教师多少要强一点嘛，名师去了以后，肯定给农村教师带来帮助，开个讲座，上个示范课，看一看这个课是怎么上的，肯定对你有帮助。(编号：1591604)

同样，从校长的反映来看，名师的示范作用也同样得到了肯定：

从名师训练营派出个教研员，他也完成走校的任务。当时的那个教研员在这个学校走校的时候，我就觉得他做得非常好。起到了非常好的带头作用，那个教研员给我们上示范课。然后带几个徒弟，我就把我们学校的一个新教师送上去，签一个协议……那个互动的非常好！这样对老师的帮助非常大。(编号：1591101)

从走校的教师的反馈中也可以看出引领、带动的效果：

到乡村学校去，我一般是抽一天下午去，每个年级上一节课，就是这次我上二年级，下次我上三年级，这样轮流转嘛。上完课我们开始研讨，交流我们各自好的做法、困惑。我觉得那些老师研究的氛围还是很浓的。后来我走了，听说他们的研究氛围没有那么浓厚了，毕竟还是需要有人引领、带头。(编号：1592215)

从政策执行者、目标群体在访谈中表达的观点来看，对政策执行的积极效果是没有出现分歧的，在名师走校的过程中，一定程度上起到了带动和引领薄弱学校教师的作用，与政策执行的初衷相一致。

(3)整合教师资源，优化师资配备

教师是学校的重要人力资源。人力资源优化配置对于一个组织或单位来说即是对系统内部人力资源的科学合理配置。只有发挥出组织内部人力资源的总能量，才能提高工作效率和组织效率。在县域范围内推动“县管校用”政策后，教师管理中心可以对全县师资进行统筹调配和管理，让教师资源得到最大程度的优化配置。学校依托教师管理中心，解决岗位性和结构性缺编难题，调离一部分不能在教学一线岗位上任教的教师，逐渐解决农村教师老龄化问题，农村学校向教师管理中心申请调配适合岗位的优质教师补足学校在编教工缺口。比如，甲校英语学科老师有富余，而乙校英语老师不够，然而在“校管校用”模式下，就会出现甲校的英语老师闲着，乙校花钱自聘教师的现象。“县管校用”政策执行主体就可以对县域内师资进行统一调配和管理，这样能最大化地进行资源整合，解决教师所学专业与课程不配套的问题，实现教师人力资源配置的科学化，满足中小学校教学工作的需要，形成动态调节、合理流动的秩序，盘活教师队伍，让全县教师管理体制发挥最优效能。从教育局副局长，同时兼任SY中学校长的表达可以看出“县管校用”政策对教师优化的作用。

我们这里操作比较灵活，让部分CJ学校的老师在这里学习，同时，我抽调SY中学的力量过去支持。这样有支教的，有走校的。支教的是指每天都在那里上班，在这边上课还要在那边上课的叫作走校，这样解决了CJ学校乡村教师与课程不匹配、教师人员多但是老龄化比较严重的问题。他们四五十岁的很多，我就抽调他们6个四五十岁的老师到这里做后勤，有两个四十多一点的教师在SY中学上课，一个上数学一个上语文，这里派遣了14个老师过去，抽调过来的老师通过学习之后，如果再调回的话基本上就会成为那里的骨干教师，因为SY中学的师资及教学环境好。（编号：1592418）

P县教育行政部门运用“顶层设计”理念，从教育理念、内部管理、办学模式、教学手段、校本课程、师资培训、校园环境等方面，对全县中小学进行全方位打造和整体化构建。教师走校的过程中，学校的教师资源结构、新老教师比例、教师年龄结构和男女比例配置都更加科学，更有利于引进新的教育理念，激发创新活力。同时，流动给教师提供了丰富的学习机会和广大的舞台，让教师自身得到成长，促进校际文化的多元交融、优化完善和开拓发展。

教师流动到新的学校，面对新的环境和接受新的任务，可以激发工作热情，有效克服职业倦怠情绪，增强岗位意识和创新意识，从而促进其专业持续发展。美国学者卡兹在调查统计基础上，作出了组织寿命曲线。该研究表明，在一起工作的人员，信息沟通水平最佳年限为1.5～5年。超过5年，沟通减少、反应迟钝、组织创造力徘徊不前。“县管校用”政策的实施有效地化解了教师职业倦怠，同时开拓了教师的眼界，增强教师自主发展意识，教师一般对熟悉的环境、熟悉的学生、熟悉的教材游刃有余，但在陌生的环境如何发挥自己的能力则对部分教师是一个考验。通过接触各种各样的环境，解决各种教育教学问题，使教师增强了对各个学校管理和文化的适应能力，完善了教师的知识结构，并从中总结规律，形成自己的教学思想。“没有竞争就没有进步”，这是所有工作的定律，教师行业亦然。教师在一所学校长期工作和身边的同事关系趋于稳定，彼此之间就会缺少竞争。教师的竞争意识淡薄，不利于教师教学能力提升。

五、"县管校用"政策执行的问题及原因分析

(一)政策文本方面

1. 走校教师选派规则模糊

公共政策的执行，必然是以公共政策本身为逻辑起点。① 所以，教师"县管校用"政策执行的问题有很大一部分来源于政策设计的不合理。在P县"县管校用"政策中，只是原则上初定选派名优骨干教师和专业艺体教师，教育局并没有对每个学校要派出的走校教师数量作出具体规定。例如，SY中学一年就派出12名教师走校，BJ小学连续4个学期只派了1名教师。教育局对音乐、体育、美术教师的质量并没有作出明确的要求，只是在"相对富余的学校"产生，至于走校的教师质量就由各派出学校自己来控制，教育局对走校教师的业务水平、职称、年龄也没有进行筛选和考察。在对接收学校的校长进行访谈时，就有人提到：

喜忧参半，有的走校老师示范作用比较明显，有的老师还是挺困难的，因为走校老师的到来是评职称的需要……每年我们要联系走校的老师，他要有三方面的统一，我们接受，对方学校放人，教育局审批，但很多我们找的老师他们(学校)肯定不会同意的。(编号：1591101)

在访谈教培中心主任时，也阐述了对这个问题的看法。

我爱人，她是BJ小学的，她是中学高级数学教师，CJ小学不是被BJ小学领办了嘛，然后她要争取去走校，可是学校不同意……她是年级组长，又教两个班的数学，所以校长不同意。(编号：1592316)

其实现在这个情况还不能一概而论，现在还在起步阶段，说老实话，学校往往派出的不是最优秀的……有一部分教师之所以去，就是因为政策要求城区教师必须有两年走校经验，才能评职称。所以他的教学效果不是最好的，虽然也有是原来的那个班级教育质量提升的，但也有几个就是原来样子的，这是我们考核的情况。(编号：1592316)

从上面的访谈中可以看出，由于教师的选拔没有明确的标准，也没有从教师的知识、能力、经验、性格等维度进行具体的调研与测评，基本上是派出学校的领导自己确定，为了完成教育局下达的任务，派出学校会选派一些自己看不惯或者业务水平低的教师去参与"县管校用"。而自愿申请走校的教师也仅仅是因为农村学校的工作量相对较少，工作负担比较轻；或是年轻教师为了积累经验早日评上职称。出于这些目的走校的教师忽视了接收学校的真正的需求，使得乡村接收

① 周佳：《进城务工就业农民子女义务教育政策执行研究》，《清华大学教育研究》2006年第4期，第57～62页。

学校成为教师的训练场和垫脚石。模糊的教师选派标准违背了政策初衷和政策精神，走校教师产生的政策表述不具体是导致校长在执行该项政策过程中钻了管理上的空子。走校的艺体教师在乡村学校属于紧缺教师，走校教师每周只能抽出一天去接收学校上课，如何安排课程也成为困扰教务主任的问题，在国家规定的课程标准下，不可能一天上完所有的体育课，因此，政策具体操作上也存在一定的困难。

2. 教师考核结果难以量化

在“县管校用”政策文本中明确提出，教师走校期间，由接收学校、教培中心、教师管理中心三方进行评估。对走校教师的考核依据是岗位职责和承担的工作任务。从“德能勤绩廉”五个方面考察，由接收学校和教培中心组织填写《县管校用走校教师考核评价表》，其中，教研中心占分数的40%，评价主体为教研员和督导员。接收学校占60%，评价方式为教师互评和学生打分。走校教师需要根据自己的教学情况写期末工作报告，教师管理中心综合对走校教师的督查情况进行全面考核，给出结果。事实上，教师管理中心在督查时很少给走校教师扣分。从政策执行者看来，P县的教育整体水平是比较好的，作为下去走校的教师逻辑上应起到指导、示范的作用，具有名师效应和光环作用。从考核内容上来看，考核标准分“优秀、良好、较差”三个等级，没有重大教学事故或没有和领导同事产生矛盾的，基本上都是合格的。由于从城镇学校到乡村学校来上课，某种意义上是支援和帮助的高尚行为，其年度考核都会是合格，并且在考核中重点考察工作量是否达到，走校教师承担的任务已经十分辛苦，在测评过程中，领导也会给予照顾。同时，大家都处于在教育圈子内，教师的考核结果也受到“人情”因素的影响，领导、同事之间都会相互通融，走校教师的年度考核基本上都会通过。

通过对教培中心的主任的访谈可以看出，在考核过程中会出现无法对艺体教师工作量化的难题，对艺体教师的日常教学情况的衡量标准没有客观的标准，无法以数据来展现学生学习的整体变化。对走校教师的考核往往带有主观性，因而需要形成走校教师考核标准。例如，学生在体育、美术、音乐方面获得了多少奖项，在各项艺术和体育比赛中获得了什么名次等，不能仅靠填写考核登记表或教师工作总结材料。

有的学校存在结构性缺编，现在教育人事科这里是保证不了艺体学科编制的。另外，对走校艺体学科教师的考核不能量化，不好用这些学科的学生成绩进行比较。但是，无论SY中学的艺体老师，还是BJ小学的艺体老师，都会给接收学校老师带来些影响，优秀教师的工作态度啊，教学理念和方法啊，对接收学校是有带动的。但是呢，可能有个环节还有待进一步研究，就是走校老师的思想

素质是不是符合走校的要求。(编号：1592316)

通过对2014—2015年下半学期走校教师考核评价表的整理和走校教师的评价分数汇总可以看出，走校教师获得优秀的占所有走校教师的68%，合格的教师比例为28%，没有通过考核的只有1人，原因是该教师由于产假没能到接收学校上课，因此也没有提交工作总结。一定程度上，材料的多少决定你工作的优秀程度和工作的态度，政策执行者会以写的好不好为考核依据。教师管理中心主任就表示，“我那里有他们个人交的东西，往期的那个材料，备课啊，听课啊，每个人的记录都这么厚，那个肯定是没有虚假的”。这些数据和材料表明了目前教育局对走校教师的工作考核较为模糊，没有明确的评价标准。

3. **政策设计难有“鲶鱼效应”**

形成“县管校用”教师管理体制的初衷是为了通过名优骨干教师带动乡村教师成长，盘活整体教师队伍，增强教师自主发展意识，瓦解乡村教师长期的工作惰性，让名优骨干教师在乡村教师当中起到“鲶鱼效应”。但事实上，所选派的部分骨干教师，在接收学校缺少教师的情况下并没有空闲的、可带动的教师，每次上课只能去弥补接收学校未开齐的课程，正如受访的校长所描述的：

政策主要的突破点在于走校的骨干教师能不能带动、影响接收学校的青年教师队伍，而不是需要骨干教师来上这么一节课。但是又存在一个问题，就是骨干教师去的接收学校本来就缺少老师，他去的目的本来就是代课，没有任何青年教师队伍可以让他带。(编号：1592113)

(二)政策执行主体方面

1. **部门人员紧张，政策执行乏力**

建立和维持一个高效的人员充沛的教育管理部门是教育政策执行成败的关键因素。在P县教师管理中心《事业单位章程》中编制核定为10名，需要负责全县教师身份和档案、培训规划、考核、评优和职称评聘等一系列工作。而实际在岗人员只有一人，教师管理中心挂靠在人事部门，教师管理中心工作人员还要分担人事科的部分工作。因此，基层执行者自身资源的缺乏是政策执行乏力的主要原因。P县教师管理中心刚刚成立不久，未能将全县教师纳入教师管理中心，政策未能全面执行，受访的教师管理中心主任对此给出如下回应：

我们这个机构是2014年2月成立的，才成立不久。中心有十个编制，但是现在做教师管理中心事的就只有我一个，另外还有六个人，虽然说编制在里边，但是他们都是各个科室的人，不会做教师管理中心这里面的事。

如果把各个学校原来做这个业务的老师调到教师管理中心，业务集中，就会节约大量教师。虽然这种设想很简单，但是牵涉面是相当的大……对学校而言，他们的包袱可能更少，什么事都由教师管理中心来搞，能用我就用，不能用就退回去，因为他们的工资关系、人事关系都跟学校无关，你们找教师管理中心，那样的话我们教师管理中心就是一个非常烦琐、繁重的一个机构了。（编号：1591604）

学校组织作为教育政策的执行机构之一，将原来由学校负责的工作转移到教师管理中心，中心主任认为一蹴而就的难度是非常大的，并且在以往的工作中已经形成了路径依赖。不仅增加了教师管理中心的管理成本和压力，而且学校在教育政策执行过程中具有重要地位，因为“学校的一些特点也可能使改革的实施变得更困难，即便改革目标合乎逻辑且直接明了，比如，学校系统规模庞大、多样化和分权化。因此，政策的成功取决于学校管理、教师、家长和学生的理解和行动……从政府的政策到个别学校或课堂还有很多步骤”①。在目前“财政供养人口只减不增”的刚性约束下，这就需要政策执行者根据政策执行的实际情况，检验政策决策者当时所考虑的前提条件在目前形势下是否适合，渐进地修改政策内容。政策执行者不能单一地、被动地、按照固定的管理程序进入政策执行阶段，要积极应对实际环境的变化，摸索出动态方法并加以应用。

2. 执行主体多元性，掌控力不强

“县管校用”政策的实施关涉编制部门、财政部门、人事部门和教育部门，需要通力协作。目前，编制部门定员设编，但教师的编制设置标准已不适应农村教育需求，农村学校结构性缺编严重，造成农村教师担任多门学科的教学任务。县财政部门根据教师实际在岗人数确定人员经费支出数额，制定公用经费的标准与数量，确定教育经费支出的总额。在县级政府预算方案制定过程中，县级教育部门处于边缘化地位，近乎于没有发言权。P县教育部门在政策执行过程中由于执行主体之间的沟通问题，实施过程变动很大，正如受访的教育局长表示：

政策实施需要人事局认可才行，他不给你认可就没办法，政策发生过变化，原来城区下去当校长或执行校长，每个月就有1000元，现在就没有了。政策变化很大，如果长期这样的话，财政也负担不起。（编号：1592418）

在我国农村义务教育政策的贯彻执行过程中，政策执行主体具有多元性的特点，不同主体的利益诉求难以协调，教育行政部门掌控全局的能力不强，就阻碍了义务教育政策目标的实现。

3. 政策执行者变通，选择性执行

法国行政学家夏尔·德巴什(Charles Debbasch)曾提出，对于行政机构来说，“如果决策与它所期望的东西不相符合或在它看来是无法实施时，它将反对这种

① ［加拿大］Benjamin Levin:《教育改革：从启动到成果》，项贤明、洪成文译，教育科学出版社2004年版，第144页。

毫无活力的东西或试图改变既定措施的内容"①。教育行政人员在执行"县管校用"政策过程中，会综合国家和社会整体利益、地区利益、部门利益以及个人利益进行权衡，当各种利益之间的冲突难以协调时，政策的执行可能出现扭曲。一定程度上，在政策内容的设计太过理想时，地方政策执行者会"趋利避害"，按照自己的预期对政策内容进行取舍，对自己有利的部分就贯彻执行，不利的部分就舍弃，选择性执行，美化政策实施的效果。

作为主要负责"县管校用"政策执行的部门——教师管理中的单位宗旨是"全县教师实行集中管理、'县管校用'，实现教师资源优化配置和城乡教育均衡发展"。但事实上，目前将全县教师集中管理的操作难度非常大，增加了教育行政部门的管理成本，真正实施全县教师的"县管校用"可能性非常小。教师管理中心主任和教育局局长对全体教师成为"系统人"的态度具有一致性，可见对"县管校用"政策进行变通和选择性执行的原因。

现在要把全县所有老师的关系都放到教师管理中心，有一定难度。因为什么呢，如果和全县教师签了人事合同，那么学校就会说现在教师是你们那里的教师，我们只有使用权，那么教师工资的发放、福利等其他一些东西，就应该由教师管理中心来处理……都要管理起来的话，没有十几个人这个根本无法实施。(编号：1591604)

因此，P县的政策执行者在政策执行过程中存在自身的行为倾向。目前，要将全县教师纳入教师管理中心需要大量的人力、物力支持，P县的教师管理中心并不是将全县教师全部纳入，执行者采用渐进的方式，以教师管理中心为杠杆，逐步将教师纳入其中，将政策执行变通为教师走校范围更大、交流学习形式更广的"县管校用"政策。依据政策执行者过去的经验，为"县管校用"政策的执行提供可操作的例行程序或计划。"县管校用"政策之所以操作性不强，相关政策执行者给出了一致的理由。

我觉得这个"县管校用"政策操作性不强，为什么国家要推动"县管校用"，把这些人给动起来？是因为这些人在原来学校已经产生了惰性，学校想通过流动的机制，把这些人弄起来，再分下去。这个难度很大，把学校的矛盾整到教育局里来。(编号：1592418)

校长都喜欢"县管校用"，为啥？比如说这个学校的老师年龄大了，他不上课了，学校就"甩"给教育局，这个老师不听话了，也可以"甩"给教育局，全都是教管中心的老师了。这些问题，县里让你全都包揽，你能够把他们包揽吗？所以这

① [法]夏尔·德巴什：《行政科学》，葛智强、施雪华译，上海译文出版社2000年版，第113页。

个现在实行起来面临很多问题，因为现在是很多老师都分散在各个学校，如果真的把他们集中起来的话，无论哪个单位都是受不了的。(编号：1592619)

P县教育局政策执行者的行为原则是保证当地教育秩序稳定和教育发展，这就决定了其贯彻实施政策的逻辑出发点。教育局并不会集中所有教师的矛盾作为解决教育均衡问题的首要任务，处于自身利益的考虑，以上级政策多大程度符合自身利益为依据，对上级政策的条文采取消极执行的行为，在政策中选择执行，影响了政策整体功能的发挥。

4. 稀释优质教育，掣肘执行决定

我国县级政府作为本地区基础教育资源的主要提供者，将满足居民的基本教育需求作为自身教育行政工作的目标，将推进教育均衡化和改善办学条件作为衡量县级政府工作努力程度的标准。P县已经完成普九目标，大量的资金投入使得各个学校的硬件办学设施没有明显的差别，居民对教育的基本需求已经得到了满足，但是享受优质教师资源的机会仍然不均等。

早在2010年以前，P县城区义务教育阶段的教育水平没有很大的差异，“10年以前我们两个学校从教学质量上来看应该是旗鼓相当”(编号：1592214)，但是，教育局于2002年分析的一组数据显示，由于P县公办学校对义务教育质量总体兜底，而周边县市采用更灵活的教育发展模式，使得教育平台更高，导致小学入学阶段每年、每届有30～50人要送到周边县市去读书；小学升初中阶段，大概每年有70人流失到其他县市，并且这些学生大都来自精英家庭。教育水平的衡量不仅是在县域内进行比较，临近县市的教育发展水平同样制约着县域内的生源流向。P县教育经费的投入比重与数量与其他临近县市相比也形成落差，在教育投入水平和教师的物质待遇上，我国县级政府之间普遍存在着“共谋”的现象。①

P县以学生流失的数据为工作的切入点，为留住本地生源、办人民满意的教育，采取了集中全县优质师资和优质生源建设重点学校的办法。为了吸引更多的资金注入，启动了民办公助学校小学和初中各一所，以减少学生向外流失。优质学校形成了教育洼地，优质的教育资源如同水往低处流一样，P县与其他县相比，教育环境质量更高，对各类教育生产要素具有更强的吸引力，从而形成独特的竞争优势。受访的督导室主任表达了自己的观点：

如果我们为了人为地得到均衡的话，我就把SY中学的学生和教师给分出去啊，这样得到的均衡是牺牲了优质资源，不是在往上拔，是在往下拉，这种做法

① 唐丽萍：《中国地方政府竞争中的地方治理研究》，上海人民出版社2010年版，第37页。

和政府做均衡的初衷是违背的。所以说我们这样做的目的是让SY中学和其他学校的差距逐步地缩小，包括市上的某些区也是这样做的。(编号：1591708)

政策执行需要利用资源来推行，如果资源出现短缺或相对目标群体的数量过多，就可能通过提高条件把一部分人或大部分人排除在外。P县义务教育均衡测量指数已经达到基本均衡标准，但是测算指数和实际的教育资源供给有明显的差异，原因是将两所优质学校定位为民办学校。正如政策执行者所解释的，“义务教育均衡监测特别重视公办学校，因为推进公平是政府的责任。首先我们把公办学校这块兜底，然后允许民办学校高水平地发展。我们是把低的、薄弱的学校往上推，朝着高的均衡方面靠拢”(编号：1591708)。通过这样的变通，优质教育的形成也变得合情、合理。

(三)政策目标群体方面

我国农村义务教育政策的有效贯彻执行一定程度上取决于政策目标群体的影响。从制度分析的角度来看，一种社会形态是否具有强大的生命力，就看这种社会形态的制度能否更好地协调个人私利与公共利益之间的关系，能否将个人追求私利的行为最终导向在使个人私利实现的同时也增进社会公共利益。① 由于政策目标群体未能发挥积极的作用，“县管校用”政策在执行过程中便会发生梗阻现象。

1. 教师身份认识分歧

推行“县管校用”政策的核心是通过教师管理体制的变革，从根本上解决教师的“人才身份”归谁管的问题，实现教师由“单位人”向“系统人”的转变，打破教师流动的政策壁垒，实现城乡教育均衡，促进教育公平。从P县出台的《县管校用暂行办法》和《走校教师考核方案》以及从教师与教师管理中心签订《人事聘用合同》、学校与教师签订的《教师岗位协议书》和学校与教师管理中心签订的《教师派遣协议》来看，依照“县管校用”政策的执行逻辑，可以将县域内的教师定义为国家工作人员，教师属于教育局的人。教师与学校虽然是在平等自愿的基础上签订协议，但是《教师派遣协议》中明确提出“建立派遣合作关系”，即由教师管理中心与教师签订人事合同之后，将教师派遣到指定的学校。一定程度上，中小学教师的任用仍有与派任制相适应的管理方式的痕迹。

但是，与受访的校长谈及“县管校用”政策实施后教师管理方式发生的变化时，校长是这样做出解释的：“我今年新招来的数学老师，以前工资关系、管理关系都在学校，现在在教师管理中心，但是从实际上来说呢，我们是定向招聘嘛，他还是来这上班。”从校长的话可以看出对教师身份的认识存在分歧，虽然教

① 高兆明：《制度公正论》，上海文艺出版社2001年版，第119页。

师是由教师管理中心派遣到学校的，但是教师招聘的数量一定程度上是依据学校的需求，占用的依然是学校核定的编制，而不是教师管理中心的编制，因此，对于教师的调动是否要经过谁的同意并没有明确的说法。

同样，在访谈教师的过程中，当问及其身份归属时，有的教师回答也比较模糊："小的来说是学校的人，大的来说是教育局的人。"实际上，有的教师也弄不清楚自己的身份。由此可见，关于教师的身份问题并没有给予明确的界定，导致教师聘用合同的法律性质模糊不清。同时，合同当事人的法律意识淡薄，签订合同如同走过场，教师对自己的身份也没有明确的认识，教师调动的权益难以得到保障。有的教师是这样描述的：

我们学校就走了一部分老师嘛，他的编制还在这个学校，他还是这个学校的人。从编制来讲教师是不缺的，但实际上在我们学校工作岗位上的(教师)没有那么多。(编号：1591707)

在一定程度上，对教师存在双轨管理的问题，教师管理中心和学校对教师的调动相互限制，要促进教师"能上能下、能进能出"地合理流动，还需要明确公办学校教师的聘用属于何种法律关系，这是解决教师身份的症结所在。

2. 校长本位意识严重

本位意识是指为自己所在的小单位考虑而不顾大局的利益思想。在县域范围内，教育局督导室每年都会对学校校长的工作进行考核。考核的结果关系到学校教师绩效工资的数额，P县对考核结果分为五个档次。虽然学校之间的差别不是很大，但是也形成了学校之间的竞争趋势。因此，学校更多考虑的是自身发展的问题以及如何保护自己学校的优质师资不会流失，提高本校的教育教学质量是最重要的本职工作。骨干教师真正到农村学校上课难度很大，完全靠接收学校领导的人情关系，有的乡村学校校长提出自己的不满：

现在的这个政策也在搞，但是对我们校长来说，是很费力、很被动的。办学的校长都知道，要把自己的学校办好，最终还需要好老师。派出学校不同意，教育局也没有办法。教育局没有制约(派出学校)不支持走校的办法。现实中，我们学校的领导完全是靠人情，自己到其他学校去找。找出这个老师，第一他要愿意，第二学校要同意。(编号：1591101)

在校长的意识中，本学校的教育发展水平，一方面影响着上级领导对学校的考核；另一方面影响家长和学生对学校的评价，决定着校长的社会地位和舆论支持。尽管教师走校对社会整体有一定的正面影响，但是一些学校的校长对"县管校用"政策的认识还比较片面，教师走校影响了派出学校的正常教学秩序，增加了派出学校教师的工作量，一定程度上导致教师派出学校的教学质量下滑。受访的研培中心主任讲道：

你没有有力的支持，那骨干老师肯定不愿意去，你用感情基本上激励不了老师去，而且学校之间的本位主义还是比较严重的，BJ小学校长不会让最好的骨干老师去走校，他肯定要把优秀教师放到自己这里。（编号：1592316）

有些学校在执行"县管校用"政策时，只是象征性地执行。选择的走校教师并不是骨干教师。例如，在教育局的"县管校用"名单中，有的学校派出本校的后勤教师去接收学校担任数学教师，这样不但起不到帮扶作用，而且还会影响接收学校对政策执行的信心。当前，走校教师的选择，派出学校的校长有最终的决定权，有些学校将不好管理的教师派出去，这样的教师在接收学校也没有发挥引领和带动的作用，甚至出现不服从接收学校领导安排和管理的问题。

3. **激励机制不相容**

激励理论所强调的是"动机"或"需要"，即组织中的领导者要善于发现个体的"动机"——这里的动机是指个体通过高水平努力而实现组织目标的愿望，而这种努力又能满足个体的某些需要。① 激励相容，即"县管校用"政策实现了教师的正向激励，教师对经济利益的追求与正义、公平、个体职业发展等需要之间达到平衡，而不是教师买单政策成本，这样才能达到政策的预期效果。

但是，目前"县管校用"政策的激励手段则运用发放津贴和评职称的方式引导教师行为。一方面，走校教师对教育局发放奖励津贴的做法并不满意，在一定程度上只是配合教育局的工作，并没有形成教师的内在需要。另一方面，农村学校的职称下达都有一定限度，需要教师发表论文、上课比赛以及达到英语和计算机等级的一系列指标。而这种职称评定方式并不切合农村教育工作的实际。同时，农村学校职称与岗位不能及时挂钩，而现行工资制度又是与聘任岗位挂钩的，评上职称但没有上岗的教师就只能享受原有的工资待遇，这使他们更加容易产生消极怠工的情绪。因此，多数中年骨干教师更不愿意为了评职称而主动走校。

在经济学中，教师作为一名理性"经济人"，决定是否走校会核算成本和收入，收入主要包括教育局发放的补助和可能获得的职称与职务上的晋升，以及新的工作环境的锻炼和教师的业务技能的提高。而成本主要包括交通、通信费用的增加和花费更多的时间成本，以及教师承担和履行家庭责任构成的约束。当利益最大化时，教师才会欣然接受，否则，教师不执行或者不完全执行政府下达的政策，反而获得更大的利益，激励不相容扭曲了"县管校用"政策的初衷。正如受访的教师所表示的：

我们走校，教育局拿一部分资金来奖励我们，其实奖励的金额，说实话也不是很多，一学期一两千元的样子。你看我每周去一次，每次开车去，车费不说，

① 商庆军：《公共财政政策的激励相容机制》，经济科学出版社2010年，第44页。

有时候中午没吃饭就去了，又赶时间，其实这样算下来的话……哎呀，不说钱，说钱的话可能没人想去，其实就是配合他们工作，支持他们工作。（编号：1592215）

同时，教师走校激励措施存在多目标群体之间的潜在冲突和矛盾。根据美国行为科学家亚当斯(John Stacey Adams)提出的公平理论可知，教师不仅关心工资报酬分配的合理性、公平性及其自己报酬的绝对量，而且关心所得报酬的相对量。因此，他们要进行种种比较来确定自己所获得的报酬是否合理，比较的结果将直接影响今后工作的积极性。在乡村工作的教师会与走校教师进行横向比较，将自己获得的报酬与自己的投入比值进行比较，只有相等时他才认为是公平的。相比之下，从乡村教师对走校教师的态度来看，只是所工作的学校位置不同造成了收入的不同，乡村教师存在严重的不公平感。更有甚者，产生道德风险和逆向选择，部分乡村教师重视个人利益而忽视道德义务和奉献精神，离开乡村学校向城市(镇)学校调转。正如受访的农村校长对此表示的担忧：

走校老师来了之后，对我们还是有一个很大的负面影响，县城里面到乡下上课每年一万元补贴，那我们这里的老师同样上班，在这里干了几十年也没有多出这些钱，有的老师就会想，你的命要是好一点，你到城里面去了嘛。而且我们这些到城里面去的也不少，十多年有三十几个调走的。（编号：1591705）

(四)政策执行环境方面

1. 互补制度缺失，关联政策冲突

任何一个政策在改革过程中都不是单独变化的，而是与其他政策存在密切关系，这些政策同时存在或者前后关联，对政策的执行发生作用。同时，这些相互关联的政策既包括某一政策安排在变迁中所需要的、处于基础地位的政策环境，也包括与这一政策安排并行的其他政策安排。并且，任何一项政策要发挥作用都必须获得其他关联政策的协调和配合，否则政策执行的成效会大打折扣。青木昌彦重视制度环境间的“耦合”。在他的比较制度分析理论中提出，“只有相互一致和相互支持的制度安排才是富有生命力和可维系的。否则，精心设计的制度很可能高度不稳定”①。诺斯除了强调正式制度与非正式制度之间的内在联系之外，他还明确提出正式制度之间也存在关联和互补性。

P县在执行“县管校用”政策时，一定程度上忽略了与该政策相互关联的配套政策，甚至出现政策之间的冲突。例如，教师聘任制、教师编制政策和学校评价政策等。其中，教师聘任制下义务教育阶段聘任关系的甲乙双方应当是学校和教师，而“县管校用”政策则规定教师与教师管理中心签订合同，由教师管理中心派

① [日]青木昌彦：《比较制度分析》，周黎安译，上海远东出版社2001年版，第19页。

遣教师到学校工作，教师与学校并没有签订合同，政策之间存在很大的矛盾。与此同时，现行的教师编制制度并不完善，在P县《中小学教职工编制使用和调整操作规程》中有一定的“动态管理编制”，由于李克强总理提出“确保地方财政供养人员只减不增”，市编委需要将动态编制中空余的编制数作为自然减员处理并回收。P县每年的教师招聘数量都在压缩，有的学校四年没有纳入新教师，造成学校教师队伍结构不合理。GX学校结构性缺编，教师担任几个学科的教学任务，访谈的一名2015年入职的语文教师反映：

这里太缺老师了，真的太缺老师了。我教一年级一个班的语文，但是还教五年级一个年级的美术，我本来跟美术一点边都不沾的，我都不会画画的人，怎么教美术。完全没接触到的领域要教学生，你要我怎么教(笑)。(编号：1591707)

P县在教育质量监测和评价方面，虽然注重学校的自主创新办学和学校的特色发展，但是工作的重点是保证学业的质量，因为只有义务教育阶段的教学质量得到保证，才能达到更多考上大学、考上重点高中，以及拿到更多学科竞赛奖励等各种硬指标。正如督导室主任所说：“完成基本工作后还有特色，重点是保证我们的学业质量。所以说我们高中这几年做得好，出口好。出口不好什么都不是。出口好了以后，它就起到了保证的作用。”P县教育政策执行者受到升学考试观念的影响，在与教培中心主任访谈过程中了解到，依据学生成绩的正态分布曲线，小学阶段排名全县前40%的学生能考上重点大学，初中阶段是排名全县前20%的学生，因此形成了教学评价指标中的优秀率。优秀率成为衡量学校优质与否的标准之一。并且，在该县的重点高中的实验班保证了上重点大学的人数，其中有90%的学生来自SY中学，并且他们就是初中阶段排名全县前20%的学生。在一定程度上，说明了政策执行者通过变通的措施集中力量办重点学校保障升学率，集中力量办重点学校来快速出成绩。学生为了接受更优质的教育资源，并获得就读重点大学的机会而择校。但是这在一定程度上影响着教师资源的合理配置，阻碍着“县管校用”政策的执行。

因此，关联制度的不相容引起政策执行过程中的阻力。各种政策相互作用会产生青木昌彦所说的“意外情况”。任何教育政策的改革都是一次重大教育现状的突破。从政策环境层面而言，当政策执行者试图通过建立教师管理中心来规范和约束教师配置的行为时，原有的教师相关政策往往又让人做出试图维持现状的策略选择。由于不同教育制度安排作用在教师行为方向上的力不一致，就会使得政策关联系统不能发挥应有的规范行为，使政策执行者无所适从。

2. 政策宣传不够，教师职业倦怠

政策宣传不仅是一种信息工具，而且也是一种引导性工具和劝诫性政策工具，是公共政策执行的重要工具、手段和方法，具有政策信息传播功能、政策行动引导功能和政策行为劝诫功能。同时，政策宣传作为一种非强制性的政策工具，其对目标群体的影响有着现实限度。①

P县“县管校用”政策宣传力度不大，由于没有切实的利益变化，农村教师对于“县管校用”政策执行漠不关心。教师没有对政策形成强烈的认知。政策执行主体没有充分使用教育、说服和鼓励教师的办法，忽视了对农村教师职业发展的关注。因此，没有为教师走校培育良好的气氛，没有形成凝聚教师价值观和理想的纽带。同时，农村教师年龄普遍偏大，他们对“县管校用”政策的灵敏度普遍较低，工作热情不高。相关研究表明，教师最佳工作的最佳年龄为30～50岁②，该年龄段的教师往往工作尽职尽责，并且受学生喜爱。但是对于农村中年教师并没有合理补偿和激励机制，导致他们职业倦怠。因此，对于年纪大的教师更应该用多种形式宣传政策，强化他们对政策的认知和认同，为政策执行奠定统一的思想基础。在访谈中GX学校的教务主任时，他就谈到农村教师职业倦怠的现状：

我们学校有一部分老师的业绩应该说也是很不错的，教学质量也很高，就是在论文和赛课方面弱一点。因为这部分老师年龄大约50岁了，再让他们写论文或者是赛课呢，他们可能难以接受。在城市里面，35岁应该是一个比较年轻的群体，应该是一个单位的骨干力量，有激情了。但是我感觉上了35岁，我们这里的老师什么都不在意，就是上班就行了。(编号：1591706)

虽然教师属于“专业人员”，但是乡村中小学教师职业效能却随着年龄的增加而降低，年纪较大的乡村教师对学生学习能力的影响也逐渐降低。同时，学生与家长对乡村教师的评价也影响教师的工作热情，一些乡村学校对于年龄超过50岁以上的教师并不进行教学工作安排。受访的人事科主任就表示：

我们教师跟医生不一样，医生越老越吃香，教师年龄越大越不受欢迎。我举个例子，有个跟我年龄差不多的女教师，年龄相对比较大了，她来上小学的课，小学那些娃咋说的，好打击她的自信心啊。她走进门口就听见学生说，“你不要进来，你不要进来，不要你教我”，什么原因呢？娃儿们说：“你老了，你不好看了。”……所以像五十几岁的教师，在学校里你再去上课效果就不好。(编号：1592317)

因此，必须通过对“县管校用”政策相关信息的宣布和传播，消解教师职业倦怠感，引导社会各界正确认识教师职业的专业性质，普及义务教育均衡发展理念，实现教师队伍的合理流动，推动教师的专业发展，增强教师的职业效能感。

---

① 钱再见：《论政策执行中的政策宣传及其创新——基于政策工具视角的学理分析》，《甘肃行政学院学报》2010年第1期，第11～18页。

② 董世华、范先佐：《我国县域义务教育均衡发展监测指标体系的构建——基于教育学理论的视角》，《教育发展研究》2011年第9期，第25～29页。

3. **政府投入有限，教师队伍松散**

1994年分税制改革后，财政中心逐步上移，2001年提出了实行以县为主的教育财政和管理体制，2006年随着城乡免费义务教育的实施，义务教育财政和管理体制本质上仍属于分散模式。其结果，只能使义务教育的发展取决于各地的经济发展水平，取决于地方政府的财政收入状况。①

P县农户利用当地优越的自然地理区位优势种植果树和茶叶，家庭经济状况普遍良好，但是县财政收入不是很高，在教育领域的支出相对较少。因此，与相邻县、市的教师工资收入相比，同等职称情况下，P县教师普遍对其工资收入不太满意，受访的校长说道：

撤点并校后，我们从山上下来的老师也特别多，他们家里好多都十多亩果园，还有好多养猪的呀，他一年收入可能就是二三十万元，然后学校能给他一年可能就是五万块钱吧(笑)。(编号：1591809)

由于乡村教师副业的存在，很多教师对于学校的管理制度忽视，存在"上课的时候就来，上完课就走"(编号：1591809)的情况。乡村学校的教师队伍管理很松散，工作随意。这样就容易造成城镇教师到乡村上课与乡村教师的交流与融合问题。

"县管校用"政策的执行促进了教师管理体制的重大变革，教师从"学校人"变为"系统人"。教师管理体制的改革影响了教育拨款政策路径，拨款的数额决定了学校和教师的收入。政府要以义务教育均衡发展为前提，但并不是限制发展，而是共同发展。但是县级财政收入的局限性，维持地方义务教育发展本身就捉襟见肘，政府对义务教育的投入成为影响推进"县管校用"政策执行的最大障碍。在与教育局长的访谈中提到："政策变化很大，他长期提供给教师每月1000元的补贴的话，财政也负担不起。"(编号：1592418)同时，政策在执行过程中，存在很大变动，造成教师对政策的权威性认可度不高。因此，需要化解阻碍政策执行的经济环境因素，扭转教育财政拨款制度惯性。

六、完善"县管校用"政策执行的建议

综合以上分析发现，P县有关"县管校用"政策执行同样存在史密斯模型中的四大影响因素问题，即政策文本、执行机构、目标群体、政策执行环境问题，所以必须遵循史密斯模型的思路寻找出解决问题的办法。

(一)政策文本方面

① 范先佐、郭清扬、付卫东：《义务教育均衡发展与省级统筹》，《教育研究》2015年第2期，第67～74页。

1. **完善政策文本，细化管理措施**

作为优化政策执行的逻辑起点，政策文本的缜密清晰是保证执行政策有效性的前提条件。首先，在选择赴薄弱学校走校的教师时，应该是年龄在35～45岁的骨干教师，并且必须对薄弱学校有带动作用，学校派出教师时一定要有门槛限制。其次，对派出教师要有工作量的要求，要能够起到带头作用。对派出教师的业务水平、职称、学科、年龄以及性格特征要进行分析，使派出教师的特质与接收学校的文化环境相吻合，并且教师管理中心要整理这些资料，为各个学校形成教师选派的依据。最后，完善县域内教师教籍管理系统。教育行政部门要完善教师管理平台，定期测算全县教师走校数量、走校成效，调研解决派出学校及接收学校管理过程中的矛盾，完善对纳入教师管理中心的教师管理办法和制度。

2. **建立健全合理的教师考核方案**

随着“县管校用”政策的深入发展，教育行政部门应改变既担任“运动员”又担任“裁判员”的局面，逐步形成“管、办、评”分离体制。P县应积极培育教育评估考核机构，引入市场和第三方评估考核机制，形成完整的教师工作考核体系。教育评估机构对走校教师在接收学校的工作情况进行考核，若考核结果达标，教师管理中心要对派出学校进行奖励，否则，进行处罚。同时，加强对走校教师的跟踪管理和平时随机考核评估。P县政府应把“县管校用”工作纳入县教育工作综合评估和县级人民政府工作中，对于表现不好、效果不好的走校教师应给予相应的制度约束和纪律处分。坚决制止能力不强、素质不高的教师优先派出到乡村学校的倾向，严肃处理走校教师工作中出现的负面行为和短期行为。教师管理中心对于因不能胜任教学工作而退回的教师，要进行再次培训后上岗，探索建立不合格教师的退出机制。

3. **明确教师走校的有效激励手段**

由于P县在执行“县管校用”政策时是将新教师纳入教师管理中心，还未突破把全县教师全部纳入教师管理中心的障碍，因此，地方政策的实施要得到上级的政策支撑，盘活全县教师，实行竞聘上岗，每个学校定员定编。如果超出定员定编的人数，那么需要在学校内进行评估，教师优胜劣汰。多余的教师退回教师管理中心，富余教师通过竞聘岗位到其他缺教师的学校，若没有竞聘上岗，那只有待岗，由教师管理中心统一组织培训，然后给你提供岗位，工资下浮，三年一个聘期。通过这样的激励竞争机制，促进教师的流动，防止人浮于事，解决短期内缺教师的难题，并且需要将这种竞聘上岗的机制纳入县人大报告和县政府的工作规划中。“县管校用”政策自上而下的推行需要县级政府的全力支持，从而避免因利益冲突导致的政策梗阻。

(二)政策执行主体方面

1. **完善管理机制，补充执行人员**

在逐步实现全县教师纳入教师管理中心后，需要结合县域所管辖的中小学总体情况，因地制宜，采用适当的管理方式。考虑到管理幅度和管理效率，可以在县教师管理中心下设乡镇教育办，负责乡镇范围内小学教师的管理调配工作。中学教师由教师管理中心统一管理和调配。同时要避免校长因"甩包袱"、不愿意放走优秀教师这些问题与教师管理中心产生矛盾，必须分清权责。同时，要加强学校的管理职能，保证学校的管理权威。在教师岗位竞聘、调转过程中要考虑学校的意见。

教师管理中心承担着教师管理、监督和评估考核等工作，要建立监管机制确保教师管理中心完全行使职责。教师管理中心困于繁杂的人事工作中，目前只负责与教师签订人事合同，管理教师人事档案。但是并没有完全行使统筹县域内教师资源配置、全方位地管理、培训等核心职责。为解决教师管理中心出现的人力、物力、财力不足等问题，教育行政部门应会同编制部门、人事部门争取政策支持，提高教师管理中心的工作效率，完善教师管理中心人员的激励机制。

2. **坚持部门联动，共同推进改革**

"县管校用"政策的实施涉及教育、编制、人事、财政等部门之间的配合。因此需要人事局、财政局、编办、发改委、教育局进行协调统筹，共同推进教师人事管理体制改革。如果部门之间沟通衔接不利，会引起很多人事争议。例如，编制部门核算教师编制数时，一经核定，原则上三年不做调整，保持教职工队伍的基本稳定，但是有些学校由于学校合并、搬迁、划转等情况导致学生人数变化，以及教师退休和请假人数变化导致学校缺少在岗教师，不能及时核算教师编制，学校也基本没有富余的教师，教师管理中心调配教师的难度很大。因此，需要建立一套部门之间、地方之间政策执行活动的联动整合机制，防止对"县管校用"政策问题各部门行动不一致，导致相互冲突现象的发生，提高行政效率，特别防止某些双管单位在部门与政策的夹缝中打游击，高度重视建立相关部门的统筹协调机制，尤其部门与部门之间的平行关系，相互之间需要必要的沟通和联系，否则难以相互配合推进"县管校用"政策的执行。

3. **消解利益冲突，强化政策执行**

不同利益主体在政策改革过程中有不同的偏好体系和特殊利益，他们之间相互冲突相互制衡共同改变了政策执行的方向。"县管校用"政策的执行不能仅取决于政策执行者或领导的偏好，还需要各个利益集团达成和解，保证政策顺利执行。为保证政策执行的公正性，无论是强势群体还是弱势群体都要有表达自己利益的权利，给予弱势群体以充分的话语权，"县管校用"政策的执行应最大限度地保障所有人的利益。弥补教师在走校所承担的时间成本和交通成本，不能让教师为政策成本买单。除已有的评职晋级、评优评先倾斜外，还要形成弹性坐班制度、促进乡村学校教学科研进步的奖励制度等。为乡村学校吸引优秀教师给出更加优越的条件，比如解决其周转房、交通、家属就业、子女入学等问题。总之，县级政府需要坚定意志，综合使用法律、行政、经济等手段，推动工作全面展开，同时要加强对政策执行过程的监控，及时发现和纠正背离政策目标的行为，保证政策目标的实现。

(三)政策目标群体方面

1. 发展职业观念，重视教师诉求

走校对于教师来说不能仅仅是教师评职称的依据，还要成为教师专业发展的内在动力。只有当教师认可了流动是教师职业的内在要求时，他们才可能不抵触"县管校用"政策的执行。重视教师在政策执行过程中创造意识和参与意识，理解教师个人的利益追求，消解传统观念中教师职业道德与个人利益的冲突，政策执行主体并不是完全命令式地自上而下推行政策，剥夺教师个人的自由选择权利。要肯定教师的主体地位和个人利益，承认利益驱动在促进教师走校中的积极作用。

2. 重塑大局意识，校长民主管理

县域内学校校长树立大局意识，打破本位主义思想，形成民主管理文化。"大局"就是意味着实行教师"县管校用"政策，各个学校对于教师走校，既要看到小局，更要顾及大局。P县教育发展是与所有人密切相关的，各个部门、学校、区域整体配合、协同推进，实现基本要求。如果只强调本校的利益得失，而忽视义务教育均衡发展，整个县域的教育质量必然会受到影响，最终本校的利益也得不到保障。因此，学校应树立城乡师资合理配置的意识，学校作为教育系统中的基本细胞，要积极配合教育部门，能够根据教师管理中心的相关规定派出或接收教师，推动城乡共同发展。教育行政部门将促进教育均衡发展作为学校考核的重要指标。建立学校的激励补偿机制，提高学校参与政策的积极性和主动性。

"县管校用"政策中校长民主管理意味着在选择派出教师时，要坚持公平、公正、公开的选派原则，派出学校要坚持既让教师充分表达他们的调动意愿，也让教师了解整个走校教师选派的过程与程序，让教师心甘情愿地去配合"县管校用"政策的实施。同时，民主管理还意味着接收学校要正确地认识走校教师的作用，避免放任自流，管理好他们的教学工作，使他们快速地适应新的环境。

(四)政策执行环境方面

1. 健全配套制度，明确法律保障

从义务教育系统内部看，办学经费、硬件设施、教师编制、教师激励、师资调配等各个要素之间应该协调发展。"县管校用"政策的执行更不应该割裂、失衡，而应坚持与相关教师编制、教师解聘、教师激励政策配置和管理的一体化。政府应健全"县管校用"政策的配套政策，完善县域内教师走校制度。搭建区域内资源共享平台，形成优质学校标杆管理模式，深化县管方式，实现县域内优质教育资源共享。健全"县管校用"监管制度和教师退出制度。运用评聘考核办法对走校教师进行激励和约束。出台相应的法律、法规，明确教师身份、教师合理流动的义务性。并且需要建立教师社会保障体系，搭建教育人事制度与社会保障机制接轨的桥梁，消除教师工作的后顾之忧。

2. **实施省级统筹，保障教师待遇**

实行农村义务教育经费保障体制改革，让省级政府成为承担义务教育财政责任的主体，减轻县级财政支持教师走校的经费压力。消除省内教师收入差距过大问题，解决P县教师与周边其他县市教师进行工资收入比较而产生的心理不平衡问题。逐步建立由省级统筹的教师工资保障体系，以利于教师队伍的稳定。考虑根据教师工作地点的偏远程度适当增加工资幅度，越是偏远的地区，工资收入越高，所需的经费由省、市、县三级政府分担。为避免教师不合理的流动，破坏政策环境，开发专业教师薪酬体系，减少教师因工资待遇不满意而离开学校的可能性。

七、总结与讨论

"县管校用"政策是在义务教育均衡发展的时代背景下提出的，是我国中小学教师人事管理制度的一个新的起点。P县于2013年开始推进实施该政策，转眼间已经进行了三年，这一政策不仅整合了县域内教师队伍，而且推动了教师资源的均衡发展。任何一个政策方案的提出，初衷都是美好和理想的。但是执行过程中会因为政策执行群体、目标群体和政策执行环境的制约，而出现分歧、梗阻、利益纠纷等一系列问题。平衡各利益主体之间的利益纠纷，完善"县管校用"政策的互补制度。在"县管校用"政策执行过程中，我们应该承认教师兼有"经济人"和"道德人"的双重属性，只有将教师合理有序流动作为教师职业发展的内在要求，他们才能完全的服从政策。本文以史密斯的政策执行模型为理论工具，从四个维度对"县管校用"政策执行现状进行分析，通过对文献的梳理和在P县实地调研，在与政策执行者的互动过程中发现，他们没有完全按照政策文本将全县教师全部纳入教师管理中心，只是从2013年开始，将新聘教师逐步纳入教师管理中心。但是一项新政策的推进不是一蹴而就的，需要循序渐进、因地制宜、因时制宜，对待地方政策执行者也需要理解和包容。

本研究是笔者对P县的个案研究，通过自己所学的知识深入剖析了的"县管校用"政策执行过程。本文只是"抛砖引玉"，希望能激起更多学者对"县管校用"

政策开展更加深入的研究。同时，由于本人的经验与知识有限，对问题的把握不全面、分析的不深入、思考的不成熟。今后我还将继续学习与积累，不断跟进对该问题的研究。

农村留守儿童的亲子互动状况及其对学业的影响

On the Rural Left-behind Children's Parent-child Interaction Condition and Its Academic Influence

贾勇宏(Jia Yonghong)*

武汉理工大学教育科学研究院

School of Education, Wuhan University of Technology

摘要：留守儿童的亲子互动以电话交流为主，沟通交流的频次与时间呈现正相关，沟通的主题是学习和安全。留守儿童的亲子互动频次对其学习成绩有显著的积极影响，亲子互动频次与留守儿童的成绩正相关。强化外出务工家长的教育责任，构筑以增进亲子互动为目标的留守儿童家庭帮扶体系在当前对于解决农村留守儿童的教育问题显得尤为必要。

关键词：留守儿童；亲子互动；电话沟通

Abstract: For rural left-behind children, telephone communication is the main method during parent-child interaction. And the frequency and time are positively correlated relationship. Besides, the topics of the communication are study and safety. The parent-child interaction frequency of left-behind children has a

* 作者简介：贾勇宏，男，河南淅川人，武汉理工大学教育科学研究院副教授，教育学博士，硕士生导师，主要从事教育经济与财政、教育管理与政策、农村教育研究。

striking positive effect on children's academic record. Thus, the frequency and the academic record of left-behind children are positively correlated relationship. Spontaneously, the two extremely important matters must be improved to solve the current education problems of left-behind children in rural areas. Firstly, the education responsibility of the parents who are immigrant laborers should be strengthened. Secondly, the family aiding system for left-behind children aiming at improving parent-child interaction should be built up.

Key words: left behind chidren in rural areas; parent-children interaction; telephone communicaiton

2016 年《国务院关于加强农村留守儿童关爱保护工作的意见》确立了“强化家庭监护主体责任”的指导思想和“坚持家庭尽责”的留守儿童关爱与保护工作原则。如何促进家长在留守儿童教育中的有效参与，进而落实留守儿童教育中的家庭主体责任成为一个亟待解决的重要议题。在正常的家庭教育活动中，亲子互动是家长(父母)参与并履行教育责任的基本形式，亲子互动状况也由此成为影响儿童心理健康、学业成就和情感发展等方面的关键性因素。然而，农村留守儿童的父母外出打工后，亲子之间正常的交往和互动受空间的限制而被强制性隔阻，超越空间的亲子联系和沟通便成为培养和维系亲子关系、增进亲子感情、监管和教育留守儿童的重要手段。基于亲子互动的父母教育责任强化由此成为构筑留守儿童关爱与帮扶体系的重要内容，也是破解农村留守儿童教育这一社会难题的关键所在。留守儿童的亲子互动状况究竟如何？亲子互动对其学业发展有什么样影响？本文将对该问题加以探讨。

一、研究文献梳理

留守儿童教育问题一直是近 10 余年社会各界关注的热点之一，国内外学者已经从不同角度展开了大量研究。已有的研究大体上可以分为两个研究阶段：第一阶段，从“问题视角”描述、揭示和解释留守儿童这一特殊的群体所存在的各种“问题”及其成因，并尝试给出一些解决问题的思路，这一阶段从 21 世纪初期开始到 2016 年。第二阶段是以“关爱保护”为核心，强调从不同方面对留守儿童问题进行积极的干预、支持和帮助，试图缓解留守儿童问题，该阶段以 2016 年《国务院关于加强农村留守儿童关爱保护工作的意见》的出台为标志。两个阶段研究已经形成了一些重要的共识：确认留守儿童教育问题是一个社会问题，需要社会各界的共同努力齐抓共管才能最终得以解决，留守儿童教育问题将会长期存在，不可能一蹴而就解决。经过社会各界的努力，留守儿童教育问题的解决方案已经上升为国家政策，留守儿童问题的社会治理进入了一个新阶段。

然而，无论社会给予留守儿童多少关爱与保护都无法替代以血缘和亲情为基础而建立起来的亲子关系。不以亲子关系为基础的社会关爱和保护体系都无法真正有效解决留守儿童的教育问题。

针对留守儿童亲子交流的现状，国内外研究者认为，留守儿童的亲子交流带有远程监管特征，但存在沟通频率较低、沟通方式单一、沟通内容忽视心理情绪和情感支持缺乏等问题。①②③④⑤

在留守儿童亲子交流的影响方面，早期研究普遍带有“问题视角”，强调父母缺位或亲子交流不足对留守儿童成长的不良影响⑥⑦⑧⑨⑩⑪，后期研究基于个

---

① Potter, D. (2010). Psychosocial Well-being and the Relationship Between Divorce and Children's Academic Achievement. *Journal of Marriage and Family*, 72(4), 933—946.

② Valtolina, G. G., & Colombo, C. (2012). La ricerca sui ricongiungimenti familiari: una rassegna. *Studi Emigrazione*, 129-144.

③ 吕吉、刘亮：《农村留守儿童家庭结构与功能的变化及其影响》，《中国特殊教育》2011年第10期，第59～62页。

④ 许传新、陈国华、王杰：《亲子关系："流动"与"留守"子女的比较》，《中国青年研究》2011年第7期，第64～68页。

⑤ 刘成斌、王舒厅：《留守经历与农二代大学生的心理健康》，《青年研究》2014年第5期，第23～32页。

⑥ Rogaly, B., Coppard, D., Safique, A., Rana, K., Sengupta, A., & Biswas, J. (2002). Seasonal Migration and Welfare/Illfare in Eastern India: a Social Analysis. *Journal of Development Studies*, 38(5), 89-114.

⑦ Hanson, G. H., & Woodruff, C. (2003). Emigration and Educational Attainment in Mexico. *History Reviews of New Books*, 21(1), 167-180.

⑧ 范先佐等：《人口流动中的义务教育体制改革》，中国社会科学出版社2011年版，第55页.

⑨ 罗国芬：《增进民生"幸福"先从减缓生活"痛苦"入手》，《公共管理与政策评论》2014年第1期，第90～91页。

⑩ 邱雯婕：《父性教育的缺失对留守儿童人格发展的影响探究》，《管理观察》2016年第7期，第58～59页。

⑪ 姚嘉、张海峰、姚先国：《父母照料缺失对留守儿童教育发展影响的实证分析》，《教育发展研究》2016年第8期，第51～58页。

体差异对这种影响持较为积极的态度①②③④⑤⑥。研究者发现，紧密的亲子联系对于留守儿童心理适应、幸福感具有促进作用⑦⑧⑨，分居的父母参与家庭余暇活动有助于提升家庭凝聚力，且较高的参与有助于抵消家庭分隔的负面影响⑩。

针对解决留守儿童有效亲子沟通的路径，有研究者强调要对家长进行家庭教育指导⑪⑫⑬、社会介入⑭、社会支持⑮⑯⑰等干预手段；有学者建议应将留守儿

---

① Mansuri, M. (2006). Migration, Sex Bias, and Child Growth in Rural Pakistan. *Policy Research Working Paper*, 1—31(31).

② Graham, E., & Jordan, L. P. (2011). Migrant Parents and the Psychological Well-being of Left-behind Children in Southeast Asia. *Journal of Marriage and Family*, 73(4): 763—787.

③ 雷万鹏、杨帆：《对留守儿童问题的基本判断与政策选择》，《教育研究与实验》2009年第2期，第24～29页。

④ 唐有财、符平：《亲子分离对留守儿童的影响——基于亲子分离具体化的实证研究》，《人口学刊》2011年第5期，第41～49页。

⑤ 谭深：《中国农村留守儿童研究述评》，《中国社会科学》2011年第1期，第138～150页。

⑥ 邬志辉、李静美：《农村留守儿童生存现状调查报告》，《中国农业大学学报(社会科学版)》2015年第1期，第65～74页。

⑦ 陈亮、张丽锦、沈杰：《亲子关系对农村留守儿童主观幸福感的影响》，《中国特殊教育》2009年第3期。

⑧ 赵景欣、刘霞、张文新：《同伴拒绝、同伴接纳与农村留守儿童的心理适应：亲子亲合与逆境信念的作用》，《心理学报》2013年第7期，第797～810页。

⑨ 申继亮、刘霞、赵景欣等：《城镇化进程中农民工子女心理发展研究》，《心理发展与教育》2015年第1期，第108～116页。

⑩ 刘玉琼：《父母在家庭余暇活动的参与对分隔家庭的家庭凝聚力的影响》，《青年研究》2010年第6期，第55～62页。

⑪ 范先佐：《农村"留守儿童"教育面临的问题及对策》，《国家教育行政学院学报》2005年第7期，第78～84页。

⑫ 范方：《留守儿童家庭教育策略》，中南大学出版社2008年版。

⑬ 韩嘉玲、张妍、王婷婷：《农村留守儿童的家庭监护能力研究》，《南京工业大学学报(社会科学版)》2016年第2期，第82～91页。

⑭ 季彩君：《基于实证调查的留守儿童教育支持研究——以苏中X地区为例》，《全球教育展望》2016年第3期，第34～47页。

⑮ 王练：《农村留守儿童亲子关系研究及社会工作介入》，华中农业大学2012年。

⑯ 蒋俊杰：《农村留守儿童家庭教育的缺失及社会工作介入研究》，华中农业大学2012年。

⑰ 陈杨阳：《农村留守儿童亲子关系疏离的社会工作介入研究》，西北农林科技大学2016年。

童转变为流动儿童①②加以彻底解决；还有学者认为治本之策有赖于城乡协同、权利平等的经济发展模式③。

国内外有关留守儿童亲子交流与沟通的相关研究揭示了留守儿童家长参与不足的现状和后果，证实了亲子互动在解决留守儿童教育问题中不可或缺的作用，指出了强化家庭主体教育责任的路径。但既有研究还有以下不足：认识到了留守儿童亲子互动的重要性，但对亲子离散条件下留守儿童亲子互动的发生机制、特殊作用和支持条件研究还不足。

二、理论基础与研究设计

留守儿童教育问题肇始于父母外出打工对正常家庭教育生态和亲子沟通环境的破坏，解决该问题必须以修复家庭教育生态环境为前提和基础。家庭教育学理论认为，亲子关系是家庭教育的基础，亲子互动是家庭教育的核心。留守儿童父母外出务工只是从时空上改变了留守儿童与父母进行亲子互动的条件和环境，在现代通信环境非常便利的条件下，留守儿童的亲子互动只是改变了形式，并不可能完全终止。因此，父母借助于通信联络环境的遥控监护并将构成留守儿童亲子互动的主要形式，父母对留守儿童的关爱程度也就主要体现在亲子沟通状况上。有鉴于此，本研究所指的留守儿童亲子沟通主要是指在亲子离散状态下父母与留守儿童的沟通交流状况。

(一)研究假设

本研究把亲子沟通频率作为父母对子女关爱的主要表征形式，假定亲子沟通频率与留守儿童的学业变现存在正相关关系，亲子沟通频率越高，留守儿童的学业表现整体状况就相对越好。

(二)数据来源

本研究所用数据来自教育部人文社会科学重点研究基地重大项目“农村人口流动背景下的义务教育体制研究”(05JJD880011)课题组于 2006 年 4 月至 11 月所做的农村留守儿童问卷调查④，并根据需要对问卷数据进行了整理和筛选。

(三)研究方法

本研究以问卷调查为主，访谈为辅。问卷采用随机整群抽样法以样本学校所

---

① 陶然、周敏慧：《父母外出务工与农村留守儿童学习成绩——基于安徽、江西两省调查实证分析的新发现与政策含义》，《管理世界》2012 年第 8 期，第 68～77 页。

② 段成荣、吕利丹、王宗萍：《城市化背景下农村留守儿童的家庭教育与学校教育》，《北京大学教育评论》2014 年第 3 期，第 13～29 页。

③ 叶敬忠：《谁来拯救凋敝乡村的留守人群》，《财新周刊》2015 年第 6 期，第 13 页。

④ 范先佐等：《人口流动中的义务教育体制改革》，中国社会科学出版社 2011 年，第 55 页。

在的班级为单位展开调查。访谈采用座谈、结构性和半结构性访谈方式进行。调查对象为农村3～9年级在校中小学生及其任课教师。分别设计针对学生和教师的学生卷与教师卷，并按代码一一对应发放。

(四)调查时间和样本

此次调查时间为2006年4月至11月。调查样本为湖北的钟祥市、沙洋县、长阳县，河南的罗山县、长葛市、襄城县、禹州市，安徽省的濉溪县和潜山县，共9个样本县(市)的62所中小学。样本县(市)根据经济状况好中差的原则而分别选取的，样本学校是根据地方教育行政部门的建议而选取的。

(五)问卷回收情况

本次调查共回收学生卷4552份和教师卷3392份。有效问卷回收率分别为98.7%和76.6%。

三、研究发现

(一)农村留守儿童的亲子互动状况

留守儿童的亲子互动受时空的限制，必须借助远程通信手段(电话、网络等)来实现，因此，亲子互动带有明显的“遥控监护”特征。调查数据的分析结果发现，农村留守儿童的亲子互动状况呈现以下几个方面的特征。

1. 亲子沟通以电话联系为主

从亲子沟通方式的选择来看，93.3%的留守儿童是通过“打电话”的方式与父母沟通；写信这种传统的联系沟通方式占1.2%；自己直接看望父母的占1.6%；托人捎口信的占0.7%；没有联系的也大有人在，比例高达3.3%(见表1)。由此可见，打电话是留守儿童与外出打工父母沟通的最主要方式。

表1 留守儿童与外出打工父/母联系的方式(学生卷)

联系方式	人数	百分比(%)	有效百分比(%)	累计百分比(%)
写信	30	1.1	1.2	1.2
打电话	2433	91.3	93.3	94.4
托熟人捎口信	18	0.7	0.7	95.1
自己去看望父母	41	1.5	1.6	96.7
没联系	86	3.2	3.3	100.0
合计	2608	97.9	100.0	
缺失值	56	2.1		
合计	2664	100.0		

2. 亲子沟通频次以月均3次以上居多

从留守儿童与外出打工父母的平均每月的联系次数来看，学生卷数据分析结果显示：4次以上的比例最高，为37%；其次是3～4次，比例为30.5%；1～2次的比例为27.5%；没有联系的比例竟然高达5.1%(见表2)。将3次以上的比例合计，结果为67.5%。这说明绝大多数父母都很注重用电话联系与留守儿童进行交流与互动。

表2 留守儿童与外出打工父/母的月均联系频次(次/月)

联系频次	人数	百分比(%)	有效百分比(%)
没有联系	133	5.0	5.1
1～2次	715	26.8	27.5
3～4次	793	29.8	30.5
4次以上	963	36.1	37.0
合计	2604	97.7	100.0
缺失值	60	2.3	
合计	2664	100.0	

值得注意的是，表1和表2的调查结果中都有一定比例没有与孩子联系的外出打工父母，这个结果的出现可能有四种原因：一是父母对留守儿童的关心程度不够，亲子互动意识淡漠；二是父母工作不稳定，收入微薄，在心理上感觉愧对孩子和家人，出于羞愧和节俭的考虑暂时不联系；三是打工地点变化较大，如建筑工人，电话联系的条件不具备，或者家里没有安装固定电话，联系不方便；四是留守儿童父母打工的地点离家较近，特别是在本县城打工的父母，回家的频次较高，无需通过电话或其他方式专门联系。

3. 单次沟通时长以4～20分钟为主

从通话的时间来看，学生卷留守儿童与外出打工父/母单次通话联系的平均时长，以4～10分钟最普遍，占全部样本的46%；其次是1～3分钟段，占21.6%；再次是11～20分钟段，占19.4%；20分钟以上和少于1分钟的分别为10.3%和2.7%(见表3)。因此，父母与留守儿童的单次通话平均时长以4～20分钟最为普遍。

表 3 留守儿童与外出打工父/母单次通话平均时长

通话时长	人数	百分比(%)	有效百分比(%)
少于 1 分钟	70	2.6	2.7
1～3 分钟	561	21.1	21.6
4～10 分钟	1198	45.0	46.0
11～20 分钟	505	19.0	19.4
20 分钟以上	268	10.1	10.3
合计	2603	97.7	100.0
缺失值	62	2.3	
合计	2664	100.0	

4. 沟通时长与频次呈正相关

从亲子沟通的实际效果来看，少频次长时间的通话方式显然不如多频次和长时间的通话方式对亲子交流与沟通的影响深远，但长时间的通话需要支付较多的电话资费，这对于外出打工收入微薄的留守儿童父母而言可能是一种预算约束。受电话资费的影响，通话频次跟通话时长之间通常呈反向关系，即频次越少，单次时间越长，频次越多，单次时间越短。为了验证这一关系是否适用于留守儿童与父母之间的电话联系，我们将留守儿童与父母的通话频次与时长进行了交互分析。在通话时间较长的 4～10 分钟、11～20 分钟和 20 分钟以上段，月均通话频次在 4 次以上的比例都高于 3～4 次的比例；3～4 次又都高于 1～2 次的比例；1～2 次又都高于几乎没有联系的比例。这三个通话时段与频次呈现明显的正相关关系。即使在少于 1 分钟段也出现了月均通话频次在 4 次以上者比例高于其他频次的结果；只有 1～3 分钟段，出现了月均频次在 1～2 次段的比例高于其他频次的结果，但月均频次 4 次以上段又高于 3～4 次段，3～4 次段又高于没有联系的结果(见表 4)。卡方检验结果显示，通话频次与通话时长之间具有极其显著的相关关系(见表 4)。由此可见，样本留守儿童与外出打工父母的月均通话频次越高，单次通话时间也就越长。因此，此前我们关于留守儿童父母的通话联系可能受电话费用预算约束的假设，以及由此做出的通话频次与时长呈反向关系的推论，在此处证明是不成立的。

表 4 留守儿童与父母通话频次与时长交互分析表①

通话频次（次/月）		通话联系平均时长(分钟/次)					合计
		少于 1 分钟	1～3 分钟	4～10 分钟	11～20 分钟	20 分钟以上	
没有联系	人数	28	52	25	9	10	124
	百分比(%)	40.0	9.4	2.1	1.8	3.8	4.8
1～2 次	人数	17	205	347	102	41	712
	百分比(%)	24.3	36.9	29.2	20.4	15.5	27.6
3～4 次	人数	6	144	393	168	75	786
	百分比(%)	8.6	25.9	33.0	33.6	28.3	30.5
4 次以上	人数	19	154	425	221	139	958
	百分比(%)	27.1	27.7	35.7	44.2	52.5	37.1
合计	人数	70	555	1190	500	265	2580
	百分比(%)	100.0	100.0	100.0	100.0	100.0	100.0
$\chi^2=333.411$　df=12　$P=0.00<0.01$							

这一结果表明：绝大多数留守儿童的外出打工父母对亲子之间的电话沟通与交流是极其重视的，通话联系的相对时长几乎不受预算约束的影响②，而可能主要是受亲子关系的亲密程度、父母对孩子的关爱程度以及亲子感情交流的实际需要等因素的影响。本处的结论同时也说明，越是注重亲子交流的父母，越倾向于多频次和长时间的通话联系。

5. 亲子沟通内容以学习和安全为主

亲子沟通的内容是考察父母对留守儿童关爱程度和关心倾向的最主要指标。从外出打工父母与留守儿童本人的通话内容来看，学生卷数据分析结果显示：谈话涉及内容最多的是学习情况，占总应答人次的 40.9%；其次是安全问题，占 22%；再次是饮食健康问题，占 19%；父母的工作和生活以及其他方面分列第 4 位和第 5 位(见表 5)。由学生卷的谈话内容可见，父母对留守儿童学习、安全和生活三大问题的监管是亲子沟通的主要内容，亲子之间的感情交流(如父母的工作和生活、其他)在其次。这说明亲子电话交流的主要功能突出体现于亲子“遥控

① 表中“没有联系”是按月平均核算的相对概念，若一年联系次数太少，月均频次就低于一次，问卷填写者受感情因素影响多会将此处填作没有联系，因此，“没有联系”段中照样有不同的通话时长人数和比例。

② “相对时长”是指同等经济条件下的短期通话时间，就绝对时间和长远来看预算约束仍然是制约通话时间的根本性因素。

监护”关系的实现上，而纯粹的感情交流并没有占据主要位置。

表5 父母与留守儿童本人和监护人的通话内容

学生卷				监护人卷			
通话内容	排序	人次	百分比	通话内容	排序	人次	百分比
学习情况	1	2337	40.9	孩子学习	3	1479	15.0
饮食健康	3	1083	19.0	孩子身体	2	2404	24.3
安全问题	2	1259	22.0	孩子安全	1	3118	31.6
父母工作和生活	4	628	11.0	孩子品行	5	1234	12.5
其他	5	403	7.1	心理问题	4	1312	13.3
合计		5710	100.0	其他	6	334	3.4
备注	缺失值＝56　样本＝2608			合计		9881	100.0
				缺失值＝144　样本＝3928			

监护人卷的分析结果显示，留守儿童父母在与监护人通话时，涉及留守儿童本人的首要话题是安全，占总应答人次的31.6%；其次是孩子的身体健康，占24.3%；排第三位的是孩子的学习，占15%；孩子的心理问题、品行和其他问题分列后三位(见表5)。由此可见，留守儿童父母与监护人涉及留守儿童本人的通话内容主要以安全、健康和学习三大问题为主，话题的重心是强调对孩子安全和生活的监管责任，孩子的学习和操行反而在其次。

比较学生卷和监护人卷的数据结果可见，外出打工父母与留守儿童本人的通话内容和与监护人的侧重点明显不同。与孩子通话的重点首先是学习，其次是安全，再次是健康；而与监护人谈话的重点首先是安全，其次是健康，再次才是学习。为什么会有这种次序差别呢？原因主要在于谈话的对象不同和谈话对象所扮演的角色不同。留守儿童本人是外出打工父母未来的希望，他们外出打工在很大程度上就是为了孩子将来有一个较好的出路和归宿，在留守儿童外出打工父母的眼中，读书学习是农村孩子改变自身命运乃至改善家庭状况的唯一出路，自身打工所经历的苦难更使他们坚定这一信念，不少家长都是抱着“砸锅卖铁也要让孩子读好书”的决心来支持孩子接受教育，可是孩子的安全和生活主要由监护人负责，因此家长首先强调的是学习，然后才是安全和健康饮食等生活问题；而监护人的主要职责是接受留守儿童父母的委托监管留守儿童的学习和生活，确保安全和健康是监护人的首要责任，特别是在多数监护人尚不完全具备监管留守儿童学习的能力条件下，确保留守儿童的安全和健康便成为外出打工父母对监护人的主要要求，也是最低要求，因此在父母与监护人谈及孩子问题时，安全问题排在首位，健康和学习则分列第二、第三位。

6. **亲子沟通的效果整体较好**

从留守儿童与父母电话沟通后的效果来看，学生卷数据分析结果显示：有57.9%的留守儿童表示很高兴；有10.2%的样本表示和平常一样；12.8%的样本表示很孤独；另有19.1%的不能确认自己的感受(见表6)。由此可见，留守儿童与父母的电话沟通在整体上效果较好。也就是说，亲子之间的电话沟通联系能够明显改善留守儿童的心理感受和增进留守儿童亲子关系。

表6 留守儿童与父母通话后的感受

通话后的感受	人数	百分比(%)	有效百分比(%)	累计百分比(%)
很高兴	1509	56.6	57.9	57.9
很孤独	333	12.5	12.8	70.7
和平常一样	265	9.9	10.2	80.9
不好说	499	18.7	19.1	100.0
合计	2606	97.8	100.0	
缺失值	58	2.2		
合计	2664	100.0		

(二)亲子互动对农村留守儿童学业的影响

如前文所述，电话沟通交流是留守儿童家庭亲子互动的主要形式，也是当前维系留守儿童亲子感情和施加父母教育影响的重要手段。亲子互动的频次和实际效果将会直接影响留守儿童的学习、品行、心理、性格等方面的发展。电话联系频次的多少是父母尽责程度的一种体现，而亲子互动的质量目前无法从数据中直接分析得出。有鉴于此，我们将电话联系的月均频次作为因变量，以三省九县市教师卷数据为基础考察其对留守儿童学业成就的影响。

为了较为客观地了解留守儿童的学习成绩，我们在教师问卷中对样本学生的语文、数学和英语三门主干课程成绩及其道德品行、心理健康、学习兴趣、组织纪律和自理能力以班级为单位进行了整群抽样调查，语文、数学、外语三大科目成绩由样本学生任课教师依据学生的平时学习以及近期的一次考试成绩，采用优、良、中、差四级评价方式进行成绩评定，分别记为4分、3分、2分和1分。优、良、中、差在百分制中的对应分段分别是：90分以上，80～89分，60～79分，60分以下，道德品行、心理健康、学习兴趣、组织纪律和自理能力由其班主任老师采用优、良、中、差四级评价方式进行评定。

按照留守儿童与父母每月平均通话的次数进行分组，分别对留守儿童的语文、数学和英语三门主干课程成绩及其道德品行、心理健康、学习兴趣、组织纪律和自理能力评定成绩的均值进行分析，描述性结果如表7所示。

表7 亲子通话不同频次下的留守儿童学业表现

与父母月均联系频次		语文成绩	数学成绩	英语成绩	道德品行	心理健康	学习兴趣	组织纪律	自理能力
没有联系	样本数	97	94	63	99	98	97	98	97
	均值	2.82	2.65	2.16	3.38	3.24	3.04	3.15	3.18
	标准差	0.947	1.034	1.066	0.738	0.719	0.841	0.878	0.791
1～2次	样本数	411	410	328	422	422	421	417	422
	均值	2.73	2.64	2.30	3.55	3.38	3.07	3.23	3.22
	标准差	1.026	1.122	1.024	0.665	0.702	0.909	0.840	0.841
3～4次	样本数	508	505	408	514	512	512	510	513
	均值	2.82	2.89	2.52	3.53	3.39	3.08	3.28	3.22
	标准差	0.947	1.049	1.028	0.667	0.700	0.853	0.772	0.766
4次以上	样本数	704	701	526	719	719	720	713	719
	均值	2.83	2.82	2.50	3.48	3.36	3.03	3.26	3.20
	标准差	0.954	1.067	1.038	0.698	0.721	0.861	0.826	0.762
总计	样本数	1720	1710	1325	1754	1751	1750	1738	1751
	均值	2.80	2.79	2.44	3.51	3.37	3.05	3.25	3.21
	标准差	0.969	1.077	1.037	0.684	0.710	0.869	0.817	0.784

按照留守儿童与父母每月平均通话的次数进行分组，分别对留守儿童的语文、数学和英语三门主干课程成绩及其道德品行、心理健康、学习兴趣、组织纪律和自理能力评定成绩的均值进行方差分析，结果发现，留守儿童亲子月均不同联系频次与数学($df=3$　$F=4.92$　$P=0.002<0.01$)和英语成绩($df=3$　$F=5.106$　$P=0.002<0.01$)的组间差异都极其显著，但在语文成绩、道德品行、心理健康、学习兴趣、组织纪律和自理能力评定成绩等几个方面的组间差异不显著(见表8)。

表8 亲子通话不同频次的留守儿童学业表现方差分析

		平方和	df	均方	F	显著性
语文成绩	组间	3.159	3	1.053	1.121	0.339
	组内	1612.420	1716	0.940		
	总数	1615.579	1719			

续表

		平方和	df	均方	F	显著性
数学成绩	组间	17.013	3	5.671	4.920	0.002
	组内	1966.353	1706	1.153		
	总数	1983.366	1709			
英语成绩	组间	16.330	3	5.443	5.106	0.002
	组内	1408.387	1321	1.066		
	总数	1424.717	1324			
道德品行	组间	2.960	3	0.987	2.112	0.097
	组内	817.471	1750	0.467		
	总数	820.431	1753			
心理健康	组间	1.971	3	0.657	1.303	0.272
	组内	880.641	1747	0.504		
	总数	882.612	1750			
学习兴趣	组间	0.925	3	0.308	0.408	0.747
	组内	1320.026	1746	0.756		
	总数	1320.951	1749			
组织纪律	组间	1.727	3	0.576	0.863	0.460
	组内	1156.881	1734	0.667		
	总数	1158.608	1737			
自理能力	组间	0.288	3	0.096	0.156	0.926
	组内	1075.790	1747	0.616		
	总数	1076.079	1750			

按留守儿童父母与自己每月的平均联系次数分组后，对留守儿童语文、数学和英语平均成绩进行方差分析的事后多重比较结果显示，在数学成绩上，月均联系 1～2 次的留守儿童成绩均值明显低于 3～4 次和 4 次以上者且差异显著；在英语成绩中，没有联系的留守儿童成绩都大大低于联系 3～4 次和 4 次以上样本，且差异显著，联系 1～2 次的样本成绩低于 3～4 次和 4 次以上样本，且差异显著（见表 9）。这一结果说明父母与留守儿童的月均联系频次对留守儿童的成绩有显著的影响，联系频次与学习成就呈现正相关关系，联系频次越多，留守儿童的成绩从整体上就越好。

表 9　月均联系频次分组数学、英语成绩方差分析事后多重比较

(J)	(I)	均值差(I—J)		
		①没有联系	②1～2 次	③3～4 次
数学成绩	②1～2 次	0.01		
	③3～4 次	—0.24	—0.25	
	④4 次以上	—0.17	—0.18	0.07
英语成绩	②1～2 次	—0.14		
	③3～4 次	—0.37	—0.23	
	④4 次以上	—0.34	—0.20	0.02

四、总结与讨论

通过对问卷调查结果的分析我们可以发现：

(1) 外出打工父母与留守儿童之间主要采用电话联系方式保持有效的亲子沟通和交流。无论是从通话频次和时长，还是通话的内容和结果来看，绝大多数留守儿童的父母是“身在异乡，心系孩子”，非常重视亲子之间的及时沟通和交流。

(2) 留守儿童亲子沟通的内容以学习和安全为主，沟通内容对留守儿童迫切需要的情感支持和社交指导等内容还鲜少涉及。留守儿童的亲职沟通模式和沟通技巧还有待改进。

(3) 留守儿童的亲子沟通带有明显的遥控监护特征，空间隔阻并不影响亲子互动对留守儿童的教育。留守儿童的亲子沟通频次是父母履行监护责任的重要表征。

(4) 较高的亲子沟通频次与留守儿童的数学和英语成绩有显著正相关关系。但在语文成绩、道德品行、心理健康、学习兴趣、组织纪律和自理能力等方面二者的相关关系在统计学上不显著。

值得注意的是，以上研究结论是在 2006 年的调研数据基础上得出的，时隔 10 余年了，留守儿童父母的家庭经济条件和社会通信、交通条件已经发生了极大的变化，留守儿童的亲子沟通将会更加便利，亲子沟通的频次、形式和内容也都有较大的变化，我们深信这将会对留守儿童的亲子沟通和学业产生更加积极的深度影响，也更期待新的研究成果出现。

五、政策建议

鉴于亲子互动对留守儿童的重要影响，强化外出务工家长的教育责任，构筑以增进亲子互动为目标的留守儿童家庭帮扶体系在当前对于解决农村留守儿童的

教育问题中显得尤为必要。为此，相关部分可以在以下方面做出努力。

(一)增强留守儿童父母的监护主体责任意识

我国《未成年人保护法》强调"父母要依法履行对未成年子女的监护职责和抚养义务，不得让不满十六周岁的儿童脱离监护单独居住生活"。《国务院关于加强农村留守儿童关爱保护工作的意见》国发〔2016〕13 号文件也指出"外出务工人员要尽量携带未成年子女共同生活或父母一方留家照料，暂不具备条件的应当委托有监护能力的亲属或其他成年人代为监护，外出务工人员要与留守未成年子女常联系、多见面，及时了解掌握他们的生活、学习和心理状况，给予更多亲情关爱。父母或受委托监护人不履行监护职责的，村(居)民委员会、公安机关和有关部门要及时予以劝诫、制止；情节严重或造成严重后果的，公安等有关机关要依法追究其责任"。针对留守儿童父母的监护主体责任与义务，我国相关法规和政策已经做出了规定与约束。

天下没有不疼爱自己孩子的父母，但是父母在多大程度上爱孩子却是有区别的。尽管我们发现家长与子女电话联系的密切程度与留守儿童的学习成绩有正相关关系，但是仍然有很多留守儿童的家长因为种种原因缺乏与子女的电话联系。从电话联系的绝对数量上来看，如表 1 所示，至少有 5.0%的家长从不与孩子联系。这说明部分家长并没有将孩子的教育放在一个重要的位置，没有尽到一个家长应尽的监护主体责任，部分农民工家庭的亲子责任甚至有放弃的嫌疑。农业部 2004 年发布的数据也显示：在劳动力不外出的原因中"怕影响子女上学"仅占第一、第二选择的 6.7%，由此可见子女的教育问题在家长外出务工选择决策中所占的比重之小。

留守儿童父母是孩子的法定监护人，父母对留守儿童的监护职责不能因为空间的隔阻或指定了代理监护人而完全放弃或推卸，留守儿童的成长与发展无时无刻都离不开父母的指导和支持。尽管外出务工的父母不能长期陪伴在留守儿童身边，但通过多种形式进行必要的亲子交流和互动是完全可以实现的。鉴于此，各级政府要加大宣传力度，通过社区组织和社会渠道多方面增强留守儿童父母的监护主体责任意识，在家庭发展中首先考虑儿童的利益，在是否外出务工决策上要把孩子的发展放在第一位，即使外出务工也要对怎么与孩子进行充分的亲子互动做出充分的考虑。

(二)加强亲职教育，对留守儿童进行必要的教育指导

父母对子女尽责是不够的，关键是学会正确地教育孩子。为了帮助孩子更好地对子女实施教育，国外社会都会采取各种措施对父母进行以怎么做好一名合格父母为主题的培训和教育，在我国被称为亲职教育。

留守儿童的教育问题成因复杂，属于特殊儿童的教育范畴，正常的学校教育措施对其影响和干预作用有限，单独依靠学校教育的一己之力是难以解决其全部问题的，这就需要留守儿童的家庭和父母进行必要的配合。加之我国现在正在进行基础教育改革，一些新的教育理念要付诸实施也必须获得家长的理解和支持。在此背景下，仅仅依靠父母自发自觉地与留守儿童进行亲子互动和交流，很难解决留守儿童的教育问题。而且同样是父母，父亲和母亲的亲子互动效果也有很大的差别。有研究发现，“爸爸监护的单亲留守儿童在学业、德行以及心理等方面情况均不如由妈妈监护的单亲留守儿童”①。从原因上看似乎是性别在监护效果上存在差别，但实质仍然是监护责任的尽力程度问题。妈妈由于爱心和责任心较强，对孩子的监护要好于爸爸，从而形成两类留守儿童的差别。因此，亲子互动重要不是父母亲在一起的形式，而是基于爱心和责任性的亲子互动频次和实效。

为此，学校要利用家长学校这个平台对留守儿童的父母进行必要的教育指导，针对留守儿童的特定问题提供有针对性的教育建议，以便留守儿童父母学会怎样做合格的父母，怎样科学地教育留守儿童，怎样更好地进行亲子交流与互动。此外，社会组织和教育媒体要积极面向留守儿童父母群体开发相关的教育指导媒体平台和杂志，如微信公众号、相关科普杂志等，定期不定期的向留守儿童父母进行必要的科学的教育指导，提高其教育能力。

(三)调动各种社会公益力量，拓展留守儿童亲子互动的渠道

尽管绝大多数留守儿童的父母都与其留守子女有以电话沟通为主要形式的亲子互动，但这种形式依然是非常单一的，多样化的亲子互动方式在教育孩子的效果上显然优于单一的亲子互动方式。但留守儿童父母在城市务工所面临的各种困难使得他们要想获得更多的亲子互动途径与方式是非常困难的。

为此，政府应该鼓励社会公益组织和爱心力量以丰富和拓展留守儿童的亲子互动渠道为目标开展爱心行动，帮助和鼓励有条件的留守儿童与父母在节假日和其他合适的时间见面，从而在家庭团聚条件下实现充分的正常的亲子互动。教育部门可以联合电信等有关部门，鼓励和引导他们借助手机、平板电脑、电脑等智能电子终端，开发基于公共网络环境的亲子互动工具，降低留守儿童亲子互动的成本，方便留守儿童与其父母更好地实现异地交流和互动。

(四)转变务工方式，创造亲子互动的良好环境与条件

留守儿童的父母与子女的亲子互动不仅取决于责任与爱心，也取决于打工所在地与家乡的距离。如果父母选择离自己家乡相对比较近便的城市打工，就可以更加方便地与孩子进行互动，甚至增进见面交流的机会。随着我国城镇化进程的加快，中小城镇的发展越来越迅速，务工机会也在逐步增进，对于留守儿童家庭

① 贾勇宏：《人口流动中的教育难题》，中国社会科学出版社 2013 年版，第 55 页。

而言，在面对家庭发展与儿童发展的矛盾选择中，近距离的务工方式和单方面务工的方式更能最大限度地保护留守儿童的利益。因此，在可能条件下，政府和社会应该正确引导和鼓励外出务工的留守儿童父母转变外出务工方式，选择能够兼顾家庭发展和孩子发展的工作机会，这样就能从根本上阻止留守儿童教育问题的继续恶化，从而创设良好的亲子互动环境，为留守儿童教育问题的解决创造更大的可能。

新教师专业生活的演变历程、困境及突破

——对一位农村初中教师的叙事研究

The Evolution, Dilemma and Breakthrough of New Teachers' Professional Life

——Taking Z Teacher in Rural Junior Middle School J As An Example

张文斌(Zhang Wenbin)　周晔(Zhou Ye)

西北师范大学教育学院

School of Education, Northwest Normal University

摘要：教师专业生活作为教师专业发展的重要手段，对于推动新教师的专业发展起着至关重要的作用。研究发现，农村初中新教师专业生活存在着：教学生活穷于应付；学习生活内容单一、低效；研究生活处于边缘地位等问题。因此，改善和提升农村初中新教师专业生活质量可以从以下方面着手：重视内因与外因，提升教学生活水平；注重多样化与实效性，提高学习生活质量；转变观念与落实行动，提升研究生活品质。

关键词：农村初中；新教师；专业生活

Abstract: As an important means of teachers' professional development, the teachers' professional life plays a vital role in promoting the professional development of new teachers. The study found that the problems of the new teachers' professional life of junior middle school in rural areas are: teaching life is poor; learning life is single and inefficient; study life in the edge position and so on. So, to improve and promote the quality of professional life of the new teachers of junior middle schools in rural areas, we can proceed from the following aspects: attach importance to internal cause and external cause to improve the level of teaching life; pay attention to diversity and effectiveness to improve the quality of learning life; changing the concept and implementing action to improve the quality of study life.

Key words: rural junior middle school ; new teacher; professional life

一、引言

近年来，在党和政府的努力下，新教师正逐渐成为农村初中教师队伍的重要成员。新教师的加入，为农村教师队伍注入了新的血液和活力，其专业成长和发展在很大程度上也影响着学校以及农村教育整体未来的发展。作为促进教师专业发展的重要手段，有质量的专业生活可以唤起新教师积极的情绪和体验，激发新教师的工作热情和积极性，从而促进其专业发展以及对农村教师的职业认同。反过来，新教师的专业发展在一定程度上也能起到改善其专业生活质量的作用。因此，以农村学校新教师专业生活的角度来探讨和研究新教师专业发展无疑不是一个新的视角。

在本研究中，教师专业生活是指在农村初中学校工作的新教师(教龄为1～3年)在特定的教育环境和自己的专业领域内，旨在提升自身专业素养、促进学生全面发展而开展的与教师教学、学习、研究等相关的一切实践活动。

具体而言，教师的教学生活是指教师在课堂内外进行的、与教学相关的实践活动。包括备课、上课、课堂教学的组织与管理、作业布置与批改等。在教师的学习生活上，又可以分为学习内容和学习途径两个方面。一般而言，在教师学习的内容方面，除了学科专业知识以外，还包括相关的教育专业知识和通识性知识；而在学习途径方面，除了书本之外，培训、公开课、网络、报刊等都是教师学习的重要途径。① 在教师的研究生活中，本研究主要是指教师在进行自我反思的基础上具体开展的、与自身教学密切相关的课题研究。

---

① 王卫东:《学·思·教：教师专业生活的核心内容》，《教育理论与实践》2013年第1期，第37～40页。

二、研究现状与研究对象的选取

国内关于教师专业生活的研究大致包含以下四个方面：关于概念的研究、关于内容的研究、关于状态的研究和关于影响因素的研究。通过对相关文献的分析，研究者对农村初中学校新教师这一群体的关注度不够，以教师个体为研究对象的研究更是寥寥无几。而且，大多数研究都侧重于对当前状态的研究，而缺少对教师专业生活变化的过程性考察。为此，本研究选取了一位有代表性的农村初中新教师作为研究对象，并对其专业生活进行考察。

研究者最终选取Z教师作为研究对象的原因主要有两方面：一是Z教师在2015年9月进入J校，是该校自2011年以来分配进来的唯一一位老师，在任教的一年期间，Z教师从一位“菜鸟”逐渐成长为乡级“优秀班主任”，其专业生活也在不断发生变化。尽管对于Z教师而言，其专业生活存在着一定的缺陷和问题，但就农村学校整体环境而言，他的这种专业生活又具有普遍性，所以，就这方面来说，他符合本研究的要求。二是Z教师与研究者年龄相当，平时住在学校教职工宿舍，加上其性格亲切友善，在为本研究提供便利的同时，也能够最大限度地配合研究者，提供研究所需的材料。因此，本研究将Z教师作为研究对象的最佳人选，同时，为了遵循教育研究的伦理性原则，本研究将其化名为Z教师。

三、Z教师专业生活的演变历程

本文将Z教师的专业生活大致划分为适应与摸索、成长与胜任、冲突与转变三个阶段，而且后一阶段都随着前一个阶段的发生而发生。在摸索中不断成长，在成长中又伴随着冲突，在冲突中不断调整自身的发展方向，并最终形成了Z教师当前的一种专业生活状态。实际上，专业成长与专业生活息息相关，从Z教师入职到一年后的今天，其专业生活也是在不断成长的过程中渐渐发生变化，看似是其专业成长的过程，背后却隐含着Z教师专业生活演变的历程。

(一)适应与摸索

1. 角色适应——“来了就好好干”

实际上，对于刚入职的新教师而言，角色转换与适应是其面临的最大的困难。新教师要由先前的学生角色转变为学校领导的下属、其他教师的同事、学生的组织者与管理者，而就班主任而言，还要时常与学生家长进行沟通和交流，承担起教育合作者的角色，而这些几乎都没有在其受教育阶段学习过。此外，新教师在入职后也迫切需要获得学校同事、领导的各种支持和帮助。

其实刚来到这个学校的时候我也挺不适应的，和我以前想象的不太一样。不过想着既然来了就好好干吧，所以就留下来了。我这个人可能适应得比较快，加上学校其他老师和领导对我都挺关心的，所以后来我就开始到每个老师的班里去听课，问他们一些关于如何管理学生、怎么开家长会的这些东西。老师们的帮助和领导的鼓励对我能够快速适应教师角色都是挺有帮助的。

可见，Z教师角色上的快速适应离不开学校老师和领导的支持与帮助，及其自身的努力和正确认识，使其在入职后的短时期内在教育教学工作、人际关系和心理等方面都有了较快的适应。

2. 第一次登讲台——“赶鸭子上架”

刚来的时候，可能是学校缺班主任吧，学校就让我做了七年级一个班的班主任，带一个班的数学课和两个班的美术课。然后就安排我跟着一位数学教得比较好的老师学习一周，我想着那就在听课的时候再熟悉教材吧，结果第二天我正准备拿着板凳去听课，结果那个老师就因为有事请了一周假，所以最后学校领导就让我直接上讲台了，问题是我本科是学美术的，这学期的教材也完全没有熟悉过，加上第一次登讲台还是比较紧张的，以至于上去说了些什么我也不知道，最后没办法就让学生上了一节自习。后来就边学边教，也就这么过来了。

实际上，如果从一般意义上来讲，新教师在入职伊始，学校或相关教育行政部门就应该为其安排必要的入职培训。但实际上，就农村学校而言，由于各种因素的限制，这部分流程大多被省略，多数新教师在上岗后就直接被“拿来用”。为了能使新教师能够快速地胜任教学和管理工作，学校一般都会安排新教师各自跟随一个学校中与自己相同或相近学科的、年长的、教学上有着丰富经验的“师傅”学习一段时间。但就Z教师而言，从他的讲述中可以清楚得知，在其入职之后，既没有先前的岗前培训，也缺少“师傅”必要的引领，连人生中第一次登讲台的经历也似乎有点儿“赶鸭子上架”的意思。不过，从Z教师从教这一年多看来，这似乎并没有影响到Z教师的成长。

可能那时候还是比较有激情的嘛，想着一定要把这门课教好。刚来的时候，我几乎从早到晚就像疯了一样，早上去就是备课、批作业，上完课后紧接着还是备课，一直往后备，不停地看书、做题，晚上也一直在教研室待着。而且，我有个高中同学大学学的是数学教育，在一个比较好的中学教书，去年和我一样也是带的七年级数学和班主任，我们两个天天晚上就视频聊天，讨论一些相关的问题。当然，平时有些个别不会的题时，我也会请教同一个办公室的其他教师。

3. 备课——“和我想的不一样”

和我原来想的不太一样，咱们学校的老师备课基本上就是自己备自己的，集体备课根本没有。咱们学校大多都是同一学科的一个年级一个老师，甚至有的学科全校就那么一个老师，集体备课根本无从谈起。老师们备课基本上就用教参，而且教参都是一年一年替换下来的。新教参用的都是多媒体教学，咱们学校多媒体教室就两间，还都坏了，根本用不了。

教师间的集体备课是促进教师专业发展的重要途径。通过教师之间在理念、方法上的相互交流与研讨，能够更好地形成教育合力，在提升教育教学质量的同时，也能促进教师的共同发展。对于Z教师而言，学校中集体备课的缺失、备课资料来源的单一以及新教参的不适用性，都与他事先所设想的不太一致。这种理想与现实之间的差距，不仅给Z教师入职后的备课带来了一定的困难，而且，集体备课的缺失，也使得学校教师之间在备课上的沟通、交流较少，始终处于一种“闭门造车”的状态，教师的教育教学质量也就很难有较大的提高。

(二)成长与胜任

1. 备课——“没有原来那么机械了”

现在备课没有当初来的时候那么机械了，那时候基本上就是跟着教参走。今年备课的时候我就特别注意课堂的导入方式，因为有些教参上的说法学生反而不容易理解，我就采用生活中比较简单的例子来做导入，效果还比较好。再有就是做一些课外的东西，比如说我明天要讲哪节课，让学生预先准备一个什么样的道具。

“工欲善其事，必先利其器”，教学准备与教学质量好坏有着直接的关系。从备课方面来说，经历了前一阶段的摸索之后，Z教师在备课方面有了明显的进步，由最初的“跟着教参走”到后来的备课中逐渐注意到课堂导入方式、问题预设、学生水平、教具准备等环节。

2. 课堂教学——“适合自己的才是最好的”

刚来的时候，咱们学校有个老师从外面学回来一个分组讨论法，不过可能因为他把控不了，所以最后又回到了“满堂灌”。我觉得这个东西只有适合自己的才是最好的，不能盲目照抄、照搬。后来我也算是吸取了这一点教训吧，比如说我的课上，前后讨论也仅仅是加了一点点。刚开始的时候也是分成几大组，讨论后推选出一个代表发言，这个过程至少需要五分钟，但是我发现刚开始还行，最后会产生一种依赖，他们会让组里最好的学生直接说答案，问题解决完之后就开始低声聊天，所以我后来基本上就是一两分钟让他们快速讨论，这样基本上学生就没有时间聊天了。原来我还让学生推选发言人，现在我就是随机的，这就让学生的脑子最起码都动了一下。

在经过一定时期的自我学习和适应学校环境以后，Z教师从一开始的关注自身逐渐转变到了关注教学方法的创新上，并能够在总结学校其他教师的失败经验的基础上，结合自身教学实际、学生学习基础，在教学组织方式上适当做出改变。虽然只是小范围地做出调整，但无疑也是其专业成长和发展过程中的重要尝试。同时，学生讨论的时间由过去的五分钟到现在的一两分钟、由刚开始的推选到后来的随机指派的转变都是在经历了一定的尝试之后所做出的调整。

3. **班级管理与交往——“当老师难，当班主任更难”**

因为咱们学校单亲家庭、留守学生特别多，又没有专业的心理老师，加上学生这一年龄阶段的特点，就使得这些学生较容易产生各种问题，说不准什么时候就跑了。所以除了每天的备课、上课、批作业等常规教学任务以外，我的大部分工作时间都花在班级管理上了。现在的学生不好管，但是有时候不管又不行，唉，当老师难，当班主任更难！

研究者了解到，该校七年级至九年级共六个教学班，与其他教师相比，除常规教学时间外，Z教师每天出入班级的频率最高(该校每个教学班都安装了摄像头)，但仍无法避免上述状况(学生逃跑)的发生。为此，Z教师认为：“咱们学校爷爷奶奶照顾的学生几乎占了学生人数的一半，对于有些每天不写作业的、上课捣乱不认真听课的学生，你打又不敢打，骂也不敢骂得太重，有时候只能睁一只眼闭一只眼，勉强说得过去就行了。”实际上，这也恰好反映了当前农村学生家庭教育的缺失给学校教育带来的影响，使得家长管不了、学校不敢管，学生心理问题和行为偏差越积越多，逃学、厌学现象普遍。大多数情况下，这个责任就自然落在了班主任身上，所以才有了Z教师“当老师难，当班主任更难”的感慨。

(三)冲突与转变

1. **人际交往——“并非表面上的那般好”**

你来了这么久，可能觉得我和学校老师的关系处得都比较好，但实际上和你看到的不太一样。我来了以后，和学校其他老师慢慢接触的过程中我就发现我的想法和他们的不大一样，有时候还落差很大，去年还(和同事)吵了两次，吵完之后一反思，觉得没意义。

在人际交往的过程中，由于个体在目标、利益、价值观等方面上的不一致，使得人际冲突成为一种必然的、不可避免的社会现象。同样，学校中教师群体间的人际冲突也是一种无从规避的客观存在。对于Z教师而言，他所代表的新的教育观念与学校其他老师旧有的观念上的不同，是造成人际冲突的重要原因。在处理师生关系和班级管理的问题上，由于教育观念和认识程度的不同，加上是新教师的原因，使得Z教师在学校中往往是被引导、被规训的一个。

还有就是有些老师嫉妒心比较大，去年我拿了一次乡里的“优秀班主任”奖，可能问题就出在这儿。我觉得我拿的这个奖就是最低级别的奖，咱们学校有的老师干了这么多年了，都没拿过。然后他们有些话就出来了，“你是不是上面有人呢，你是不是有关系呢”。还有就是我和学生的关系比较好，有的老师也嫉妒。

在其他教师看来，得奖、师生间的亲密友好是作为教师所必不可少的，但对他们来说，这些又都是目前没有办法做到的，而作为刚来一年的新教师却在这方面表现突出，这就不可避免的会产生嫉妒心理，所以就出现了Z教师所描述的“你是不是上面有人呢，你是不是有关系呢”如此类似的话语。不可否认，这种嫉妒心理也是导致Z教师与其他教师之间人际冲突产生的重要原因之一。

2. **公开课——“走个过场而已”**

刚来的时候，只要我没课，每次的公开课我基本上都会去听。不过后来听着听着就发现，咱们学校的公开课实际上现在就是走个过场而已，很多老师都不好好准备就上去讲了。有个教数学的老师上公开课的时候讲了两道数学题，讲着讲着他不会了，做不下去了，就把这道题跳过去了。评课的时候老师们要么就是夸上几句，要么就是批评几句，反正说不到点儿上。所以后来评其他老师课的时候，我基本上就在班里躲着，去了也没啥意思。

就Z教师的描述来看，该校公开课在进行的过程中，无论是备课、上课，还是评课都呈现出一定程度的形式化取向，使得Z教师在对待公开课的态度上逐渐从最初的“只要我没课，每次的公开课我基本上都会去听”转变到后来的“我基本上就在班里躲着，去了也没啥意思”。对于他来说，学校公开课对Z教师在教育教学上的帮助作用甚微。

3. **学习——“学生不学，老师也不学”**

除了每学期学校安排的公开课，其他也就没什么活动了，出去参加培训的机会也不多。有时候想组织个集体活动，学校也不太支持。学校虽然也有教师资料室，但都是为了应付上面检查，资料室平时都不开门，隔一个月就会让学生进去打扫一下。老师们平时没课的时候要么玩电脑游戏，要么打羽毛球，等着放学。现在咱们学校给我的感觉就是，整个学校没有一种学习的氛围，学生不学，老师也不学。

实际上，像Z教师所在学校这样，片面强调教师教学成绩、忽略教师学习的观念仍然在农村学校中普遍存在，而并非个例。学校老师混日子、没有形成有效的教师学习共同体，加上学校层面对教师学习缺乏一定的关注和支持，使得农村学校整体呈现出一种消极、被动的氛围，而资料室的建设也大多成为摆设，没有发挥实际应有的作用。当谈到教师培训方面时，Z教师表示：

原来我想着出去培训挺好的，能学习一下别的老师的经验，不过我参加了以后，感觉都挺没意思的。去年还去县里听了一次优质课比赛，感觉出去了这几次，那一次最有意义，最直接的就是学习人家的方法、语言、动作。其余大多时间还是在学校里进行网上培训。不过培训的主讲教师的专业背景和主讲内容几乎和教育搭不上边，老师们往往是把教学视频点开后就去干别的事了，最后拿一张结业证书了事。

随着近年来国家和政府对教师培训重视程度的不断提高，农村教师进行培训的机会也大大增加。当然，在此事实现象背后也应看到，由于培训内容不切实际、形式化严重，部分培训机构的教师培训工作表现出一定的重复性和低效性，不仅不利于农村教师的专业发展，也容易使农村教师对教师培训本身的作用产生质疑。此外，随着网络信息技术的发展，依靠网络进行教师培训极大地满足了广大农村教师的培训需求。但就另一方面而言，现行的农村教师网络培训又凸显出其脱离教学实际、缺乏专业性的一面，使得教师培训难以发挥其真正作用。

4. 备课与上课——"没刚来的时候那么拼了"

我这学期虽然每天晚上也上教研室备课，但是和去年相比，工作量已经少了很多了。今年就简单地批个作业、看一下课本，第二天上个课就完了，没刚来的时候那么拼了。这其实不是轻车熟路，实际上最主要的就是环境影响。

现在的学生不是我们教的不行，很多都是小学的基础就差。我们班的某同学，我上课问她"2－1"等于多少，她能答上来，再问她"－1＋2"等于多少，她就答不上来了。如果这事发生在去年，这个学生免不了要挨一顿教训，不过现在感觉已经进入平淡期了，没那么较真了，所以只是淡淡地让那个学生坐下了。

总体看来，Z教师在入职后的一年中，在备课和上课方面发生了重大的转变。从备课上来说，可以明显看出，受环境因素的影响，与刚入职相比，Z教师已经从最初的每天晚上做题、备课、与同学视频探讨问题转变到了"简单地批个作业、看一下课本，第二天上个课就完了"，备课量的减少，实际上也就意味着他热情的减退。此外，在对学生上课回答问题的态度上，Z教师也发生了变化，正如他所说，"如果这事发生在去年，这个学生免不了要挨一顿教训，不过现在感觉自己已经进入平淡期了，没以前那么较真了，所以最后只是淡淡地让那个学生坐下了"。

四、Z教师专业生活存在的问题及原因分析

(一)教学生活穷于应付

正如Z教师所描述的那样，在他入职后的这一年内，无论是课堂教学生活，还是课外教学生活都在某些方面发生了重大转变。在教学生活上，Z教师经历了从疯狂到成熟再到应付的一个过程，从最初的每天拼了命地做题、备课、批作业到一年后的"今年这些工作都没了，就简单地批个作业、看一下课本，第二天上个课就完了"，工作量的减少，也恰好反映了Z教师的这一变化历程。而在上课方面，面对学生上课回答问题情况不好的这一情形，Z教师的前后态度也发生了明显的变化。虽然从表面上看，那个学生似乎免除了一顿教训，但这背后隐藏着的却是Z教师在教学热情上的消退。

对于Z教师而言，受外部环境因素和个人因素的影响，与刚入职时的教学热

情和态度相比，入职一年后的他在教学上发生了巨大转变，积极向上的教学生活逐渐演变为穷于应付。具体来说，一方面，受外部环境因素的影响，Z教师在入职之后逐渐感受到学校老师安于现状的思想，以及老师们的风言风语，都在无形之中影响到了Z教师的工作热情。另一方面，Z教师在教学生活上的这一变化也受其个人因素的影响。从他个人角度来说，Z教师从最初的斗志十足、热情满满慢慢地转入“平淡期”，以至于现在“没那么较真了，最后只是淡淡地让那个学生坐下了”。虽然Z教师并没有明确指出，但其实这都指向了他个人心态上的转变，而这种心态上的转变无疑会表现在其教学生活当中，使其教学生活最终成为一种穷于应付。

(二)学习生活内容单一、低效

对于Z教师而言，其学习生活也如学校其他教师一般，仅仅局限于所教学科知识的学习。除了自我学习之外，公开课、教师培训是其学习的主要方式，但由于公开课和教师培训的内容脱节、形式化严重，对Z教师专业成长与发展的帮助和促进作用则显得尤为不足。

对于大多数教师尤其是农村教师而言，贯穿其专业生活的主要是教学生活，而对于学习生活则涉猎很少。受应试教育的影响，即使学习，也仅仅局限于所教学科的专业知识，而对于一般的科学文化知识教育学科类知识则涉猎甚少，大多数教师往往会以没时间、没兴趣、没基础为由，拒绝学习。此外，学校缺乏应有的学习环境也是导致教师不学习的重要因素。

从形式上来看，公开课确实属于一种教学形式。但从公开课最初的目的来看，公开课仅仅作为一种学科教学的示范课。① 因而，从本质上来讲，引领示范是公开课的本体功能。所以，从这一层面来说，公开课又属于教师学习生活中的一部分。但从实际情况来看，虽然公开课已经成为该校的一种例行工作，但由于观念上的不重视、制度上的缺失，公开课越来越多的充斥着随意性、低效性。

近年来，国家投入了大量的人力、物力和财力用于教师培训，但与城市教师相比，农村教师参加外出培训的机会往往要少得多，且大多属于“低端培训”。为此，网络培训就成为农村教师培训的重要补充。但是，无论是集中培训还是网络培训，二者都凸显出重复低效、形式化严重等问题。由于培训机构缺乏对教师培训需求的切实考虑，培训内容往往脱离农村教师的教学实际，因而难以调动农村教师的学习热情和参与的积极性，很大程度上削弱了培训的实效性。在网络培训方面，据了解，网络培训是Z教师所在学校教师进行培训的主要方式，“一学期基本上有3～4个不同的网上培训，讲的内容也大多和教育没啥关系，老师们都

① 裴娣娜：《在追问中把握公开课的现代意义》，《中国教育报》2005年第8～13页。

是开着视频干别的事，集中几天把课程学完，最后网上下载一个结业证书了事”。

(三)研究生活处于边缘地位

在Z教师的专业生活中，教学生活和学习生活是其专业生活的全部内容，研究生活却始终处于边缘地位。实际上，这种研究与教师进行的教学反思密切相关，而且在一定程度上可以看作是教学反思的系统性表达。① 在研究者问及是否进行教学反思和研究时，Z教师表示，“反思是有的，不过大多数情况下也就是想一想，没有形成书面材料。教学反思我平时基本上都不怎么写，到学期末的时候再临时补一下。至于做研究的话，毕竟不是专门搞这个的，也没有这种思路。让我写个论文呀什么的，对我来说有难度，并不是说不想搞，实在是不知道怎么弄”。由此看来，Z教师所进行的教学反思并没有以书面的形式进行记录，即使学校有要求，也大多采取临时拼凑的办法来应付了事，这也侧面反映了Z教师对日常教学反思的轻视。而Z教师对研究这种的观点实质上也代表了当前许多农村学校教师对于教育研究的看法，他们将其对教育研究的热情不足大多归结于自身知识储备不足、时间有限、找不到问题，以至于从整体上来看，农村学校教师对教育研究的积极性都不高，研究生活也往往被排除在教师专业生活之外。

五、农村初中新教师过上有意义的专业生活的策略及建议

作为教师专业生活的主要内容，教学与教研、同伴交往与交流、培训与进修等专门活动无不关涉着新教师自身的专业发展，而新教师对这些活动的认可和参与程度的高低直接关系着其自身的专业生活质量以及专业发展。因此，有必要从教学生活、学习生活和研究生活三个方面入手，改善和提升农村初中新教师专业生活质量，使其过上“有意义的专业生活”。

(一)重视内因与外因，提升教学生活水平

1. 做好支持工作

社会支持理论认为，人们生活中遇到的许多问题往往是由于缺少必要的社会支持而产生的，而个人所拥有的社会支持网络越强大，就能够越好地应对各种来自环境的挑战。新教师难免会在教学及适应过程中遇到诸多困难，这就需要家庭、学校和社会提供一系列工具性(引导、协助、解决问题的行动等)和情感性(心理支持、认可等)。

因此，第一，家庭要给予精神上的支持。对于农村教师而言，由于在社会地位、工作环境、工作时间等方面与城市教师或者其他职业往往存在较大差距，部

① 张征：《教育行动研究——中小学教师进行教育研究的有效途径》，《渤海大学学报(哲学社会科学版)》2013年第5期，第156～157页。

分新教师家庭常常因为此事争吵不断，极大地影响着新教师的教学工作和心情。所以，家人、配偶要尊重、理解并支持新教师的职业选择，免除新教师的后顾之忧。第二，学校领导要充分调动学校资源，提供相应的帮助和引导。在关心新教师生活方面的同时，对于新教师在教学和管理上遇到的问题和困难能够及时、有效地帮助解决或给出建议。此外，也应充分尊重、认可并鼓励新教师践行自己的新的教育教学理念和方法。第三，大众媒体要逐步引导社会、家长尊重和认可农村教师的身份及工作，为新教师提高专业生活质量、过有意义的专业生活提供良好的外部环境。

2. 增强自身专业情意

作为教师专业素养的主要内容，教师专业情意是教师专业发展的动力和源泉，是教师主动获取所需知识、技能的重要保证。因此，新教师必须要做到以下几点：第一，树立终生学习的理念。在知识更新换代的周期越来越短的背景下，决定了教师自身必须不断加强学习，除了要学习与教授学科相关的内容之外，新教师也应充分学习和掌握有关教育理论知识和通识性知识。第二，提高自我管理的能力。教师只有不断提高自我管理的能力，才能提高专业生活质量、实现自身的专业发展。一方面，新教师要加强对时间的管理。面对繁杂的教学管理工作，新教师要合理规划和分配时间，在完成日常教学工作的同时，充分利用闲暇时间进行自我学习；另一方面，新教师要管理好自己的心态。学校中不可避免的会存在一些不良的思想和习气，这就需要新教师要牢记当初的理想和目标，明确教师工作的意义和价值，自觉抵制学校中的不良习气。

(二)注重多样化与实效性，提高学习生活质量

1. 构建良好的学习环境

人总是处于一定的社会关系之中，而人的发展也往往容易受到周围人和事物的影响。因此，学校要努力创设一种良好的学习环境和氛围，提高新教师学习生活的质量，推动其快速成长和发展。具体来说，一方面，学校要通过搭建教师学习共同体、组织等各种读书活动等方式，号召学校教师积极、主动参与，不断丰富和充实教师的学习生活，引导教师共同学习，逐步转变教师过去对于教师学习的错误看法，从而在学校范围内形成一种浓厚的、积极向上的学习氛围。另一方面，学校在加强学校图书馆建设的同时，也要注意提高图书馆的利用率以及图书资源的更新速度，同时，也要进一步加强学校网络资源建设，为教师学习提供应有的平台和途径，而不是仅仅作为应付上级检查的“面子工程”。

2. 注重公开课的实效性，避免形式化

一方面，学校领导首先要从观念上重视公开课，加强学校公开课制度的制定，从教案书写、教法、课堂效果等方面进行综合评价，并建立相应的奖惩措施，从而确保每一节公开课的质量，避免形式化的倾向，同时，也要鼓励新教师积极参与学校公开课，在问题发现和解决的过程中引导新教师快速成长。另一方面，从授课教师自身来说，要以一种积极的心态来面对公开课，将公开课视为一种发现问题并解决问题、提升教学水平和促进自身专业发展的有效方式和途径。

在此基础上，评课教师要能够结合课堂实际以及自身的教育教学经验，针对授课教师在教学过程中存在的问题给出相应的、具体可操作的改进建议，避免泛泛而谈、一致叫好。不过，也应强调，在这一过程中，新教师要调整好自己的心态，带着“欣赏”的眼光来看待公开课，尽管其他教师在上课、评课中存在一定的问题或者缺陷，但也能从中汲取经验或者发现问题，从而不断改进自己的教育教学，推动自身专业发展。

3. **提升农村教师培训质量和水平**

无论是外出集中培训还是网上培训，各级培训机构要树立“以教师为本”的培训理念并突出农村教师的特殊性，转变以往重复、低效的运作模式，坚持科学性和实用性相结合，真正做到精准培训，不断提升农村教师培训的质量和水平。具体而言，在培训师资上，一方面要不断加强培训师资建设，从根本上保证其教学水平，对于长期止步不前、教学上难以满足参训教师培训需求的教师要采取批评教育甚至清退的做法，进而提升培训质量；另一方面要拓宽师资补充渠道，除了要聘请一些熟悉教育教学理论专家学者以外，培训师资队伍中还要保证一线中小学优秀教师占有一定的比例。在培训内容上，要避免自上而下单方面制定培训课程内容的方式，在充分结合农村教师的培训需求的基础上制定相应的主题和课程内容。

4. **加强教师自身学习**

加强教师自身学习，首先要明了要学习的内容。作为教师专业发展的关键时期，除了要掌握学科专业知识以及一些教育基本理论以外，新教师的学习内容还应包括教师道德规范、课堂技能、新课程实施、教育科研、班主任工作、现代教育技术、心理健康教育等专题①，而不仅仅局限于本学科知识的学习。此外，还要知晓学习的途径和方法。因此，这就要求新教师首先要树立正确的学习观，转变过去先学后教、工作和学习完全相分离的传统的教师学习观，将自身的学习和日常教育教学工作有机结合。其次新教师也要有坚定的学习立场以及职业理想，明了学习对其自身教学及其发展的重要意义，在维持好学校人际关系的同时做到“独善其身”。最后，新教师要主动、积极寻求各种学习的机会和途径，充分利用

---

① 肖正德：《论生态取向教师学习内容的层级设计》，《教育研究》2011 年第 12 期，第 73～76 页。

各类网络、图书资源，在相互交流、合作、学习及自我反思的过程中了解和掌握自身所需要的各类知识和技能，从而不断实现自我发展。①

(三)转变观念与落实行动，提升研究生活品质

1. 树立正确的教育研究观

思想是行动的先导，树立正确的教育研究观是教师成为教育研究者的前提和必要条件。随着教育改革的不断深入，研究型教师逐渐成为我国对中小学教师的新要求。实际上，对于中小学教师而言，其研究成果并非需要像理论研究者那样具备深厚的理论功底，而是要针对自身在教育实践中出现的问题和困惑进行反思和研究，从小处着眼，强调针对性和实用性，而并非宏观理论。

因此，要逐步建立起“自下而上”与“自下而上”相结合的教学研究机制。② 一方面，学校要变革以往的教师评价机制，将教师的科研能力作为衡量教师专业发展的重要指标，逐步引导学校教师主动参与到教育研究中来。同时，鼓励教师之间以研究共同体形式进行教育研究，并为教师提供相应的支撑，从而在学校范围内建立起良好的教育研究氛围。另一方面，对于农村初中新教师个人而言，首先要摒弃“研究无用论”等错误思想，从观念上正视研究生活。其次要学会合理规划时间，在完成日常教育教学任务、保证劳逸结合的前提下，通过广泛地阅读和学习，掌握相关教育研究的理论及知识。在教学过程中，要注重教学反思及其书面表达，以便在教学反思中不断生成新的教育思想和智慧。

2. 在行动研究中成为教育研究者

教育行动研究强调“教师即研究者”，所关注的问题是教师在其自身的教育教学实践中遇到的且有待解决的问题。③ 对于新教师而言，首要的、迫切需要解决的是教学过程中遇到的各种实际问题，而后才是成为教育研究者。而行动研究的这一过程也是问题解决的过程，因而对于新教师而言也完全适用。

教育行动研究意味着教师不再是单纯的“教书匠”的角色，而是以研究者的身份深入到课堂之中，在“问题—计划—行动—反思”这一循环往复的过程中，利用已有的教育教学知识解释和分析实际中遇到的问题，通过不断地实践、反思、调整，并最终达到改善自身教育教学实践的目的。具体来说，在问题环节，农村初中新教师要从自身的教育教学实践或他人的经验启示中发现问题，明晰问题的性质、原因、过程及影响，使研究问题更加清晰具体；在计划环节，新教师要根据

① 杨全印：《学校文化的表现及其对教师的影响》，《教师教育研究》2011 年第 2 期，第 55～56 页。

② 林光灵：《论教育行动研究与教师专业化成长》，福建师范大学硕士学位论文2005 年。

③ 卢立涛、井祥贵：《教育行动研究在中国：审视与反思》，《教育学报》2012 年第 1 期，第 49～53 页。

拟研究问题设计具体的行动办法，包括研究步骤与时间安排、研究工具的设计等；在行动环节，新教师要按照先前已经制订好的研究计划有步骤地实施行动，并根据具体实施过程做出灵活性地调整；在反思环节，新教师要对具体的行动过程以及行动结果是否达到预期目的作出思考与判断，并针对行动计划中存在的问题以及行动过程中产生的新问题作出下一步的行动计划。

总而言之，新教师要在这一问题解决的过程中真正体会到做研究的乐趣，并植根于自己的专业生活之中，不断向着研究型教师迈进。

教育公平的内涵与实践：广州异地中考政策研究

Defining and Practicing Education Equity: A Policy Research on Guangzhou's High School Entrance Exam Policy for Migrant Children

王向(Wang Xiang)*
维尔茨堡大学(University of Wuerzburg)

吴子劲(Wu Zijin)**
纽约大学(New York University)

摘要：在目前围绕随迁子女义务教育阶段后升学办法的学术与政策讨论中，教育公平是居于中心位置的一个概念。从 2012 年起，各级政府陆续就随迁子女在流入地获得高中阶段的教育颁布了相应的异地中考政策。促进教育公平是这些教育政策所提出的主要目标，但政策文本并没有对教育公平的具体内涵和实践要求提出清晰的解释。本研究以广州 2014 年异地中考政策作为案例，探究教育公

* 王向，1991 年生，女，籍贯广东广州，德国维尔茨堡大学汉学系硕士生在读，研究方向主要为流动人口公共服务，随迁子女与留守儿童的教育政策，随迁子女与留守儿童的生命历程。通信地址：德国：巴伐利亚州维尔茨堡市三德令街 2 号(Sanderring 2, Wuerzburg, Bavaria, Germany)(中国：广东省广州市海珠区宝岗大道翠城花园 2 栋 607 房)电子邮箱 elaine.xiangzi@gmail.com. 联系电话+8613902247782，+4915786455288。

** 吴子劲，1990 年生，男，籍贯广东茂名，纽约大学心理学文学硕士。通信地址：北京东城区和平里；电子邮箱：zw580@nyu.edu；联系电话：+8613719213649。

平在当前随迁子女获取高中阶段教育的议题中的具体内涵和衡量标准。基于相关政策文本的分析，在高中阶段教育机会的分配中降低制度性因素即户籍因素的重要性，将公办普通高中的教育资源优先分配到学业成绩和家庭基本社会经济条件较好的随迁子女身上，是广州异地中考政策中所体现的“教育公平”的两重主要内涵。根据2012—2015年官方公布的招生计划、中考分数以及录取结果的数据，本研究进一步分析该政策的实施结果，并发现随迁子女在政策实施后虽然获得了原来基于户籍将他们排除在外的公办高中公费学位，但是他们进入公办高中的整体机会上却有所减少。政策实施后，更少随迁子女获得示范性高中的录取，而且随迁子女与户籍生在公办高中入学机会上的差距进一步拉大。以上结果揭示了政府现在提出的教育公平内涵存在局限以及隐藏的负面影响。为了继续改进随迁子女义务教育阶段后的教育政策、避免在处理原有的教育不公平过程中产生新的不公平，研究者与政策制定者需要在制定随迁子女教育政策的目标制定环节更加关注对教育公平内涵的界定。

关键词：随迁子女；异地中考政策；教育公平

Abstract: Education equity is a central concept in the academic and policy discussions of post-compulsory education policy for migrant children in China. Since 2012, different levels of government have issued examination and admission policies for migrant children to access local high-school-level education in the migrant-receiving cities. These policies declared to promote education equity but did not clarify the actual meaning and practical implications of this goal. Using Guangzhou's 2014 policy as a case study, this paper investigates the meaning and evaluation standards of education equity in the issue of high-school-level education for migrant children. A textual analysis of Guangzhou's policy document reveals a two-fold meaning. In the distributive arrangements of high-school-level education access, the importance of institutional factors like household registration status should be reduced. Meanwhile, the newly-created educational opportunities for migrant children to enter public high schools are primarily distributed to migrant children with excellent academic performance from families of good socioeconomic backgrounds. This study further analyzes the implementation results of Guangzhou's policy based on the officially published data of admission plans, high school entrance examination scores, and admission results from 2012 to 2015. Although migrant children can now obtain publicly-funded seats in public high schools, from which they were previously excluded by their household registration status, their overall chances of getting into public high schools have in fact decreased. Fewer migrant children are admitted into the exemplary public high schools after the policy took effect. Moreover, the gap of access to public high school education between migrant children and local children has widened. These results reveal the limitations and hidden negative impact of the current meaning of education equity which is put forward by the local government. Improving the post-compulsory education policy for migrant children and preventing the emergence of new inequities in the process of eliminating the old ones requires the researchers and policy makers to pay more attention in defining the concept of education equity in the goal-setting phase of making education policy for migrant children.

Key words: migrant children; high school entrance exam policy for migrant children; education equity

一、研究背景

进城务工人员随迁子女的教育问题群体与多个当代中国焦点社会议题均密切相关，如户籍制度改革，新型城镇化的发展，社会收入差距与阶层流动等，其中一个有着紧密联系的议题便是教育公平。一方面，"公平""平等"及其他含义相近的表述频繁出现在相关的教育政策研究中，研究者普遍使用这两个概念来构建随迁子女教育政策的应然状态；另一方面，随迁子女和教育公平也经常同时出现各级政府与党委发布的文件与公开的发言中，被明确为相关教育政策的原则或目标。随迁子女的教育政策问题必然涉及教育公平的概念，而我国现阶段对教育公平的追求也以随迁子女的教育政策问题为其中一个焦点。依托教育公平理论对随迁子女的教育政策进行问题建构是分析随迁子女议题的重要视角。

(一)研究的两个出发点

国内外自20世纪90年代末以来积累的针对随迁子女议题的研究除了阐述该人群的人口学特点及其变迁以外，覆盖了教育政策、教育财政、学业表现、身体健康、社会融入、身份认同等多个方面。其中，针对义务教育阶段的政策研究已经有不同关注点的专著，包括教育财政体系及教育财政政策①，教育政策执

---

① 袁连生、王红、丁延庆：《流动儿童义务教育及财政问题研究》，北京师范大学出版社2012年版。

行①，以及根据教育公平理论框架所进行的全面制度分析②。

相比之下，针对义务教育后高中阶段和高等教育阶段的教育政策研究则仍待发展，围绕异地中考与围绕异地高考的研究相比又更为缺少。而且，现有的异地中考和异地高考研究主要围绕政策文本进行分析，或是仅从中央的视角，将地方出台相应教育政策看作中央政策的执行，而缺少地方随迁子女教育政策执行的分析。由于中考政策的制定和执行是由县市一级的地方政府负责的，缺少了地方政策执行的研究则无法看到中央政策最终的落实情况。推动随迁子女义务教育后的教育政策研究、为现有教育政策研究补充地方政策执行的分析，是本研究的出发点之一。

本研究的第二个出发点，是探究教育公平概念在随迁子女义务教育后的教育政策中的具体内涵。教育政策在广义上包括立法部门以及各级政府和行政部门制定的法律法规以及条例，其本质则是调整教育权利、教育机会、教育经费与资源等教育利益③。公平是教育利益调节中不可避免的议题。然而，从教育公平的理论以及其概念在国内外的演变来看，教育公平本身是一个相对的、变化的概念，研究者、政策制定者与社会公众在不同的时间与社会环境下对其内涵与实践标准很可能存在不同的设想。因此，在随迁子女教育政策的制定中，将教育公平定为原则或目标的政策制定者需要从教育公平在理论、政策实践、公众话语等层面出现的各种含义中作出选择在理论层面以及政策实践层面的各种含义中作出选择，形成更具体的目标与评估指标。否则，教育公平只是一句不能指导政策实践的口号，或一个能套入任意教育现状的空壳。

(二)随迁子女教育政策中教育公平的不同内涵

在现行与随迁子女教育政策相关的文件中，教育公平在义务教育阶段和后义务教育阶段的内涵并不一致。

在义务教育阶段，随迁子女的教育公平即与他们现居住地的户籍儿童实现平等。该内涵在中央的相关文件中能够找到直接对应的表述。首先，2003 年的《关于进一步做好进城务工就业农民子女义务教育工作的意见》对流入地政府针对流动儿童的义务教育收费标准提出“收费与当地学生一视同仁”，而且接收流动儿童的全日制公办中小学在评优奖励、如对入团、课外活动等方面也需要做到流动儿

① 周佳：《教育政策执行研究：以进城就业农民工子女义务教育政策执行为例》，教育科学出版社 2007 年版。

② 卢伟：《农民工随迁子女教育公平的制度设计》，中国社会科学出版社 2015 年版。

③ 范国睿等：《教育政策的理论与实践》，上海教育出版社 2011 年版，第 7～8 页。

童与城市学生“一视同仁”。① 然后，2006年的《国务院关于解决农民工问题的若干意见》中明确随迁子女应“平等接受义务教育”，同年《义务教育法》的修订也明确随迁子女现居住地政府“应当为其提供平等接受义务教育的条件”。这一平等的目标在2010年《国家中长期教育改革和发展规划纲要(2010—2020年)》中又一次明确。② 整体而言，这些政策将教育公平建立在入学机会、教育经费保障、在公办学校内的待遇等方面的平等上。

与之相比，针对高中阶段的教育以及高等教育，教育公平的内涵则存在争议。根据2012年《关于做好进城务工人员随迁子女接受义务教育后在当地参加升学考试工作的意见》(简称“国务院异地中高考工作意见”)，流入地政府在制定随迁子女异地中考、异地高考等升学办法时，原则上既要“保障进城务工人员随迁子女公平受教育权利和升学机会”，又要“促进人口合理有序流动”和考虑城市教育资源的承载能力。③ 在对于如何平衡这两个原则之间可能存在的不一样的要求，如何制定具体的升学考试办法，以及如何评价政策是否符合原则与目标等方面，地方政府存在较大的裁量空间。例如，该文件在指导地方政府制定随迁子女参加升学考试的条件的同时，并没有明确这些条件是过渡性的还是永久性的。在义务教育后的阶段，“教育公平”的内涵既可以是最终实现随迁子女与现居住地的户籍儿童在参加升学考试时获得同等的报考条件、报考范围等所有待遇，而当前各地所制定的各类门槛只是过渡段，也可以是将随迁子女在居住地有条件地获得有限制的升学机会看作最终目标。

义务教育阶段与后义务教育阶段中对教育公平提出不一样的内涵是有一定合理性的。义务教育属于基本的公民权利与义务，政府有责任保障适龄儿童完成义务教育，但义务教育以外的学前教育、高中阶段教育与高等教育等其他阶段则不然。另外，后义务教育阶段的教育还存在不同的路径(职业教育与普通高中教育)，受教育对象按照自身的兴趣、生涯计划以及其学业表现而进入不同的路径。有学者指出，我国后义务教育阶段的教育由于资源稀缺而强调教育的选拔功能，教育公平更多意味着“以程序公平为保障的机会公平”，面向所有人提供“同样的

① 国务院办公厅转发教育部等部门关于进一步做好进城务工就业农民子女义务教育工作意见的通知，http://www.gov.cn/zwgk/2005-08/14/content_22464.htm，2005年8月14日。

② 国家中长期教育改革和发展规划纲要(2010—2020年)，http://www.gov.cn/jrzg/2010-07/29/content_1667143.htm，2010年7月29日。

③ 国务院办公厅转发教育部等部门关于做好进城务工人员随迁子女接受义务教育后在当地参加升学考试工作意见的通知，http://www.gov.cn/zwgk/2012-08/31/content_2214566.htm，2012年8月31日。

评价标准和同等的被选拔机会”①。

但是，基于教育过程本身的连贯性，高中阶段教育的入学机会获得是重要的教育利益节点，它既属于义务教育阶段随迁子女教育的结果公平，也与后义务教育阶段，尤其是高等教育阶段的起点公平紧密相关。一方面，针对高中阶段教育的政策会反向影响义务教育阶段，无法参加升学考试的随迁子女需提前转学返回户籍所在地②，由于教学内容、材料、教学方式的差别而承受学业的延误，乃至出现其他融入和适应的困难③。另一方面，有学者也曾强调高中阶段教育在高等教育之前对社会分层的影响。④ 难以顺利在现居住地升学的随迁子女可能直接面临学业中断，在过早就业的情况下面临教育和劳动福利都得不到保障的困难。⑤基于此，本研究将高中阶段教育的入学机会获得作为随迁子女教育公平的内涵中除了义务教育机会以外的又一重要组成部分进行分析。

整体而言，在异地中考的语境中，为教育公平选定内涵即意味着要确立在高中阶段入学机会分配上，对于不同政策对象所采取的一种合理的安排，而对此何为合理的安排正是本研究选取广州异地中考政策执行作为案例而进行探究的关键。

二、核心概念辨析与界定

“教育公平”与“随迁子女”两个概念是本研究的讨论核心，因此有必要进行概念的辨析和界定。本节首先阐述“教育公平”在理论层面所具有的不同含义以及本研究对此展开讨论的思路，然后再对“随迁子女”的定义进行界定。

(一)教育公平

国内外学者对教育公平的内涵提出过不同的理论框架，也对不同的教育政策实践进行过分析，在“何为教育公平的分析框架、什么是教育公平的实践标准、各国与教育公平相关的公共政策的异同是什么、什么样的公共政策能够促进教育

---

① 范国睿等：《教育政策的理论与实践》，上海教育出版社 2011 年版，第 23 页。

② 袁振国主编：《中国进程武功农民随迁子女教育研究》，教育科学出版社 2008 年版，第 69 页。

③ Koo, A., Ming, H., & Tsang, B. (2012). The Doubly Disadvantaged: How Return Migrant Students Fail to Access and Deploy Capitals For Academic Success in Rural Schools. *Sociology*, 48(4): 795-811.

④ 杨东平：《中国教育公平的理想与现实》，北京大学出版社 2006 年版，第 171～202 页。

⑤ 段成荣、黄颖：《就学与就业——我国大龄流动儿童状况研究》，《中国青年研究》2012 年第 1 期，第 91～96 页。

公平的实现"等具体问题上进行探讨。① 在异地中考政策的讨论中，我们既要关注对当代教育公平的内涵所提出的理论框架，也要重视在教育公平内涵的演变中所呈现出的相对性。

在对教育公平内涵提出理论框架的讨论中，如何对待不同个体之间在教育过程的不同阶段中所存在的均等(或平等)以及差异，是在教育公平理论层面上一个主要的讨论点。从教育过程的阶段来讲，不同个体在教育的起点、条件、过程以及结果上都可能存在差异。② 这些差异的来源既包括个体能力及素养，以及个体及其家庭的经济条件、社会地位、文化资本，也包括教育资源供给、学校制度、选拔制度等个体所在社会环境中的制度性因素。③ 对于这些不同差异，其中一个获得当代学者广泛讨论的教育公平理论框架来自约翰·罗尔斯(John Rawls)有关社会正义的表述。他指出，包括自由和机会、收入和财富以及自尊的基础等社会基本的善首先应当被平等地分配，而仅有在某种不平等的分配有利于最不利者的情况下才应当进行不平等的分配④。该分配方式要求在平等分配教育资源的基础上补偿较弱势群体，即以在教育条件和过程上对不同教育起点的个体实行具有一定差异性的安排，追求结果上的一种平等。故也有国内学者称，教育公平是教育平等的进一步发展。⑤ 另有学者补充，在经过这样分配调整后所实现的结果平等并非是指每个人有同样的教育结果，而是有适应个人天赋、关注学生未来在生涯和生活质量上的一种包含了差异性的平等。⑥ 对于罗尔斯的理论提出反对和质疑的学者也有不同切入点，如有学者指出政府为了实现结果平等所采取的措施可能对各种自由权利有所限制(如家庭通过迁移居住地选择不同的学校)，而与保障自由权利的价值观有所冲突。⑦

当一部分学者就教育公平的内涵提出理论框架的时候，另一部分学者关注这些内涵本身在国内外的演变，反映了教育公平内涵的相对性。薛二勇梳理了教育

---

① 薛二勇：《教育公平与公共政策：促进公平的美国教育政策研究》，北京师范大学出版社 2015 年版，第 13 页。

② 卢伟：《农民工随迁子女教育公平的制度设计》，中国社会科学出版社 2015 年版。

③ 杨东平：《中国教育公平的理想与现实》，北京大学出版社 2006 年版，第 7 页。

④ [美] 约翰·罗尔斯著，何怀宏、何包钢、廖申白译：《正义论》，中国社会科学出版社 2001 年版，第 303 页。

⑤ 丰向日：《"教育平等"观念在中国(1840—2007)》，中国社会科学出版社 2014 年版，第 7 页。

⑥ 周佳：《教育政策执行研究：以进城就业农民工子女义务教育政策执行为例》，教育科学出版社 2007 年版，第 32 页。

⑦ 薛二勇：《教育公平与公共政策：促进公平的美国教育政策研究》，北京师范大学出版社 2015 年版，第 28～32 页。

公平概念在国外四个演变阶段，如教育公平的内涵在建立公立教育的工业时代曾经是让每个孩子进入同样的学校、学习同样的课程，而后来儿童不同的职业期望得到重视，又在教育公平的内涵中出现了对教育多元化、个性化的追求(如区分职业与学术教育)。杨东平则提出我国教育公平的四个不同阶段，如在第二阶段“文化大革命”期间，教育公平的内涵与政治、阶级挂钩，也同时存在“公平优先”乃至“平均主义”的特征。① 而且在我国教育的整体发展战略中，教育公平的内涵又常常与效率联系在一起，既有大众主义、追求普及教育以及保障公平为主的主张(“渐进模式”)，也有精英主义、追求精英教育以及强调竞争的主张(“赶超模式”)。② 国内围绕教育领域中效率与公平的讨论，从原来非此即彼、孰先孰后的争论慢慢发展为注重两者的包容与统一。③

从以上国内外围绕教育公平所进行过的讨论来看，当前异地中考议题中的教育公平讨论既要联系当代思潮提出的理论内涵，也要充分考虑教育公平概念本身的相对性，即使在同一时空和社会背景下，研究者、政策制定者与不同社会公众也很可能对其内涵与实践标准存在不同的构想。

鉴于此，本研究将教育公平定义为教育权利、教育机会、教育经费与资源等教育利益的合理分配，在异地中考的具体语境中则是对高中阶段入学机会的合理分配。

(二)随迁子女

“进城务工人员随迁子女”“进城务工就业农民子女”“流动儿童”“外来工子女”“农民工随迁子女”“打工子弟”等称谓广泛见于政策、媒体与各类学术研究中，同一称谓按照不同的划分依据下也被赋予不同的内涵。本文根据 2012 年国务院异地中高考工作意见而使用“进城务工人员随迁子女”的称谓，简称“随迁子女”，但这个概念也没有一个较为清晰、有直接匹配统计口径的定义，导致其对象范围的界定以及人口规模的估计存在困难。

首先，若从作为父母的“进城务工人员”概念切入，将“进城务工人员随迁子女”看作“进城务工人员”概念的延伸，那么“随迁子女”作为政策对象的概念界定就受到“进城务工人员”统计口径的差异与变化的影响，呈现出定义不清晰以及缺乏对应统计口径的情况。

“进城务工人员”包括“进城”和“务工”两个限制性因素。“进城”既可以特指持

① 杨东平：《中国教育公平的理想与现实》，北京大学出版社 2006 年版，第 11 页，第 57 页。

② 杨东平：《中国教育公平的理想与现实》，北京大学出版社 2006 年版，第 58～59 页。

③ 张斌贤、楼世洲：《当代中国教育学术思想研究(1999－2009)》，中国社会科学出版社 2011 年版，第 376～378 页。

有外县市农村户口、原来从事农业工作的劳动力，即通俗意义上的“农民工”，也可以选取以某县市为中心的视角，不论该类人口的户口所在地是农村或城镇、户口类型是农业或非农业，将现居住在该县市而户口仍在该县市以外的劳动力也包含进去，与“外来务工人员”的表述更相近。后者包含的人口范围比前者要广。“务工”这一限定则着眼于人口的迁移目的，严格意义上将不具有非本地户籍人口中选择经商、从事服务业、投靠亲友等其他迁移目的的人群排除在外，但也可以从宽界定，包含经商与从事服务业人口。

根据对“进城”与“务工”两个限定性因素采取不同的标准，“进城务工人员”所指的人群不同，获得的人口规模估计也不同。然而目前公开的各类人口数据中，“进城务工人员”并不是一个稳定的、有明确直接对应口径的类别，即使是人口普查中所采用的口径也经历过几次变化①。因此，通过对“进城务工人员”的定义切入而尝试界定随迁子女的概念及估计其规模面临一定的挑战。

其次，基于儿童本身直接尝试定义“进城务工随迁子女”以及估计其规模也远非易事。一方面，除了历次人口普查与抽查对各年龄段的儿童(0～18岁)进行了统计以外，相关数据主要来自教育系统内的在校生数据，对于不在校而又处于小学至高中阶段年龄的随迁子女缺少系统的统计，低估了各地随迁子女的基数。另一方面，各地教育系统内的数据结构不一定能呈现非户籍学生父母是否属于“进城务工”的身份，因此无法直接从现有教育系统内的统计数据中较准确地估计严格意义上的进城务工人员子女的人口规模。曾经有其他的研究假设广州义务教育系统内的非户籍生有80％属于农村户口来推算“农民工子女”的人口规模，但该研究并未解释80％这一比例的选取依据。②

与进城务工人员子女的概念范围更广，但更为明确的概念则是升学考试中的“非户籍考生”。非户籍考生只按照考生户籍是否在现居住地来进行区分，该概念在教育系统内也有对应的统计口径。由于“进城务工人员子女”是“非户籍考生”中的一部分，在教育政策制定以及执行的过程中则涉及政策对象界定和识别的困难。如果相应的教育政策要求仅服务“进城务工人员”的子女，而不是如经商等其他的流动人口类别或是“中考移民”与“高考移民”，那么在政策执行的过程中就需要额外增加识别环节对“非户籍考生”人群进行细分，使政策对象呈现出更复杂的分类。

综合上述考虑，本文将随迁子女定义为户口所在地为现居住地的地级市以

---

① Liu, T., & Chan, K. W. (2001). National Statistics on Internal Migration in China Comparability Problems. *China Information*, 15(2): 75-113.

② 张华初、罗光容、刘胜蓝：《农业转移人口市民化公共成本测算——以广州市为例》，《城市问题》2015年第6期，第7～13页。

外，包括城市与农村户口、农业与非农业户口，而且父母至少一方与其长期生活的儿童。由于没有直接的进城务工人员随迁子女统计数据，本研究对异地中考政策执行的数据分析部分使用非户籍考生的数据来估计异地中考政策对随迁子女的影响。

三、问题提出与案例选择

(一)问题提出

在上述背景和定义之下，本研究聚焦地方异地中考政策的政策内容与政策执行后的影响，从高中阶段教育入学机会分配的角度切入探讨教育公平的内涵。本研究将先从政策制定者立场出发，假设政策内容已反映现实情况中可被接受与认可的分配安排，第一步通过分析政策文本的内容，提炼出地方异地中考政策提出的教育公平内涵以及相应的衡量指标，第二步通过分析地方异地中考的招生计划与录取结果，描述政策实施后对于随迁子女高中阶段入学机会的影响，然后从第一步所得到的教育公平内涵与衡量指标来评价政策是否有促进教育公平。第三步通过分析，基于政策执行结果的各方面影响，对以上教育公平内涵的限制和问题进行反思和讨论。

具体研究问题如下：

1. 地方政府的异地中考政策对随迁子女在流入地获取高中阶段教育作出了何种安排？该安排所体现教育公平作为政策目标时的内涵是什么？其内涵所对应的衡量指标是什么？

2. 异地中考政策实施后，对于随迁子女在高中阶段教育的入学机会有什么影响？从以上两个教育公平内涵分别来看，异地中考政策是否有助于推动教育公平？

3. 基于政策执行结果所产生的各方面影响，现有政策的教育公平内涵是否存在限制以及问题？如果存在，那么是怎样的限制和问题？

(二)案例选取

本研究选取了广州市 2014 年公布的《关于做好来穗人员随迁子女参加高中阶段学校招生考试工作的实施方案(试行)》(以下简称“广州 2014 年异地中考政策”)作为地方政府异地中考政策的案例，通过 2012—2015 年相关中考政策的文本描述该广州对随迁子女高中阶段入学考试的安排，并通过高中阶段学校招生计划、中考分数以及中考录取结果对该政策的执行进行分析。

选取广州市 2014 年异地中考政策作为案例主要出于以下两个考虑：

首先，广州随迁子女人口多，占义务教育阶段比重大，而且报名参加中考的人数逐年上升(见表 1)，能够突出体现安排随迁子女进行异地中考的困难。

其次，广州在2014年成立了作为市一级部门的来穗人员服务管理局，提出对流动人口建立完整的服务和管理体系，“争取率先探索破解超大城市流动人口服务管理难题”①。随迁子女的教育作为流动人口服务中重要的组成部分，在有研究者评价北京和上海在2014年后随迁子女教育政策存在的问题的情况下②，通过对广州市异地中考的研究，可以为评价广州是否在流动人口服务中实现了突破提供参考。

表1　2008年以来广州市随迁子女人数与比例变迁

		2008③	2012④	2015⑤
小学	随迁子女人数(人)	376 963	434 473	458 216
	随迁子女占在校生比例	43.69%	52.82%	48.86%
初中	随迁子女人数(人)	86 089	121 426	127 815
	随迁子女占在校生比例	21.09%	32.51%	37.97%
中考报名	随迁子女人数(人)	—	23 762	31 969
	随迁子女占报名考生比例	—	20.06%	28.87%

四、广州市异地中考政策内容中教育公平的内涵

(一)中央与省级相关政策要点

广州市2014年异地中考政策主要是根据2012年中央与广东省先后公布的《国务院办公厅转发教育部等部门关于做好进城务工人员随迁子女接受义务教育后在当地参加升学考试工作意见的通知》(简称“国务院异地中高考工作意见”)和《广东省人民政府办公厅转发省教育厅等部门关于做好进城务工人员随迁子女接受义务教育后在我省参加升学考试工作意见的通知》(简称“广东省异地中高考工作意见”)两份文件所制定的。此外，由于广州在2014年以前仍允许公办高中招

① 《羊城晚报：广州“融入计划”展示大城之范》，http：//lsj.gz.gov.cn/lsnew/gzdt/201607/d86be35e034e44f988ec174be7fe1cd9.shtml，2016年7月19日。

② 杨东平主编：《教育蓝皮书：中国教育发展报告(2015)》，社会科学文献出版社2015年版，第130页。

③ 2008广州市普通中学教育情况，http：//www.gzedu.gov.cn/gov/GZ04/201001/t20100104_6527.html，2009年12月1日。

④ 2013年广州市教育统计手册，http：//www.gzedu.gov.cn/gov/GZ04/201406/t20140630_26956.html，2014年6月30日。

⑤ 2015年广州市教育统计手册，http：//www.gzedu.gov.cn/gov/GZ04/201605/t20160510_32950.html，2016年5月10日。

收择校生，非户籍生主要通过择校渠道来进入公办高中。因此，与择校费相关的多份中央与省级政策也与广州 2014 年异地中考政策有关。

1. **异地中考相关政策**

“国务院异地中高考工作意见”确立了异地中考的政策是为了促进教育公平而制定的。该意见认为做好随迁子女异地中高考的工作是“坚持以人为本、保障进城务工人员随迁子女受教育权利、促进教育公平的客观要求”，强调该工作在“保障和改善民生、加强和创新社会管理、维护社会和谐”方面的重要意义。另外，该意见提出“坚持有利于保障进城务工人员随迁子女公平受教育权利和升学机会”作为原则。① “广东省异地中高考工作意见”原文转达了以上表述。②

“国务院异地中高考工作意见”同时也提出了因地制宜原则，指出各地“要根据城市功能定位、产业结构布局和城市资源承载能力，根据进城务工人员在当地的合法稳定职业、合法稳定住所(含租赁)和按照国家规定参加社会保险年限，以及随迁子女在当地连续就学年限等情况，确定随迁子女在当地参加升学考试的具体条件”，即四个随迁子女参加异地中高考的条件。③ 广东省文件则明确了要推进“对在当地有 3 年完整初中学籍的随迁子女”参加异地中考，在没有重申前三个条件(职业、住房、社会保险)的情况下，提出各地级市要“根据当地城市资源特别是教育资源承载能力”来制定具体的办法。④

由此可见，促进教育公平是制定异地中考政策的主要目标，而因地制宜则是为流入地政府赋予制定具体实施办法的裁量权。然而，两份文件并没有阐述教育公平的内涵，更没有提出具体的衡量指标，为地方政府结合本地资源限制以及其他因素而提出教育公平的不同内涵留出了空间。

2. **择校生相关政策**

针对各地公办高中在招生中设置择校名额、收取不同额度的择校费的情况，

① 国务院办公厅转发教育部等部门关于做好进城务工人员随迁子女接受义务教育后在当地参加升学考试工作意见的通知，http://www.gov.cn/zwgk/2012-08/31/content_2214566.htm，2012 年 8 月 31 日。

② 转发国务院办公厅转发教育部等部门关于进一步做好进城务工就业农民子女义务教育工作意见的通知，http://zwgk.gd.gov.cn/006939748/200909/t20090915_9211.html，2004 年 7 月 6 日。

③ 国务院办公厅转发教育部等部门关于做好进城务工人员随迁子女接受义务教育后在当地参加升学考试工作意见的通知，http://www.gov.cn/zwgk/2012-08/31/content_2214566.htm，2012 年 8 月 31 日。

④ 转发国务院办公厅转发教育部等部门关于进一步做好进城务工就业农民子女义务教育工作意见的通知，http://zwgk.gd.gov.cn/006939748/200909/t20090915_9211.html，2004 年 7 月 6 日。

中央多次进行规范和限制，并在近年推动取消择校生类别。国务院从 2001 年开始提出对高中阶段的择校费进行限分数、限人数和限钱数的“三限”要求，各省也陆续公布了相关的标准，然而择校生的比例却呈上升态势。① 教育部在 2006 年规定择校生人数不得超过招生计划总数的 30%②，在 2011 年进一步提出各地要逐步取消择校生的“三限”政策③，又在 2012 年将择校生比例调低到 20%的同时要求各地在三年内取消公办高中的择校生计划④。

广东省相关政策也在争议声中经历波动，在 2003 年按学校等级将择校比例从 10%放宽至 15%～25%后⑤，广东省教育厅厅长在 2007 年和 2008 年接受采访时称广东最终将取消择校费⑥。在 2012—2014 年，广东省将“择校生”比例按照国家规定逐年下降，并在 2015 年全省统一取消公办普通高中招收择校生。⑦

3. 小结

从上述择校费政策的演变来看，无论对户籍生还是随迁子女而言，中央和省级的教育部门希望限制家庭经济条件在高中阶段教育机会的获取中的重要性，以择校费、赞助费等集中体现家庭经济条件的形式来获得原来考生不能获得的高中学位已经被认为是不合理的、不能接受的。

而在针对随迁子女的政策当中，职业、住房与社会保险是更常规、更综合反映家庭社会与经济条件的因素，这些具体因素与一笔集中缴纳的择校费的区别是更能反映随迁子女家庭是否属于长期居住在流入地的人口，即是在面对前文提及“进城务工人员随迁子女”无法准确界定的情况下所增加的识别环节。在中央政策一方面取消择校费而同时在另一方面认可其他家庭社会经济条件的情况下，哪些因素对随迁子女获得流入地的高中教育机会应该更重要的这个决定就留给了地方

---

① 杨东平：《中国教育公平的理想与现实》，北京大学出版社 2006 年版，第 120～122 页。

② 教育部规范公办高中招生，择校生不得过三成，http：//news. xinhuanet. com/edu/2006-03/27/content _ 4348371. htm，2006 年 3 月 27 日。

③ 教育部等七部门关于 2011 年治理教育乱收费规范教育收费工作的实施意见，http：//www. gov. cn/zwgk/2011-04/21/content _ 1849672. htm，2011 年 4 月 21 日。

④ 教育部等七部门关于 2012 年治理教育乱收费规范教育收费工作的实施意见．http：//www. moe. edu. cn/srcsite/A01/s7048/201204/t20120428 _ 171881. html，2012 年 4 月 28 日。

⑤ 广东公办高中择校生比例放宽 人数将占 20%以上，http：//www. southcn. com/news/gdnews/gdtodayimportant/200310200544. htm，2003 年 10 月 20 日。

⑥ 广东教育厅长罗伟其：全部取消择校费还不成熟，http：//edu. qq. com/a/20080316/000008. htm，2008 年 3 月 16 日。

⑦ 广东取消公办高中择校生，http：//edu. people. com. cn/n/2015/0124/c1053-26442699. html，2015 年 1 月 24 日。

政府进行裁量。

(二)广州市异地中考政策要点

在取消择校与有条件放开异地中考的两个背景下，广州市在2014年4月公布了异地中考政策方案。方案的要点如下①：

第一，民办与中等职业学校不受限制：凡具有广州市初中学校学籍的毕业生均可报考民办普通高中与中等职业学校(含中职学校、技工学校)。

第二，公办高中不再招收择校生，同时取消原有的23 000元(普通高中)或40 000元(省一级、市一级普通高中)的择校费②。

第三，政策性照顾借读生与同区户籍生报考范围相同。

第四，对于非政策性照顾借读生的随迁子女报考公办普通高中，设置2014—2016年的三年过渡期，在2017年以后全面实施以下安排。

(1)“四个三”的准入条件：父亲或母亲在具有合法稳定职业、合法稳定住所连续三年以上(含三年，以下同)并持有《广东省居住证》，按国家规定在我市参加社会保险累计三年以上(含职工基本养老保险和基本医疗保险)，其随迁子女在我市具有初中阶段三年完整学籍；(2)在过渡期间，随迁子女只需具有初中三年完整学籍即可报考省、市属公办普通高中和毕业学校所在区属公办普通高中；(3)公办普通高中分别按户籍生和非政策性照顾的随迁子女制定招生计划以及进行录取，在过渡期间，公办普通高中招收非政策性照顾借读生不超过学校所在批次招生计划的8%，在2017年后，公办普通高中招收符合条件的随迁子女不超过学校所在批次招生计划的8%；

第五，在教育财政经费上，把符合规定条件的随迁子女接受义务教育、高中教育纳入公共财政资助范围。

由于此政策要点较多，以下首先讨论政策性照顾生这一特殊类别，再分析政策对于随迁子女高中阶段教育机会的整体安排。

(三)政策性照顾借读生的条件变化

政策性照顾借读生(以下简称政策生)是指满足广州市所公布的各类政策性照顾情况的非户籍考生，能够享有与其所在招生区域的户籍考生同样的报考条件。虽然在本文其他地方都将随迁子女升学机会的讨论建立在范围更大的非户籍考生类别上，但是本小节必须将两者区分开。此举的原因是，满足政策生条件的非户

① 广州市教育局印发《关于做好来穗人员随迁子女参加高中阶段学校招生考试工作的实施方案(试行)》的通知，http://www.gzzk.cn/zk/zcwj/201404/t20140430_21605.html，2014年4月30日。

② 关于规范我市公办中小学收费管理有关问题的通知，http://wjs.gdd.gov.cn/Article_3723.html，2013年9月22日。

籍生考生并非所有都是进城务工人员的子女，恰恰相反，政策生很可能是非户籍考生中家庭社会经济条件较好的人群。

广州市的政策生条件在义务教育阶段与高中阶段都有规定，两者所设类别不同，高中阶段的类别比义务教育阶段的类别少，而且在2012—2016年有过微调(见表2)。这些类别中，进城务工人员随迁子女比较可能符合的仅有“特殊行业类”中的殡葬工人子女与环卫临时工子女两个类别。而其他多个类别如人才类与境外群体类，都是非户籍考生中家庭社会经济条件较好、广州市希望能够引进和照顾的类别。

由此可见，通过满足政策生条件而获得与户籍考生同等待遇、获取公办高中公费生学位的方法只适用于极少数的随迁子女。根据广州市教育局公布的现有数据，2013年与2016年整个政策生群体分别只有244人①和270人②，当中的随迁子女应是更少数。

表2　2012—2016年广州市高中阶段政策生条件③

类别	对象
优抚群体类	革命烈士、因公牺牲军人、病故军人及现役军人的适龄子女
	父母均长期患重病或失去监护子女能力的残疾人委托本市监护人照顾的适龄子女
特殊行业类	父母均为从事地质勘探等长期野外工作，委托本市监护人照顾的适龄子女
	殡葬工人的适龄子女(其中一名)
	从事承担政府环卫作业工作服务连续两年以上的环卫临时工符合计划生育政策的适龄子女
	进藏干部职工子女
人才类	按规定引进的博士后、外国专家的适龄子女
	属引进人才持《广东省居住证》有效期三年及以上人士的子女
	高层次人才子女(含海外)
	(2014年新增)来穗工作的留学人员的适龄子女

① 2013年我市中考志愿填报准时结束，http：//www.gzzk.cn/zk/zkxw/201306/t20130605_21080.html，2013年6月5日。

② 2016年我市中考志愿填报准时结束，http：//www.gzzk.cn/zk/zkxw/201606/t20160605_22984.html，2016年6月5日。

③ 广州市教育局关于印发2013年广州市中小学招生考试工作意见的通知，https：//www.gzzk.cn/zk/zcwj/201304/t20130428_21002.html，2013年4月28日。

续表

类别	对象
境外群体类	海外华侨华人子女
	台胞子女
	有突出贡献的港、澳人士的适龄子女
	驻穗领事馆等外交人员的适龄子女

(四)广州异地中考政策体现的教育公平内涵

从2014年异地中考政策的文本来看，在城市高中阶段教育机会的分配中降低制度性因素的重要性，将公办普通高中的教育资源优先分配到学业成绩和家庭基本社会经济条件较好的随迁子女身上，是该异地中考政策中所体现的“教育公平”的两重主要内涵。

1. 在高中阶段教育机会的整体分配中降低制度性因素的重要性

从高中阶段教育入学机会的微观角度来看，多种不同因素影响着不同学生人群的高中阶段入学机会，在现阶段三种因素的作用最为主要。针对一般在户籍所在地的初中毕业生，学业表现是分配不同教育机会的最主要影响因素，根据学生标准化的考试成绩，学业表现更好的考生将获得更优质的高中阶段教育。家庭社会经济条件也在最近的二十多年成为重要影响因素，一方面，不同人群的学生可以通过由家长支付择校费或更高的民办学校学费而获得高中阶段教育机会，另一方面，针对随迁子女议题中，各类住房、职业与缴纳社会保障年限等家庭社会经济条件也被选为随迁子女进入公办高中的门槛。最后，户籍所在地这一基本划分条件，则属于制度因素。除了学业表现、家庭社会经济条件、制度因素外，也存在以人际关系影响入学机会的权力因素或其他因素①，但前三个因素的影响最为普遍。

在异地中考政策实施前，制度因素是在高中阶段教育机会分配中首要的而且远远比其他因素更为重要的一个因素。如果没有流入地户籍，除了极少数符合政策照顾生条件的随迁子女外，绝大部分随迁子女完全被排除在公费的公办高中教育之外。家庭社会经济条件，尤其是经济条件，是第二个影响分配的因素，它是广州的随迁子女获取任何普通高中教育的必备条件，无论是以择校费进入公办高中还是缴纳更高的民办高中学费。随迁子女的学业成绩是在排在最后影响具体普通高中录取结果的因素。对于学业成绩特别优秀的随迁子女，他们的学业成绩能够为他们在部分高中里免除部分或全部的学费，但这样的学生属于少数。

在异地中考政策实施后，一部分制度性的因素转化为家庭的社会经济条件，

---

① 杨东平：《中国教育公平的理想与现实》，北京大学出版社2006年版，第58页。

包括住房、职业与社会保障情况，而以上三种条件也隐含了对家庭收入的要求。制度因素依然是首要因素，但其重要性有所降低，家庭社会经济条件的侧重点有所变化，学业表现的重要性则有明显增加。城市公办高中的公费学位开始向随迁子女开放，而且所有公办高中同时开放，让满足一定家庭社会经济条件的随迁子女能够按学业成绩考入不同的公办高中并取得公费学位，相当于用一系列的家庭社会经济条件(职业、住所、社保)与学生学籍限制(三年完整学籍)“置换”了原有通过择校进入公办高中的途径。而对于无法满足报考公办学校的家庭社会经济条件的随迁子女，仍然可以通过经济手段进入民办的高中，而部分民办学校依然会对学业成绩优异的随迁子女免除学费或给予优惠。

整体而言，在高中阶段教育机会的分配中降低制度性因素的重要性这第一重教育公平的内涵是推动异地中考的基本要求，如果制度性因素对高中阶段入学机会的影响依然存在不可动摇、被认为是合理的重要性，那么就不会有异地中考的政策讨论。因此，对应第一重内涵，衡量该地异地中考政策实施后是否有促进教育公平的标准是，原来制度因素“一刀切”将随迁子女排除在公办高中公费学位的局面是否被打破，随迁子女所获取的公办高中公费学位是否在收费上与户籍生享受同等待遇。

2. 公办高中的资源的优先分配

广州异地中考政策所提出的第二重教育公平内涵，即将普通高中教育资源分配到学业表现和家庭基本社会经济条件较好的随迁子女上，涉及制度因素消减所制造出的公办高中入学机会如何被分配。

首先，让更好学业表现的随迁子女获得更低费用、更高质量的高中学位是与现阶段高中阶段教育入学机会分配针对户籍生的基本逻辑是一致的。随迁子女通过在中考取得越高的分就越有机会进入公办高中，在目前能够取得除了坚持异地中考完全不能放开的人士外的其他公众认可的。但是从广州市的情况来看，对于随迁子女人口基数大的城市，异地中考对高中阶段教育机会分配的安排还可能包含公办高中录取随迁子女的限额，而不是满足家庭社会经济条件的考生就能与户籍生一起竞争公办高中的学位。为多少随迁子女开放公办高中的公费学位，是广州异地中考政策在政策制定过程中的关键争论之一，最终的方案采用了8%。①

其次，按照中央与省级相关政策所指导的，广州市将原来单一的经济条件变成更常规和综合的“四个三”的准入门槛对随迁子女按照家庭社会经济条件进行筛选，为“对经济社会发展和城市建设做出重要贡献，遵纪守法、依法缴纳社保、

---

① 广州异地中考征询委员会意见发布 方案拟2017年实施，http://www.chinadaily.com.cn/hqgj/jryw/2013-12-10/content_10776295.html，2013年12月10日。

具有合法稳定职业、和合法稳定住所的进城务工人员提供公共服务”①。这一部分的条件也承担了防范中考移民的作用。

第二重教育公平的内涵可概括为“让一小部分随迁子女先进入公办高中”，在先打破户籍制度因素绝对限制的情况下让一小部分整体条件较好的随迁子女获得公办高中学位。对应第二重内涵，衡量该地异地中考政策实施后是否有促进教育公平的标准是，学业成绩更高的随迁子女是否有更大机会进入公办高中，以及家庭社会经济条件更好的随迁子女是否有更大机会进入公办高中。

从另一个角度来看，第二重教育公平的内涵在表述上可以被看作更靠近在高中阶段入学机会分配中对“效率”的追求，但是基于教育公平内涵的相对性，以及现阶段后义务教育阶段的教育普遍具有更多选拔性质的情况下，让学业表现及家庭社会经济条件更好的随迁子女优先获得制度因素削减后所产生的公办高中入学机会也可以被认为是合理的、公平的。

(五)本节小结

通过梳理各级相关政策的文本内容以及广州异地中考政策对随迁子在广州获取高中阶段教育作出的具体安排，本研究提出广州2014年异地中考政策体现了两重教育公平的内涵：在对城市不同高中阶段教育机会的分配中降低制度性因素的重要性，将普通高中的教育资源分配到学业成绩和家庭社会经济条件较好的随迁子女身上。两重内涵及其具体办法是在符合中央及省级有关随迁子女异地中考政策的基本要求下，由广州市政府根据因地制宜的原则所裁量而定。

这两重内涵对评价异地中考政策实施后是否有促进教育公平提出了以下标准：制度因素将随迁子女完全排除在公办高中公费学位的局面是否被打破；随迁子女获取的公办高中公费学位是否与户籍生的学位在教育财政上享受同等待遇；学业成绩更高的随迁子女是否有更大机会进入公办高中；以及家庭社会经济条件更好的随迁子女是否有更大机会进入公办高中。除了最后一点标准在政策于2017年全面实施前无法衡量外，其他三个标准都可以通过分析过渡期的政策执行进行讨论。而从另一个角度来看，在异地中考政策前后都能获得公办高中公费学位的政策性照顾生条件中，已经存在吸纳较好家庭社会经济条件较好的随迁子女的安排。

五、广州市异地中考政策2014—2015年执行结果分析

在以上教育公平内涵与对应标准的框架下，随迁子女在流入地升读公办高中

① 我省进城务工人员随迁子女义务教育后就地升学考试“热点问答”，http：//www.eeagd.edu.cn/portal/messages/1457335820755.html，2012年12月30日。

的升学率以及随迁子女与户籍生在公办高中入学机会方面的差距都不是关注点。然而，在异地中考政策实施效果的分析中，如果不针对以上指标进行对比，难以完整呈现异地中考政策对随迁子女高中阶段入学机会的不同影响。由于现有公开的教育系统数据中，对于公办高中的数据比较完整，本节将从随迁子女进入公办高中的整体入学机会、全市中考排名不同梯度的随迁子女进入公办高中的机会、随迁子女与户籍生进入公办高中的机会差异这三个方面分析广州市异地中考政策在 2014—2015 年的过渡期间对于随迁子女高中阶段升学机会的主要影响，再根据现有民办高中与中等职业学校的数据进行补充讨论。

(一)数据来源与处理

本研究数据主要来自广州市教育局及广州市招生考试委员会官方统计数据，并主要是 2012—2015 年在网络公开的中考招生报名计划、中考分数以及中考录取结果。这些数据分别具有以下的几个特点：

第一，不同年份的招生计划与录取数据存在缺漏的情况，有一些数据类别并没有在每一年都进行公布。对于有直接公布某一年份某指标具体数值的，以该直接公布的数值为准。对于没有直接公布的数值，但能通过前后年份的数值或比例变化进行计算的数据，本研究将直接呈现计算后的结果。对于同一年份有超过一个不相等的直接公布数值(如 3 月的文件与 6 月的文件中同一指标的数值不同)，那么则在两份文件中取算术平均作为该指标的数值。由于政策实施后 2014—2015 年的公开数据中缺乏“公办高中录取非户籍生人数”这一关键的数据，本研究将使用“公办高中招生计划”中的非户籍生人数来对政策实施后的效果进行估算。

第二，数据统计类别在政策实施前后发生变化。在 2014 年异地中考政策实施前，中考的招生按照“公费生”与“择校生”进行区分，而实施后则改为“户籍生”和“非户籍生”。在 2014 年以前除极个别考生享受政策性照顾以及个别学校对优异的择校考生有发放“奖学金”以外①，非户籍考生必须按物价局规定缴纳择校费方能入读广州的公办高中。虽然本地生也能以择校的方式进入公办高中，但 2012 年与 2013 年的录取结果中分别有 82%和 91.2%的择校生是非户籍生。②③鉴于此，本研究在招生计划的数据中将“公费生”与“户籍生”的数据、“择校生”和

① 广州市 2014 年高中阶段学校招生考试工作意见，http://www.gzedu.gov.cn/gov/GZ04/201403/t20140327_25999.html，2014 年 3 月 27 日。

② 2012 年广州市普通高中录取顺利结束，https://www.gzzk.cn/zk/zkxw/201407/t20140719_21812.html，2014 年 7 月 19 日。

③ 2013 年广州市普通高中录取顺利结束，http://www.gzzk.cn/zk/zkxw/201306/t20130606_21176.html，2013 年 6 月 6 日。

“非户籍生”的数据分别进行对应，而由于录取的数据里有非户籍生的具体数据，本研究保留这一部分的原始录取结果数据。

第三，基本的中考政策在批次设计以及录取规则上存在变动。2016 年广州市对本地户籍的初中毕业生实行“指标到校”计划，将示范性高中的招生计划分配到不同学校，全市共 9189 个指标生名额，占示范性高中学位总数的 30%。① 在“指标到校”计划实施的情况下，2016 年的户籍生录取基本规则与 2014 年、2015 年不同，因而无法进行数据比较。此外，对于普通高中补录的安排，曾经在 2014 年前区分“公费生”和“择校生”，但在 2014 年后不针对“户籍生”和“非户籍生”进行区分，因而也不能对比补录部分中户籍生与非户籍生的分数变化。最后，公办高中开设少量特长班、特色班作为“独立批”面对随迁子女招生，但各校招生条件各异而且不同年份的变化大。针对以上三点，本研究不将 2016 年的数据纳入分析，也不将“独立批”以及补录的情况纳入分析，仅考察提前批、第一批、第二批和第三批的录取结果。

第四，中考分数在公布以及进行录取时都使用原始分，但却由于不同年份可能出现分数普遍上涨或下降的现象，不适合用于跨年份的对比。相比而言，使用考生成绩排名进行对比会更加合适，找到各年中考排名前 1%、5%、10%、15%、20%及 25%考生所对应的原始分数，再对比该年学校的录取分数。本研究关注的是各年中考排名在分别在前 1%、5%、10%、15%、20%及 25%的随迁子女考生。这是由于排名在前 30%或以后的随迁子女考生在 2014 年以前基本不能考上公办高中，而在下面的讨论中我们将会发现他们进入公办高中的机会在政策实施后没有改善。遗憾的是，中考分数的分段统计仅显示每五分原始分间隔的分数段所对应的累计人数与累计人数比例，而没有每一分原始分间隔的数据(如原始分在 700 分或 700 分以上的考生有 15700 人，占所有考生中的 14%，但没有 699 分或 701 分的数据)。鉴于此，本研究利用历年原始分以及对应年份的考生分数段分布数据，通过对成绩排名前 25%中六个主要排名梯度的原始分与对应的累计人数比例进行曲线拟合，得出拟合程度最好的方程作为用排名估算原始分的方程，得出各年中考排名前 1%、5%、10%、15%、20%及 25%考生所对应的原始分数(见表 3)。此外，本文选取的录取分数原始分不是在各录取批次中各高中所公布的最低投档分数，而是反映它们实际录取情况的“末位考生分数”。例如，部分高中末位考生分数比学校公布的最低投档分数要高，意味着该学校的招生计划很可能在该批次尚未录满，末尾考生分数更能反映实际录取结果。

---

① 2016 年广州市示范性普通高中招生总计划和指标计划汇总表，http://www.gzzk.cn/zk/zkxw/201604/t20160422_22928.html，2016 年 4 月 22 日。

表 3 各年广州市中考主要排名梯度对应的原始分数估算

年份	排名前 25%	排名前 20%	排名前 15%	排名前 10%	排名前 5%	排名前 1%
2012①	637	652	671	692	712	737
2013②	654	668	681	696	713	737
2014③	659	674	689	701	719	743
2015④	663	678	692	707	726	746

第五，广州市公办普通高中在不同批次中有不同的招生区域，“提前批”的绝大部分学校面向全市招生，而第一批、第二批、第三批次并非如此。“荔湾、越秀、海珠”三个区作为一个“老三区”录取区域统一面向三个区所有学生进行招生，而其他九个区则只面对学校所在地的区进行招生。换言之，不同区的考生在不同年份能报考的学校数目不相同。与此同时，义务教育阶段随迁子女在广州市十二个区的分布不均匀，2012—2015 年发生的变化也不同(如图 1)。

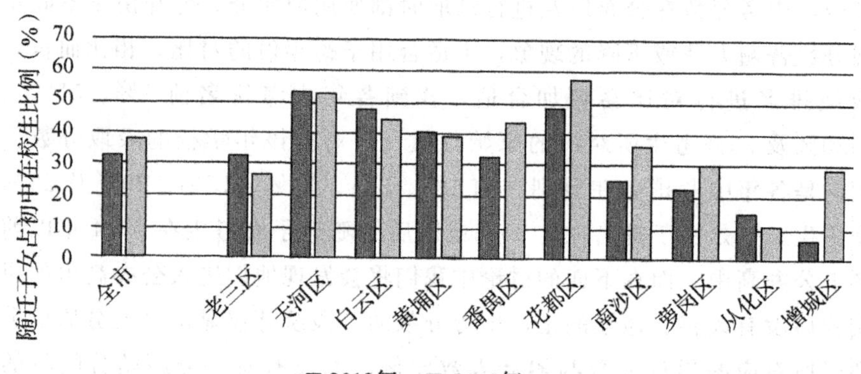

图 1 2012 与 2015 年广州市十个招生区域随迁子女占初中在校生比例对比

为了最完整地呈现广州异地中考政策的影响，本研究在分析不同中考排名随迁子女的录取结果时按招生区域进行区分。除了黄埔区、萝岗区两区因在 2014

① 2012 年广州市中考分数段统计表(含各项政策性加分)，http://www.gzzk.cn/zk/lqfs/201207/t20120705_20418.html，2012 年 7 月 5 日。

② 2013 年广州市中考分数段统计表(含各项政策性加分)，http://www.gzzk.cn/zk/lqfs/201307/t20130705_21145.html，2013 年 7 月 5 日。

③ 2014 年广州市中考分数段统计表(含各项政策性加分)，http://www.gzzk.cn/zk/lqfs/201407/t20140704_21776.html，2014 年 7 月 4 日。

④ 2015 年广州市中考分数段统计表(含各项政策性加分)，http://www.gzzk.cn/zk/lqfs/201507/t20150702_22461.html，2015 年 7 月 2 日。

年合并影响普通高中录取而被排除外，其他八个招生区域都被纳入分析中。

(二)2012—2015 **年随迁子女进入公办高中入学机会的整体变化**

由于绝大部分随迁子女不满足政策生的条件，他们在政策实施后的三年过渡期间需要满足“完整初中三年学籍”的条件，才能通过中考报考公办普通高中，并且面临各批次中不超过招生计划 8%的限制。从 2012—2015 年公办普通高中的招生计划、志愿填报以及录取结果来看(见表 4)，随迁子女进入公办普通高中的机会在整体上变小，特别是进入在提前批面向全市招生的 43 所公办示范性高中(含校区)的机会比政策实施前相比显著变小。

从招生计划与填报志愿人数来看，参与志愿填报的随迁子女在 2012—2015 年以平均每年 9.4%的增幅逐年增加，而且大部分考生符合完整三年学籍的条件。相比而言，公办高中在政策实施后为随迁子女提供的公费学位比原有的择校学位显著减少，三年的过渡期间基本持平。招生计划数与填报志愿且符合条件的随迁子女人数之比从 2012 年的 1∶3.3 变为 2015 年的 1∶6.7，随迁子女在进入公办高中这一升学路径上的竞争变得更加激烈。

从志愿填报人数与实际录取人数来看，即使在 2014—2015 年过渡期间的随迁子女计划全部录满，随迁子女被公办高中录取的机会在政策后也存在明显下降，而且保持下降趋势。2012 年原有超过 23%的录取率经过 2013 年择校生名额减少的变化，下降到约 21.6%，2014 年政策实施后进一步下降至接近 18.2%，2015 年与 2012 年相比降幅达 8.4%。按照实际录取比计划数略偏少的一般情况，过渡期三年内实际随迁子女进入公办高中的录取率会比现估算值再略为偏低，政策实施后的录取率的下降幅度比估算值再略为偏大。

从提前批的录取来看，随迁子女通过提前批进入公办示范性高中的难度加大，从原来占提前批录取略高于 11%的比例下降至政策规定的 8%，政策后两年与政策前两年相比的招生计划数平均减少了 815 个学位。换言之，为随迁子女提供的优质公办高中资源有所减少。

整体而言，在 2014 年异地中考政策实施的三年过渡期中，随迁子女虽然不再需要以缴纳 23000 元或 40000 元择校费的方式进入公办学校，但是在填报志愿人数增加、招生计划有所减少的情况下，他们进入公办高中的难度增大了，而且也越来越难获得公办示范性高中的入学机会。

异地中考政策在 2017 年全面实施后，满足“四个三”条件的随迁子女占所有填报志愿的随迁子女的比例预计会比过渡期满足完整三年学籍条件的比例要小。如果以填报志愿且符合条件的随迁子女作为基数计算，他们进入公办高中的录取率可能会比过去三年要高，但这将会是由于条件本身变得更加严格、符合条件的随迁子女人数更少所导致的。若从填报了志愿的随迁子女总数来计算，随迁子女群体进入公办高中的录取率不太可能会提高，反而很可能会继续下降。

表 4　2012—2015 年随迁子女进入公办高中入学机会的整体变化

				2012	2013	2014	2015
公办高中招生计划	总计划数			56 880	57 498	56 198	56 602
		择校生/随迁子女		7 275	6 315	4 443	4 362
填报志愿（含普通高中与中职学校）	总人数			116 881	112 641	110 808	108 910
		随迁子女		23 664	25 014	27 196	30 934
			具有三年学籍随迁子女	/	/	24 464	29 025
公办高中录取结果	总人数			56 055	56 117	55 674	55 906
		随迁子女		5 526	5 408	4 443*	4 362*
提前批录取（含 43 个示范性高中校区，1 所民办高中及 1—2 个自筹经费班）	总人数			25 815	26 410	26 899	27 463
		其中随迁子女		2 965	2 949	2 124	2 160
随迁子女招生计划与符合条件填报志愿人数比				1∶3.3	1∶4.0	1∶5.5	1∶6.7
随迁子女录满情况下随迁子女录取率（录取人数/符合条件填报志愿人数）*				23.4%	21.6%	18.2%	15.0%
随迁子女提前批录取比例				11.5%	11.2%	7.9%	7.9%

注：根据广州市招生考试委员会办公室 2012—2015 年发布的广州市高中阶段学校招生和录取情况所得。

* 由于缺乏 2014—2015 年随迁子女的录取结果，采用随迁子女录满招生计划的情况来进行估算。

（三）2012—2015 年不同中考排名梯度的随迁子女进入公办高中入学机会的变化

由于中考成绩仍然是影响随迁子女升学的重要因素，在异地中考实施后，处于不同中考排名梯度的随迁子女可能会在公办高中入学机会上受到不同的影响。本研究使用随迁子女“可考入公办高中占可报考公办高中比例”（简称“可考入公办高中比例”）来探究该影响。

“可考入公办高中”是指满足以下情况的高中：根据具体某年全市中考排名与原始分数来估算，若某排名梯度以内的考生（如前 25%以内，含 25%）填志愿报考了一所公办高中，考生的原始分超过同年该高中的录取分数而能够被录取，则称该高中对于某排名梯度以内的考生来说是“可考入公办高中”。据此定义，一个考生全市中考排名越靠前，该考生的“可考入公办高中数”就越多，反之则越少。

“可报考公办高中”则是指当年该区随迁子女可报考的所有公办高中(含提前批，第一、第二、第三批，同一高中在两个不同批次的录取将作为两个公办高中录取机会计算)，前后两者的比例即“可考入公办高中占可报考公办高中比例”。

根据以上定义，在各年份的录取结果对比中，如果广州市中考同一排名梯度的随迁子女的可考入公办高中比例增加，那么可以看作该排名梯度以内的随迁子女进入公办高中的机会增加，反之则减少。

在对八个报考区域分布进行整体的分析后，下文挑选其中的番禺区、增城区、天河区和老三区四个招生区域进行具体讨论。前三个区域分别反映了异地中考政策在三年过渡期中对于不同中考排名随迁子女所带来的平均影响、较弱影响以及较强影响，而老三区呈现的情况与其他各区的基本趋势不同，又属于广州老城区，是基础教育资源比较集中、公办高中数量较多的区域，获得广州本地公众的关注较多，因此也纳入这部分的具体讨论。

1. **政策前后中考不同全市排名梯度的随迁子女的公办高中入学机会变化**

图 2 呈现的是以 2012—2013 年为异地中考政策实施前，2014—2015 年为政策实施后，分别计算前后阶段中按区、按排名梯度区分的平均可考入公办高中比例后，再求出前后的差值。如图 2 所示，异地中考实施后对不同报考区域、不同中考排名梯度的随迁子女人群进入公办高中的机会有不同影响。

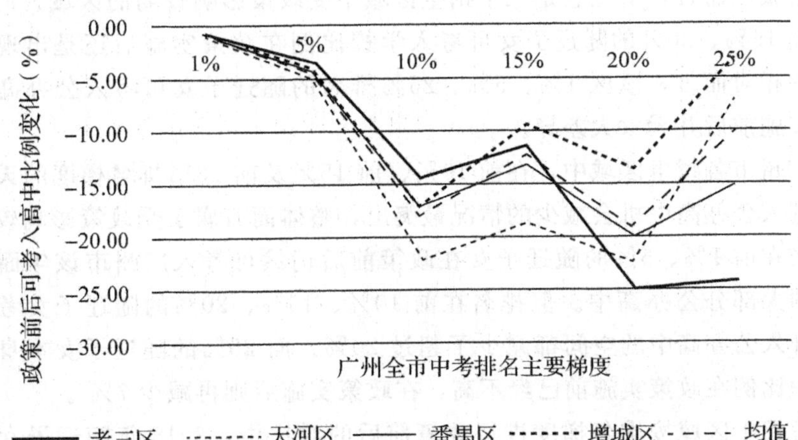

图 2　各案例招生区域在政策前后不同中考排名梯度的随迁子女可考入高中比例变化

第一，异地中考政策实施后，以上六个主要中考排名梯度的随迁子女可考入公办高中比例整体下降，随迁子女进入公办高中的难度普遍增大，不存在某一中考排名梯度的随迁子女在政策实施后可考入公办高中比例有所上升的情况。

第二，除了排名前 1%考生的可考入公办高中比例在各区都基本持平以外，其他不同排名梯度的下降幅度在不同的报考区域有所差异，特别是在前10%，前20%与前25%三个梯度上各区差异较大。

第三，根据以上各区中考排名梯度变化的基本趋势(上图的“均值”，即各排名梯度在各区变化比例的平均值)，全市中考排名前10%、15%、20%的随迁子女进入普通高中的机会明显减少，其中又以前20%考生的比例下降最为显著。

各报考区域之间的差异主要受各区域随迁子女中考人数与各区域提供的公办高中学位的整体供求情况所影响。由于随迁子女在各区的分布不一、各区域提供的公办高中学位数目不同，在公办高中既有部分面对全市招生，又有部分仅面对所在学区招生的现有情况下，各区所呈现政策前后变化不同。而各排名梯度之间的差异则主要来自考生的中考成绩分布。考生的中考成绩并不是平均分布的，各年份也有所差异。

在以上整体变化的基础上，下文对四个区域于图3展示的状况开展更深入的分析。

2. 各案例区受政策影响的水平

从图2可知，排名在前1%与5%的随迁子女在政策前后均可考入广州市该年面向番禺区招生的大部分公办高中，而其余排名的随迁子女可报考公办高中的比例在政策实施后均明显下降。

对增城区而言，虽然它是八个招生区域中受政策影响较弱的区域，但其中排名10%、15%、20%的随迁子女可考入学校比例在政策实施后还是出现了下降的趋势；相对而言，该区1%、5%、25%排名的随迁子女可考入公办高中比例在政策实施前后并无太大差异。

在广州市各招生区域中，在前10%、前15%及前20%排名梯度的天河区随迁子女进入公办高中机会减少的情况最突出，整体而言属于受政策影响较强的区域。排名在前1%、5%的随迁子女在政策前后仍然可考入广州市该年面向天河区招生的大部分公办高中。但排名在前10%、15%、20%的随迁子女考生在政策前后升入公办高中的空间都减少了超过20%。而25%的随迁子女本身可考入公办高中比例在政策实施前已经不高，在政策实施后则再减少7% 。

在各招生区域按排名梯度进行政策前后的对比中，2015年随迁子女占初中在校生比例上较低的老三区显示出与其他招生区域较为不同的“底部下沉”现象，即排名前25%的随迁子女考生可考入公办高中的比例从政策实施前的近35%下降至政策实施后的10%；而其他招生区域，即使是受政策影响较强的天河区，其排名前25%的随迁子女考生可考入公办高中比例下降幅度与10%、15%、20%考生相比是有所收窄的。这反映了异地中考政策在老三区的特殊影响。

3. 小结

由本小节的分析可知，不同中考排名、不同报考区域的随迁子女受到异地中

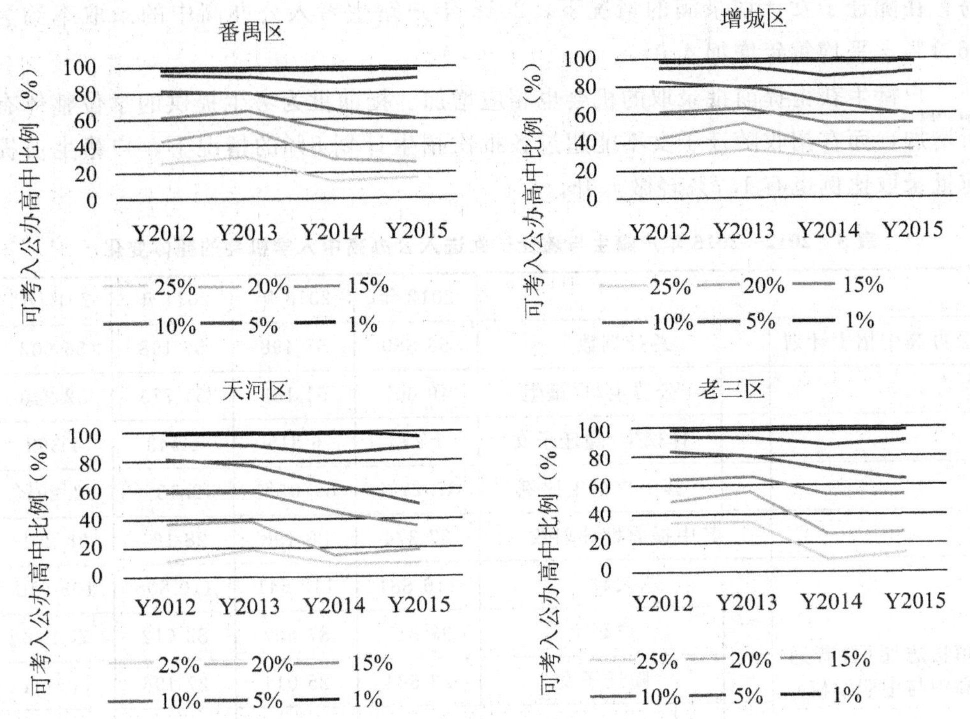

图 3　2012—2015 年各案例区不同中考排名的随迁子女可考入公办高中占可报考公办高中比例变化

考政策的影响存在一定差异。整体而言，最高分段(1%与 5%)随迁子女受到影响较少，而其余分数段的随迁子女在异地中考政策实施后，进入公办高中的空间都受到明显压缩。普遍而言，10%、15%、20%排名的随迁子女考生人群受到政策的负面影响最为严重；而在优质公办高中教育资源最为集中的老三区招生区域中，25%排名的随迁子女考生在政策实施后的竞争反而变得更为激烈，其空间受到的压缩比其他区域更为明显。

(四)2012—2015 年随迁子女与户籍生进入公办高中入学机会差异的变化

1. 户籍生进入公办高中的入学机会整体上升，进入提前批示范性高中机会增加

表 5 由前文表 4 纳入户籍生的数据后产生，对 2012—2015 年户籍生与随迁子女进入公办高中的入学机会进行整体的对比。

首先，户籍生招生计划与填报志愿人数的比例逐年上升。政策实施后的公办高中招生计划中为户籍生所提供的学位占比的平均值比政策实施前的平均值增加了 4.10%，而与此同时填报志愿的户籍生人口逐年下降，平均每年降幅达 5.77%，在学位增加而考生减少的情况下，户籍生考入公办高中整体变得更加容

易。在随迁子女计划录满的情况下，2016 年户籍生考入公办高中的录取率约为 66.1%，平均每年增加 4.0%。

户籍生获得提前批录取的机会也相应增加。提前批为考生提供的学位整体有所增加，而在招收随迁子女不能超过各批次招生计划 8%的情况下，户籍生占提前批录取比例也有 1.7%轻微上升。

表 5　2012—2015 年户籍生与随迁子女进入公办高中入学机会的整体变化

		2012 年	2013 年	2014 年	2015 年
公办高中招生计划	总计划数	56 880	57 498	56 198	56 602
	公费生/户籍生	49 605	51 183	51 775	52 240
	择校生/随迁子女	7 275	6 315	4 443	4 362
	其中户籍生比例	87.21%	89.02%	92.13%	92.29%
	其中提前批计划数	27 374	28 198	28 184	28 251
填报志愿（含普通高中与中职学校）	总人数	116 881	112 641	110 808	108 910
	户籍生	93 317	87 627	83 612	77 976
	随迁子女	23 664	25 014	27 196	30 934
	具有三年学籍随迁子女	/	/	24 464	29 025
	其中户籍生比例	79.75%	77.79%	75.46%	71.60%
公办高中录取结果	总人数	56 055	56 117	55 674	55 906
	户籍生	50 529	50 709	51 231*	51 544*
	公费	49 346	50 190		
	择校	1 183	519		
	随迁子女	5 526	5 408	4 443*	4 362*
提前批录取（含 43 个示范性高中校区，1 所民办高中及 1－2 个自筹经费班）	总人数	25 815	26 410	26 899	27 463
	其中户籍生	22 850	23 461	24 775	25 303
	其中随迁子女	2 965	2 949	2 124	2 160
户籍生招生计划与填报志愿人数比		1∶1.9	1∶1.7	1∶1.6	1∶1.5
随迁子女招生计划与符合条件填报志愿人数比		1∶3.3	1∶4.0	1∶5.5	1∶6.7
总招生计划与填报志愿总人数比		1∶2.1	1∶2.0	1∶2.0	1∶1.9
随迁子女录满情况下户籍生录取率（录取人数/填报志愿人数）		54.2%	57.9%	61.3%	66.1%

续表

	2012 年	2013 年	2014 年	2015 年
随迁子女录满情况下随迁子女录取率（录取人数/符合条件填报志愿人数）	23.4%	21.6%	18.2%	15.0%
户籍生提前批录取比例	88.5%	88.8%	92.1%	92.1%
随迁子女提前批录取比例	11.5%	11.2%	7.9%	7.9%

注：* 由于缺乏 2014—2015 年户籍生与随迁子女分别录取结果，采用随迁子女录满招生计划情况来进行估算。

2. **各区不同分数段户籍生进入公办高中机会的"底部抬升"**

图 4 是番禺区、增城区、天河区与老三区的户籍生 2012—2015 年可考入公办高中比例的变化。

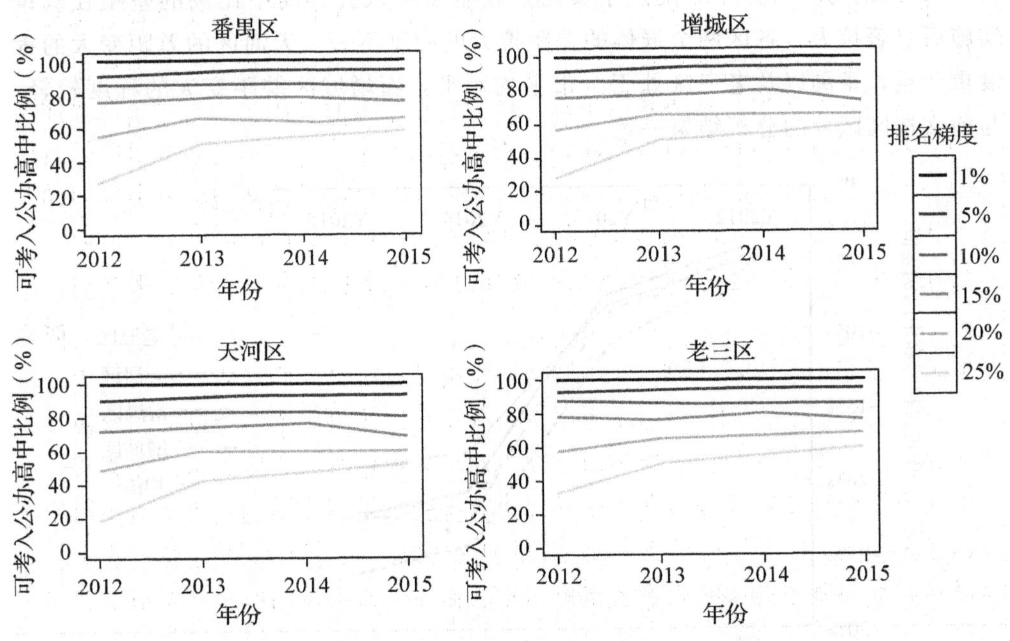

图 4　2012—2015 年各案例区不同中考排名的户籍生可考入公办高中占可报考公办高中比例变化

从各图比较可知，对于中考排名前 1%～15%的考生而言，他们进入公办高中的机会在政策前后保持稳定，既没有因为部分公办学位分配给了随迁子女而下降，也没有更大的上升空间。对于中考排名前 20%与 25%的户籍考生而言，他们进入公办高中的机会明显增加，而且可以推断排名前 30%乃至前 35%的户籍生可考入公办高中的比例在近 3 年内也有所增加，户籍生进入公办高中的最低分数线降低，实现"底部抬升"，相对较低分数段的户籍生在实施异地中考政策之后比起之前有更大机会入读公办高中。此现象的主要原因是户籍考生人数的逐年减少，而为户籍考生提供的公办高中学位基本维持不变，使得原来按学业表现无法进入公办普通高中的户籍生获得了更多机会。

3. **随迁子女与户籍生可考入公办高中比例差距的变化**

由于随迁子女与户籍生考入公办高中的难度在异地中考政策实施前已经具有差异，通过比较各年份两个群体可考入公办高中比例的差异，可以反映随迁子女可考入公办高中比例下降以及户籍生的可考入公办高中比例上升同时发生的情况下，两个群体之间差距会产生何种变化。

图 5 呈现了该对比的结果。在计算每年各区两个群体在各分数段中可考入公办高中比例的差值后(随迁子女减去户籍生)，取所有分数段的均值，得到两个群体在各区、各年份评价可考入公办高中比例的差距。如图 5 所示，在中考排名前 1%～25%的考生群体中，随迁子女与户籍生可考入公办高中比例的差距在政策实施后显著拉大。各区两个群体的差距拉大的程度不一，天河区的差距变大的程度更严重，番禺以及老三区处于全市平均水平，而增城区差距变大的程度较轻，与前文按区区分的分析结果一致。

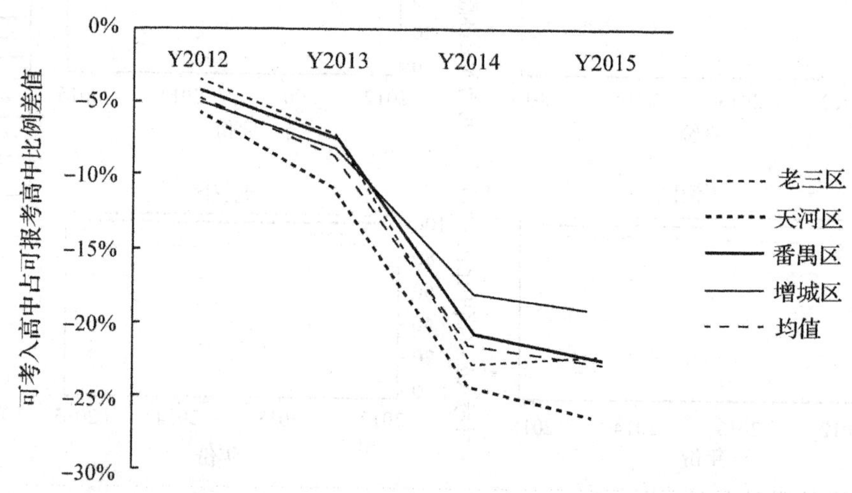

图 5 2012—2015 年随迁子女与户籍生可考入公办高中比例差距变化

(五)民办高中与中等职业学校的入学机会变化

除了进入普通高中，随迁子女完成义务教育后在广州的升学途径还有民办高中与中等职业教育(职业高中、中专与技校)，而且随迁子女在报考这两类学校时在政策前后都不受限制。遗憾的是，在现有已公布的教育系统数据中，民办学校以及中职学校在校生没有按户籍与非户籍区分的数据，而且在中考录取结果中也没有作区分。

表 6 是 2012—2015 年两类学校的招生计划、录取人数以及计划完成率。民办学校的招生计划在 2012—2015 年基本持平。民办高中收取学费较高，虽然不同学校会为少量高分考生提供奖学金，但大部分学生需要交纳每年在 10 700 元至 10 万元不等的学费，其中包括各类针对潜在留学生群体的特色班。① 在没有户籍生与随迁子女分别的民办高中录取数据的情况下，难以判断随迁子女在民办高中录取生中的比例是否有所变化，但从民办高中的学费来看，能够有这样支付能力的随迁子女家庭不会是多数。

表 6 民办高中、中等职业学校招生计划、录取人数及计划完成率

	2012 年	2013 年	2014 年	2015 年
填报志愿考生总数	116 881	112 641	110 808	108 910
民办高中招生计划数	4452	4453	4500	4421
民办高中录取人数	4321	4377	4418	4263
民办高中计划完成率	97.06%	98.29%	98.18%	96.43%
中职招生计划数	69 074	62 142	61 028	56 617
中职录取人数	46 263	42 388	42 595	39 986
中职计划完成率	66.98%	68.21%	69.80%	70.63%

注：数据根据广州市招生考试委员会办公室 2012—2015 年公布的数据信息整理。

中职学校的学位数逐年下降，录取的学生人数也在逐年下降，录取人数平均每年的降幅是 6.28%，比填报志愿总人数平均每年 2.77% 的降幅要大，而其计划完成率水平在 2012—2015 年逐年上升，但基本维持在 2/3 左右的水平。录取人数下降比填报志愿总人数下降幅度更大的原因可能是，一方面，户籍考生升读公办高中的机会增加，更多中等排名或中偏下排名的户籍考生选择进入公办高中；而另一方面，报读中职学校的随迁子女不一定有大幅的增加，政策前后中考排名在 30% 或以后的随迁子女的报考情况可能变化不大，原来能考上而现在不能考上公办高中的随迁子女中，选择进入中职学校的人数也不一定足以平衡户籍生减少的数量。

仅从整体的情况上来看，民办高中的学位在政策前后都较受考生欢迎，计划完成率高，而中职学校的录取人数则逐年下降，计划完成率维持在 2/3 左右的水平。在缺乏更多相关数据的情况下难以确定政策后是否有更多的随迁子女选择了

① 2016 年广州市高中阶段学校招生报考指南，http://www.gzzk.cn/zk/zcwj/201605/P020160526382162723617.pdf，2016 年 5 月 26 日。

民办高中和中职学校，无法评价民办高中在提高随迁子女普通高中教育机会上的作用。仅从逻辑上来讲，如果家庭有足够经济资源的随迁子女可能会选择民办高中，而部分落榜公办高中而没有经济资源的随迁子女可能会选择中职学校，或者选择返回户籍所在地升学。

六、随迁子女高中阶段教育的教育公平：广州的成果与隐忧

(一)广州市异地中考政策内容与执行结果分析的主要结论

促进教育公平是各级随迁子女异地中考政策文本中提出的政策目标，但该目标的内涵与具体衡量指标并未在中央与省级的相关文件中明确，而是由流入地地方政府结合当地实际进行裁量。本研究以广州市 2014 年公布与实施的异地中考政策作为案例，从高中阶段教育的入学机会分配的角度切入，先从政策文本中梳理和提炼出该政策提出的教育公平内涵，再从 2012—2015 年的中考数据中分析和整理出该政策在过渡期期间对随迁子女高中阶段教育的入学机会的影响。上述分析的主要结论如下。

1. 异地中考政策对随迁子女获取三类高中阶段教育的安排

广州市异地中考政策对随迁子女在广州获取公办高中、民办高中、中等职业教育这三类高中阶段教育分别作出了以下安排。针对公办高中的教育，随迁子女可以通过参加广州市中考与统一录取获得公办高中的公费学位。随迁子女获得公办高中公费学位的前提是，随迁子女必须符合过渡期以及政策全面实施期分别设置的资格条件。而公办高中在取消择校生这一录取类别的同时，按照户籍生与随迁子女两个类别分别制定招生计划以及分别录取，其中随迁子女的招生计划数不超过公办高中总招生计划的 8%。针对民办高中与中等职业教育，该政策对有广州市初中学籍的随迁子女不作限制，与户籍生的报考范围和录取条件没有差别。

2. 政策文本提出的教育公平内涵与对应衡量标准

以上对随迁子女获得广州市高中阶段教育的安排体现了两重教育公平的内涵。第一，在城市高中阶段教育机会的整体分配中，制度性因素(户籍制度)的重要性降低。异地中考政策实施前，流入地根据随迁子女的户籍而将他们完全排除在当地公办高中公费学位计划之外，而异地中考政策正是要打破这制度性因素的决定性作用。第二，对于制度因素削减后所制造的公办高中公费学位，学生学业表现以及家庭社会经济条件较好的随迁子女优先获得这些机会。一方面，随迁子女面临 8% 的招生计划限额，只有学业表现优异的随迁子女才能争取到这少量的名额；另一方面，随迁子女的父母需要满足职业、住所以及社会保障三方面的条件，其子女才具有被公办高中录取的资格。

上述两重教育公平内涵对评价异地中考政策实施后是否有促进教育公平提出

了以下标准：制度因素将随迁子女完全排除在公办高中公费学位的局面是否被打破；随迁子女获得的公办高中公费学位是否与户籍生的学位在教育财政上享受同等待遇；学业表现更好的随迁子女是否有更大机会进入公办高中；以及家庭社会经济条件更好的随迁子女是否有更大机会进入公办高中。其中，第四条标准在政策过渡期期间尚未适用。

3. 政策实施的过渡期期间对随迁子女获取高中阶段教育的影响

根据2014—2016年的高中招生计划、中考考试结果与录取结果的分析，广州市异地中考政策对随迁子女获取公办高中教育的整体影响、对于不同中考排名梯度随迁子女的影响，随迁子女和户籍生获得公办高中教育的差异，以及随迁子女获得民办高中教育与中等职业教育的情况这四个方面分别产生以下影响。

第一，在填报志愿的随迁子女人数增加、针对随迁子女的招生计划有所减少的情况下，随迁子女整体进入公办高中的难度增大了，而且也更难获得公办示范性高中的入学机会。

第二，不同中考排名梯度的随迁子女在不同报考区域所受到的政策影响存在一定差异。整体而言，在异地中考政策实施后，最高排名梯度的随迁子女（前1%、5%）受到影响较少，而其余主要排名梯度的随迁子女（前10%、15%、20%、25%）进入公办高中的空间都受到明显压缩。

第三，政策实施后，在中考排名前1%～25%的考生群体中，随迁子女与户籍生可考入公办高中比例的差距在政策实施后显著拉大。

第四，民办高中的招生计划数在政策实施前后基本持平，而且计划完成率保持在96%以上的较高水平。相比之下，中等职业教育的招生计划数和录取人数在2012—2015年逐年下降，基本趋势在政策前后没有差别。在缺乏更具体的数据的情况下，难以判断政策前后民办高中和中等职业教育录取的随迁子女人数、随迁子女占录取总人数比例是否有所变化，无法评价民办高中在随迁子女获取普通高中教育中所扮演的角色。

（二）广州异地中考的成果和隐忧

由于教育公平概念本身具有的相对性，对于什么是现阶段对随迁子女高中阶段入学机会的合理安排，既可以侧重教育公平概念所受到的时空限制，也可以强调当代教育公平理论对处理各类平等与差异所提出的应然状态。对广州异地中考政策的评价取决于评论者对“教育公平”这一关键概念的理解。若评论者认可现阶段异地中考政策文本所反映出的教育公平内涵与标准，那么广州市2014年异地中考政策从这样的内涵与标准来看是促进了教育公平的。

首先，该异地中考政策打破了制度因素将随迁子女完全排除在公办高中公费学位的局面，在2014—2015年的政策过渡期期间，每年分别有4000余所公办高中学位分配给随迁子女。虽然这两年对应的随迁子女录取数据未获公布，可以肯定的是已经有一部分的随迁子女通过参与广州市的统一中考与录取而进入公办高中。其次，进入公办高中的随迁子女不需要额外缴纳择校费或借读费，他们获得的公办高中公费学位是否与户籍生的学位在教育财政上享受同等待遇。最后，在符合资格的随迁子女中，学业表现更好，即中考排名更前的考生有更大机会进入公办高中，尤其是排名前1%与5%的随迁子女，政策实施前后都可以被大部分可报考的公办高中录取。对于这两个排名梯度的随迁子女考生，若他们符合报考资格，异地中考政策相当于直接免除了原有的择校费，政策实施前由于负担不起择校费而无缘公办高中的考生在政策后可以获得这样的机会。因此，对于符合资格、中考排名在最高梯度的随迁子女考生以及考生的家长而言，广州的异地中考政策是一个好消息。

然而，从理论层面上来看，如何在随迁子女群体中分配在制度性因素削减过程中所创造的公办高中学位，如何缩减户籍生与随迁子女在取得高中阶段教育机会的差异，都对未来不同社会群体获得高中阶段教育机会的整体公平性有着至关重要的影响。从这一个角度来看，广州异地中考政策对随迁子女报考公办高中所设置的门槛有可能会加强其他方面的教育不公平，为以后的教育公平议题埋下隐患。

首先，广州市异地中考政策将家庭社会经济条件设置为随迁子女在流入地进入公办高中的主要门槛，而且这些门槛优先于随迁子女本身的学业表现。不符合住房、职业、社会保障条件的随迁子女如果希望考取广州本地的普通高中，就只能选择学费更贵、对家庭条件要求更高的民办高中。从这样的安排来看，异地中考政策所建立的新的分配规则在整体上强化了本身就对儿童教育结果有着重要影响的家庭条件在获得高中阶段教育机会中的重要性。当户籍制度的改革不断推进，户籍在教育机会获得上所扮演的角色不断减少时，社会中原有的“本地与外地”儿童之间的教育不平等很可能在新的分配规则中转而强化不同家庭背景之间的教育不平等，使原有因为家庭背景差异所存在的教育结果差距进一步拉大。

其次，广州的异地中考政策对随迁子女进入公办高中实行了限额，而且该限额与原有择校生名额相比有所缩减，随迁子女实质获得的公办高中入学机会在减少。根据政策实施的结果，由于随迁子女与户籍考生的人口趋势不同，逐渐增加的随迁子女却分得比政策实施前更少的公办高中学位，逐渐减少的户籍人口分享的公办高中学位则反而有明显增加。面对有限的名额，学业表现突出的随迁子女在提前批获得优质公办高中资源的机会减小，而且中考排名整体较前的随迁子女在录取机会上也受到不同程度的压缩。如果流入地城市只以实现户籍限制的突破让随迁子女获得公办高中公费学位作为衡量教育公平的主要标准的话，那么有条件地允许随迁子女获得少部分流入地高中阶段教育机会，就可以被认定为促进了教育公平，哪怕背后却是在减少随迁子女实质的公办高中教育机会获得。

最后，也是异地中考与异地高考政策都具有争议的一点，是流入地政府对具体准入条件的裁量中，是更多出于平衡不同群体教育利益的考虑，还是更多出于城市政府本身的利益诉求。在广东省于 2012 年出台随迁子女异地升学的办法后，广东省教育厅针对“随迁子女升学考试为何要对其父母设置条件”的疑问，明确提出政府是要为“在我省经济社会发展和城市建设做出重要贡献，遵纪守法、依法缴纳社保、具有合法稳定职业和合法稳定住所的进城务工人员提供公共服务”，而且基于广东省的产业结构转型升级要求，“进城务工人员要提高自身素质，才能更好适应广东经济社会发展对高素质人才的需求”①。由以上表述可见，随迁子女教育公平在地方教育政策中的内涵明显受到流入地政府本地经济与社会发展的需要所影响。根据广州市的异地中考政策内容与实施效果，原本从解决随迁子女与户籍学生在升学机会上的不公平所出发的异地中考、异地高考政策已经呈现出依靠后义务教育阶段教育机会的分配来对进城务工人员“择优”“择强”吸纳的倾向。

由于广州异地中考政策中所体现的教育公平内涵是与中央、省级相关教育政策中的教育公平内涵相一致的，对于广州案例的成果与隐忧的解读，也适用于异地中考乃至异地高考政策的分析。异地中考、异地高考政策从解决户籍本地儿童与随迁子女的教育不公平问题而产生，但对于何为公平，何为合理安排，不同角色可以基于不同的利益诉求和价值判断来选择教育公平的内涵。在这众多的内涵中，降低制度因素在教育机会获得中的重要性、将这个过程中创造的新的教育机会优先分配到学业表现和家庭社会经济条件较好的随迁子女，是目前政策所体现出来的、地方政府在“教育公平”和“因地制宜”的原则进行裁量后选择了的两重内涵。

这两重内涵本身不重视增加或维持随迁子女实际获得的教育机会，或者缩减户籍生与随迁子女的差距。如果长期坚持这样的教育公平定义，异地中考、异地高考的政策制定一方面可能会满足于各地实现“有放开”，而不再对放开多少、对谁放开、放开何种机会进行更细致的考察，另一方面可能会通过准入门槛的制定，将家庭社会条件对于随迁子女教育机会获得的影响制度化，更为强化由于家庭社会条件所造成的教育结果差距。如果将随迁子女教育公平放在整体社会公平的框架进行讨论，现有政策所体现出来的教育公平内涵仍然以流入地城市为中

① 我省进城务工人员随迁子女义务教育后就地升学考试“热点问答”，http：//www.gzzk.cn/gaokao/gkwd/201212/t20121231_20785.html，2012 年 12 月 31 日。

心，为流入地政府选择性吸纳进城务工人员提供另一个工具。

异地中考、异地高考的政策影响人群广，而且是当代教育公平中的关键议题。由于"教育公平"是一个具有相对性的关键概念，各个利益相关方的立场、各个教育阶段的不同特点、以及政策内容与政策执行之间的差异等各个角度需要获得更细致的辨析与讨论，从而持续推动两个政策的设计与执行，并尽量避免在尝试解决一种不平等的时候避免制造另一层的不平等。

书评

只要努力就能实现梦想吗？

——评《贤能主义的神话》

Dreams Come Ture Through Hard Work? Review on *The Meritocracy Myth*

易全勇 (Yi Quanyong)

香港大学教育学院

Faculty of Education，The University of Hong Kong

我们在建设一个充满希望的国家。在英国，重要的不是你认识什么人或你出身于什么家庭，而是你是什么人和你决心要做什么。我的英国梦不是由于出生的偶然性获得的地位而是天生的机会平等权利。

——大卫·卡梅伦(David Cameron)

我们坚守这样的信念：保证让一个出生于最贫穷环境中的小女孩都能知道，她和其他所有人一样，都有成功的机会。

——贝拉克·奥巴马(Barack Obama)

贤能主义或者贤能政治这个词汇总是容易被一些政治家加以利用，成为一种政治叙述和公共话语。在披上以个人能力为基础的合法性外衣后，非个人能力的因素就被掩盖起来了。在美国梦甚嚣尘上的时代，通过个人奋斗取得成功的英雄人物被推崇备至，美国梦作为一种意识形态与贤能主义不谋而合。早在1931年，美国历史学家詹姆斯·特鲁斯洛·亚当斯(James Truslow Adams)便在《美国史诗》(*Epic of America*)一书中首次提出了“美国梦”一词，并在该书中描绘了一幅关于人人皆有成功的可能性，社会也会变得越来越富有的美好图景。之后，“美国梦”一直备受推崇。1995年，珍妮弗·霍奇柴尔德(Jennifer Hochschild)在《直面美国梦》(*Facing Up to the American Dream*)一书中提到“美国梦”的四个组成部分：(1)谁的美国梦——每个人不管出身和社会地位如何都有可能；(2)梦想是什么——合理的预期和成功的希望；(3)如何实现——通过个人可支配的行动；(4)为什么要有美国梦——个人成功与道德素养相联系。这股热潮一直持续到20世纪末期。但是，在进入21世纪之后，“美国梦”便急转直下。作为一种粉饰社会不平等的意识形态，“美国梦”开始遭到诸多学者的抨击。《贤能主义的神话》一书便在这种社会大背景下应运而生。

美国社会学家斯蒂芬·麦克纳米(Stephen McNamee)和罗伯特·米勒(Robert Miller)在2004年第一版《贤能主义的神话》一书中对“美国梦”和贤能主义意识形态进行了重新审视和考察。两位作者通过搜集大量的历史材料、社会事实，经过严谨的逻辑推理，最终指出贤能主义是一个有危害性的话语，它通过推崇个人能力因素却对家庭背景因素和社会结构因素视而不见，甚至掩藏起来，从而为优势地位阶层进行辩护，与此同时，两位作者发现“美国梦”也在逐渐衰退和沦为历史。该书出版后，在美国引起强烈反响。紧接着在2009年便推出了第二版，其中增加了当时刚刚兴起的对文化资本和社会资本的讨论部分，同时增加了乔治·布什(George W. Bush)和贝拉克·奥巴马(Barack Obama)执政期间的很多案例作为论据。在2014年推出的第三版中，两位作者增加了经济大萧条的内容并更新了很多统计信息，让全书逻辑更加流畅，论据更加充分，论证更为有力。

在本书的第一章中，斯蒂芬·麦克纳米和罗伯特·米勒首先就美国人引以为傲的美国梦进行了一个追溯和展望。正如在书的开篇中所言，美国梦的美好图景是：美国是一片充满机遇的土地，只要你足够聪明，又足够努力，你就可以克服任何障碍并最终获得成功。但是现实的经验却告诉人们，除了个人努力因素之外，还有其他很多因素会影响你能否成功：你需要用钱来生钱(继承)；你知道什么并不重要，重要的是你认识谁(关系)；你要赶上恰当的时间和恰当的地点(机遇)；游戏规则可能还是不平等的(歧视)；有些人嫁的不是老公，而是金钱(婚姻)。贤能主义意识形态本身也存在一个最根本的矛盾：个人层面的自由选择和社会层面的机会平等相悖。因为能力是针对个人的，但贤能主义是一种意识形态，是针对全社会的。简单来讲，收入和财富是根据人的出身来分配的，而不是根据人的能力而分配的。作者们在这一章中也追溯了“美国梦”的多种起源：宗教起源、政治起源、经济起源和文化起源。尽管美国梦在近几年已经越来越不那么流行，也不知道美国梦最终会走向何方，但是有一点作者们是肯定的，那就是：

社会上层人士比底层人士更有可能实现美国梦！

从第二章到第六章，两位作者分别就影响成功的个人因素、出身背景、社会资本和文化资本、教育获得以及机遇和时代因素进行详细阐述。在第二章中，他们主要阐述贤能主义的个人因素构成部分。在这一章中，麦克纳米和米勒确定了贤能主义公式中几个通向成功的个人因素：与生俱来的天赋，后天的努力，适当的态度和按照规则参与社会游戏。在检视个人特征因素和个人最终社会成就的相关性后，作者们惊奇地发现，天赋，后天的努力，适当的态度这些个人因素或者这些因素的综合作用一直被我们低估。相反，作者们认为遵守社会游戏规则实际上可能降低而不是提高经济收入的可能性。针对第二章的发现，麦克纳米和米勒在第三章中提出，决定人们在社会经济利益角逐中最终获益的最重要的因素其实就是你从哪里来(出身因素)，而非个人能力。在这一章中，作者们用“银汤匙”比喻个人先天的出身因素，同时把社会的竞争比喻成一场接力赛，而不是单独的一场田径赛。在这场接力赛中，子女们从父母那里继承的先天优势，包括父母在世时的高质量的童年生活水平、高层次的朋友和亲戚圈、文化资本、父母教养方式，以及父母过世后的遗产继承、低失败风险、更优质的医疗资源和更长期的寿命，都是可以累积并持续发挥作用的。在优渥的家庭中长大，就有更多的机会来提高自己的能力从而在社会竞争中获取更多的利益。本章最后还讨论了美国的顶尖阶层的自我保护策略。他们虽然只占据美国人口的1%，但是净资产(资产减去负债)却占据了整个国家的三分之一。他们不仅依据巨额财富的拥有量来与其他美国人分开，而且通过排他性的、独特的、自我隔离的、自我利益维持的方式限制社会的流动，从而使自己的利益不受侵害，一直居于统治地位。

在接下来的第四章中，麦克纳米和米勒讨论了两个非常重要的非个人能力因素：你认识谁(社会资本)和你是否能适应(文化资本)。他们把社会资本界定为可以让个人和家庭在更大范围的社区或者学校甚至工作场域中获得成功的社会资源。同时，他们把文化资本界定为一系列的文化资源，包括高雅的和专门的信息和知识，如生活方式、行为举止和自我表达能力等。财富和社会资本以及文化资本之间会相互转化，从而让有权有钱的阶层依托于这些非个人能力的因素实现利益的最大化。在这一章中，两位作者也讨论了与之相关的向上流动的社会现象。他们指出有些人会特意通过运用特殊的技巧来提高自己的社会资本和文化资本从而接近优势阶层，实现自己向上流动的目的。

两位作者在第五章中借助对教育和社会流动之间关系的评估来阐述教育和美国梦之间的复杂关联。作者们首先提出了众所周知的传统的观点：教育是一种基于个人能力，而不是阶层背景，来进行人才识别和选拔的工具，并最终与劳动力市场中的回报相连。其中，学校的考试成绩就是识别和选拔人才的最重要的工具。另一种观点认为教育并没有促进机会平等和实现社会流动，这种观点认为美国的教育系统被分隔成几个不平等并且各自独立的部分。教育的分流制度只是社会阶层的翻版和再制。作者们得出结论认为教育中既包含能力因素也包含非能力因素。学业成就尤其是优质教育资源的获取是与家庭背景和社会阶层息息相关的，而不仅仅是个人能力因素。

在第六章中，麦克纳米和米勒探讨了除了个人因素之外，影响职业成就和生活机会的机遇因素：要在恰当的地点和恰当的时间。尽管个人作为供给方可以在某种程度上控制自己掌握的技能，但是劳动力市场作为需求方的变迁却是很容易被美国梦的捍卫者忽略的。工种的需求、职位的多寡、其他领域对人才的需求等这些因素都是不可控的。劳动力市场对工人的需求是与现有的工作岗位和经济发展水平息息相关的，并且随着地点的变化和时间的推移而有所不同。因此，作者们得出结论说，随着时间的推移，美国工业和职业的结构与个人的能力其实有时候是脱节的。因此在恰当的时间和恰当的地点(时机)对人们获取财富也相当重要。无论是通过财产继承，创业投资，甚至彩票中的额度，都在某种程度上与时机和运气相关。

在第七章中麦克纳米和米勒探讨了个体经营的骤减和大公司的增加这个议题。在美国，“自我实现的人”和“走自己的路”的理念一直是备受推崇。这些创业的精神在“美国梦”中居于核心地位。两位作者在这一章中审视了诸多大型公司，如微软、苹果等公司的崛起，以及个体经营职业，如建筑工人和理发师的衰落过程，最终发现以工资和薪水为支撑的职业结构已经取代了先前时代的自我雇佣式的个体户。很多美国人变成了工业生产流水线上的一颗螺丝钉，收入也主要依赖工厂发的工资或者公司每个月发的薪水。在这种情况下，“美国梦”已经变成了一种历史。

在接下来名为“不平等的游戏场”一章中，两位作者讨论了种族歧视，性别歧视和其他各种歧视及其对“美国梦”的影响。歧视是能力的对立面。哪里存在歧视，哪里就不会有贤能主义，因为歧视会利用非能力因素来取代能力因素对机会和奖励进行重新分配。更糟糕的是，歧视会让许多有梦想的美国人对自己的梦想和实现梦想的能力进入一种麻痹和误识状态，从而让他们丧失梦想并失去实现梦想的能力。通过披上“个人能力”的外衣，排除他人获取资源的机会，歧视减少了社会竞争，维持了优势阶层的领先地位。尽管种族歧视和性别歧视是最明显的，也是最有害的，其他形式的歧视比如异性恋歧视、老龄歧视、残疾人歧视、宗教歧视、激进的地域歧视、容貌歧视等也阻断了人们“美国梦”的实现。更为重要的是，这些歧视有累计效应，甚至会对个人成功有交叉阻碍作用。麦克纳米和米勒最终认为在这一场游戏中，歧视最终战胜了个人能力，并且歧视种类越多，个人赢的概率越小。

第九章是对全文的总结。在这一章中，麦克纳米和米勒指明了随着长期的经济衰退以及自20世纪70年代以来日益增长的经济不平等，经济全球化和去工业化对贤能主义概念和21世纪“美国梦”的影响。两位作者研究了在这种社会大变迁下的个人应对策略。他们指出个人的应对策略不会使社会制度更加平等，更加选贤任能，更加公平。这种程度的变化需要减少社会结构的不平等，特别是财富和权力的不平等。然而，这种结构性的变化在政治上难以实施，因为它们与以个人主义为基石的“美国梦”相悖，并且因为它们会威胁到现有的权力集团和优势阶层的利益。与此同时，在各种歧视大行其道、财富和收入巨大不平等，社会体制也欠缺公正的情况下，贤能主义的神话还会继续。当然，我们在这个过程中也可以努力做出一点改变，诸如合理利用税收政策，规划政府开支，平权法案，资产建设，工人联盟、平民运动，提高精英阶层的社会责任感以及其他经济和政治改革等。最后，他们得出结论，尽管要做到机会的真正平等是不可能的，但是美国的贤能主义意识形态本身就是有害的，因为它让权力和优势地位的不平等合法化。

因此，从总体上来讲，斯蒂芬·麦克纳米和罗伯特·米勒两人的研究挑战了在当时广为接受的基于个人能力通向成功的贤能主义意识形态，拨开了贤能主义粉饰社会不平等的外衣，揭露了贤能主义作为统治阶层维护和巩固自身利益的合法性工具的本质，具有一定意义的启蒙作用。在本书中，两位作者涉及的议题包括“美国梦”的起源，影响成功的个人因素，家庭出身带来的优势，社会资本和文化资本的累计作用，教育与社会流动，获得成功的机遇和时代因素，大型公司崛起和小型个体户的消弭，经济全球化和经济不平等。这些议题看似松散，其实都围绕着“美国梦”和贤能主义意识形态这个核心议题。从社会学理论视角本身上看，这本书关注的议题也一直都是社会学的核心议题，其中对社会流动和社会分层以及社会结构和个人能动性这对关系的分析上，虽然没有多少新意，但也提供了不少丰富的佐证材料。

对以机会平等为核心的贤能主义的批判早在20世纪50年代这个词一经提出时便已经开始。在迈克尔·杨(Michael Dunlop Young)这位学者和社会改革家的讽刺文学《贤能主义的兴起》一书中，他虚拟了一个未来的社会场景，并提出贤能主义的一个公式：$I+E=M$，即提高社会地位依靠的是一个人的智商(IQ)和个人努力(Effort)，而不是家庭背景。但是，在这个乌托邦的最后，要求社会平等的梦想被残酷的竞争所取代，这些竞争也造就出新的社会秩序，而这些新的社会秩序与此前的世袭制度没有区别，社会的不平等还在继续。之后，围绕“能力”一词的范围和界定以及“贤能政治”的实际运用，美国学界也展开了持久的论战，尤其是在高等教育招生领域。美国学者卡拉贝尔(Jerome Karabel)在《被选中的——哈佛，耶鲁和普林斯顿的入学标准秘史》一书中通过审视美国精英大学招生录取政策标准的变迁。他发现美国贤能主义的招生政策，虽然比殖民时代有了进步，但还是存在偏见和缺陷：过度强调个人才能与努力程度，掩盖了社会经济起点不平等的问题。卡氏的分析与斯蒂芬·麦克纳米和罗伯特·米勒两人的研究相得益彰。

从本书的成书时间可以看出，这与社会学理论从结构功能主义的范式到批判理论尤其是再生产理论的转变和兴起的时间几乎一致。在“中国梦”如火如荼广为传播的今天，此书对我们审视自己的“中国梦”很有借鉴意义，特别是在寒门能否再出贵子，社会阶层是否已经固化等话题不断被推至风口浪尖的当下。从这个方面来看，这种舆情也反映出在社会经济地位日益分化、社会财富差距越来越大的今天，普罗大众对“机会平等”“向上流动”“选贤任能”的一种期待。当然，在以能力导向的贤能主义意识形态统治下，社会成员要比在阶级社会更能容忍社会的不平等，这也部分解释了怀默霆(Martin King Whyte)提出的在贫富分化不断加剧的时代背景下，如何理解中国民众对经济不平等所表现出来的相对宽容的问题。

另外，作者在书中有些历史问题或者特定概念模糊不清，比如，对WASPs(新教徒的盎格鲁-撒克逊裔美国人)的指向和统治地位时间，以及美国是不是一开始就是民主国家等问题有点模糊不清。这些问题，作者也在书籍出版后做了部分回应。